大运河遗产保护理论与方法

田林◎著

文化艺术出版社
Culture and Art Publishing House

图书在版编目（CIP）数据

大运河遗产保护理论与方法 / 田林著. — 北京：文化艺术出版社，2021.9
ISBN 978-7-5039-7112-9

Ⅰ.①大… Ⅱ.①田… Ⅲ.①大运河—文化遗产—保护—研究—中国
Ⅳ.①K928.42

中国版本图书馆CIP数据核字（2021）第168294号

大运河遗产保护理论与方法

著　　者	田　林
责任编辑	刘锐桢
责任校对	邓　运
书籍设计	楚燕平
出版发行	文化藝術出版社
地　　址	北京市东城区东四八条52号（100700）
网　　址	www.caaph.com
电子邮箱	s@caaph.com
电　　话	（010）84057666（总编室）　　84057667（办公室） 　　　　　84057696—84057699（发行部）
传　　真	（010）84057660（总编室）　　84057670（办公室） 　　　　　84057690（发行部）
经　　销	新华书店
印　　刷	鑫艺佳利（天津）印刷有限公司
版　　次	2021年10月第1版
印　　次	2021年10月第1次印刷
开　　本	710毫米×1000毫米　1/16
印　　张	18.75
字　　数	290千字　图片100余幅
书　　号	ISBN 978-7-5039-7112-9
定　　价	98.00元

版权所有，侵权必究。如有印装错误，随时调换。

本书由中国艺术研究院基本科研业务费项目资助；并得到中国艺术研究院与北京市文物局共建大运河文化研究中心的大力支持。

序 一

中国大运河是世界上规模最大、流域最长的运河。在中国历史上，大运河推动了中华民族的交流、融合与发展。她是中华先祖留给人类的珍贵物质遗产和精神财富，具有独特的历史、文化、科学、艺术与社会价值，是中华民族优秀传统文化的重要载体，也是世界文化遗产的重要组成部分。

习近平总书记多次强调，"要保护好、传承好、利用好大运河"，"保护大运河是运河沿线所有地区的共同责任"。2019年2月，中共中央办公厅、国务院办公厅印发了《大运河文化保护传承利用规划纲要》，为保护、传承、利用大运河文化绘制了宏伟蓝图。2019年7月，中共中央办公厅、国务院办公厅印发了《长城、大运河、长征国家文化公园建设方案》，进一步推进了大运河文化的保护、传承与利用。

中国艺术研究院长期致力于文化艺术、文化遗产和非物质文化遗产的保护工作，高度重视中国大运河文化研究与相关业务工作。于2020年组织专家、学者撰写了《黄河、长城、大运河、长征论纲》，该书已由文化艺术出版社出版。论纲深入挖掘和系统梳理了黄河、长城、大运河、长征的文化精神内涵，为国家文化公园建设提供了学术支撑。2021年2月，国家文化公园专家咨询委员会秘书处设在中国艺术研究院，承担委员会的日常运作和协调服务等工作。该委员会聘请了81位专家学者为国家文化公园建设提供决策咨询。目前，秘书处受中宣部、发改委及文化和旅游部的委托，已先后组织相关专家，评议了长征、大运河、长城建设国家总体保护规划和各省市报审的省级国家文化公园建设保护规划等材料。2021年4月，中国艺术研究院与北京市文物局签署战略合作协议，共建"大运河文化研究中心"（Grand Canal Cultural Research Center）。在大运河保护利用研究、规划设计、数字化展示、宣传推介、组织开展国内外学术交流会议、宣传展览、研学培训等方面展开合作。

本书作者长期从事遗产保护工作，在遗产保护领域积淀深厚，尤其在大运河保护研究方面积累了丰富经验，曾作为主要撰写人参编中国大运河遗产保护规划。先后主持完成省域保护规划、市域保护规划、大运河点段保护规划等20余项；同时主持了大量大运河水工设施修缮、环境整治、考古遗址公园设计及文物影响评估等大运河保护实践项目，积累了丰富的研究素材。

《大运河遗产保护理论与方法》是中国艺术研究院"长城、大运河和长征三大国家文化公园建设与管理体制机制研究"课题的系列成果之一。该书从国内外运河遗产保护实践、中国大运河遗产保护体系研究、大运河遗产保护规划理论、大运河遗产保护设计方法、大运河遗产保护管理体系、大运河遗产展示利用方法、大运河遗产保护利用拓展、大运河涉建项目文物影响评估等方面，对我国大运河保护理论与方法展开系统研究，具有较高的理论指导和实践意义。

在《大运河遗产保护理论与方法》一书即将付梓之际，我希望田林同志带领建筑与公共艺术研究所的研究人员，依托中国艺术研究院、大运河文化研究中心等高端研究平台，继续围绕大运河文化带和国家文化公园建设、大运河保护利用及相关实践任务开展深入研究与推广工作。研究探索大运河文化遗产活化利用方式，全面推动北京大运河保护与利用工作的深入发展。

韩子勇

2021年8月2日

序　二

"应是天教开汴水，一千余里地无山。"大运河的开凿是中国历史上的奇迹。

自公元前486年开凿至今，大运河已在中华大地上绵延流淌了2500多个春秋，促进了南北经济的交流和沿线城市的繁荣，铭刻了中华民族物质文化与历史记忆的赓续，彰显了中国精神、中国价值和中国力量。作为线性文化遗产的代表，大运河文化遗产于2014年成功入选世界文化遗产名录，其历史文化价值历久弥新、愈发凸显，在当代焕发出新的生机与活力。

党的十八大以来，大运河的保护得到了党中央的高度重视。习近平总书记对"保护好、传承好、利用好"大运河文化遗产多次做出重要批示，中共中央办公厅、国务院办公厅联合印发了《大运河文化保护传承利用规划纲要》，多部门联合研究编制了《大运河文化遗产保护传承专项规划》《大运河文化和旅游融合发展规划》《大运河国家文化公园建设保护规划》等文件，加强顶层设计，提供全局性支撑和专项性引导。北京市文物局始终贯彻落实习近平总书记和蔡奇同志对大运河文化带保护利用的指示，坚持各项规划指引，以首善标准使大运河文化带成为北京建设全国文化中心的示范工程，成为满足人民群众日益增长的多样化精神文化需求的民心工程，成为建设国际一流的和谐宜居之都的标志工程。

为了更好地擦亮大运河这张国家级"名片"，北京市文物局与中国艺术研究院合作共建大运河文化研究中心，开展重点课题研究，共同推进大运河文化遗产的价值阐释与保护利用。作为大运河文化研究中心的系列成果之一，作者田林先生广泛收集国内外资料，从学理研究层层深入到实践指南，将多年从事遗产保护、管理与展示利用的经验凝练升华，提出一系列科学性、可借鉴的理论与方法。

这不仅对于大运河文化遗产的保护、利用和展示具有极高的指导意义，而且为探索创新文化遗产的活化方式提供了依据和思路。

大运河文化遗产的保护是一个统筹性的工程，包含着历史文化遗产资源的本体研究、文化遗产理论研究、河道与乡村变迁研究、人文情态研究与非物质文化遗产研究等多个领域，囊括物质实体与精神文化双重层面。在今后的合作中，北京市文物局与中国艺术研究院将整合发挥各自的优势，在大运河文脉的梳理与价值阐释，文物本体的保护、传承、展示与利用，文艺创作，文化活动的开展和文化创意产业的发展这几个方面有所作为，共同谱写大运河文化遗产保护的新诗篇。衷心希望以田林先生此本著作为开端，双方合作能够百尺竿头，更进一步，取得更优的成绩！

陈名杰

2021 年 8 月 26 日

序 三

中国大运河各级保护规划的编制大多脱胎于全国重点文物保护单位保护规划的编制方法。2005年，中国文化遗产研究院付清远先生、中国建筑设计院历史所陈同宾先生开始着手编制我国最早的一批文物保护规划，此后国内大量文物保护规划编制工作得以开展，在大量实践的基础上，国家文物局出台《全国重点文物保护单位保护规划编制要求》，规定了保护规划编制的体例，成为文化遗产保护行业保护规划编制的纲领性文件。

笔者在河北省古代建筑保护研究所期间，从2009年开始主持河北省大运河遗产保护规划编制工作，对前期与大运河相关的遗产进行了系统调研，组织完成了廊坊、沧州、衡水、邢台和邯郸等5个地市市域范围的大运河遗产保护规划，上述规划均得到了大运河沿线各市政府的批准，以此5个地市级大运河遗产保护规划为基础，主持编制了河北省大运河遗产保护规划，并对沿线各个重要遗产点段编写了修缮设计方案，这些方案后期均得以实施。

笔者研究范围集中于我国大运河的北方区域，重点对北运河、南运河和鲁运河等规划设计、展示利用、文化带以及国家文化公园建设展开研究，对我国南方区域运河研究偏少，仅作保护利用之参考。

中国文化遗产研究院、中国建筑设计研究院历史所、中国规划院、中国水利科学研究所、清华大学、东南大学、天津大学、北京建筑大学等科研机构及高等院校汇集了大批大运河遗产保护领域的专家学者，大运河沿线8省市文物保护机构拥有大量一线具有丰富保护实践经验的文物保护工作者，扬州申遗办及各级文物行政管理机构锻炼了一大批拥有丰富大运河遗产管理经验的管理者，正是他们的辛勤耕耘、不懈努力，共同推动了我国大运河遗产保护领域的高速发展。

自中国大运河 2014 年被纳入世界文化遗产名单，至今已有 7 年时间，本人一直有总结一下从事大运河保护工作体会的想法，唯恐同行见笑，始终未能动笔；同时也抱有侥幸心理，希望长期致力于大运河保护一线的同行或能著书立说，系统阐述大运河保护理论与方法，但至今未能如愿。2019 年 12 月，中共中央办公厅、国务院办公厅印发《长城、大运河、长征国家文化公园建设方案》，国家启动了三大国家文化公园建设工作，计划 4 年建成，2020 年初全球遭遇新冠肺炎疫情侵扰，建设活动颇受影响，不知 4 年工期是否延后。该方案涉及编制国家文化公园建设保护规划、推进保护传承工程、研究发掘工程、环境配套工程和文旅融合工程等问题。一般而言，文化遗产保护程序是先规划、后设计、再实施。在规划尚不完善、方案尚未编写的基础上，就 4 年建设期限而言，按照常规方式显然是无法如期完成的，但若以非常规思维考量，文化公园建设工程如期完成也不是不可能，这就需要规划、设计、施工、监理等技术人员秉承共同的保护理念、具有共同的保护意识、了解共同的控制要求、理解共同的展示手段、掌握共同的保护方法，同时实施、动态推进。本书的撰写正是尝试对这类共性问题的解答。

文化遗产保护是前提，利用是手段，国家文化公园建设是在保护前提下的利用。在国家文化公园开始大规模建设之际，为避免文化遗产价值认知不准确，内涵阐释偏颇，出现不当建设、重复建设的现象，防止对文化遗产本体及赋存环境造成不良影响，本人深感写作工作不能再推迟了，故仓促下笔，以期能为国家文化公园建设提供借鉴。仓促之余，难免考虑不周；水平所限，只为抛砖引玉，敬请各位同人不吝赐教。

田林
2021 年 8 月 10 日

目 录

1 绪　论 / 001
　　1.1 整体性的价值认知 / 001
　　1.2 多维度的保护思路 / 004
　　1.3 系统性的概念解析 / 006
　　1.4 整体性的价值研究 / 011
　　1.5 研究框架体系 / 012

2 国内外运河遗产保护实践 / 013
　　2.1 中国大运河遗产保护综述 / 013
　　2.2 国际运河遗产保护综述 / 022

3 中国大运河遗产保护体系研究 / 037
　　3.1 大运河遗产本体认定 / 037
　　3.2 大运河遗产价值阐释 / 039
　　3.3 大运河遗产系统性保护 / 044

4 大运河遗产保护规划理论 / 051
　　4.1 保护规划的缘起 / 051
　　4.2 保护规划的管控内涵 / 057
　　4.3 保护规划的体系构成 / 058
　　4.4 保护规划的编制方法 / 059

5 大运河遗产保护设计方法 / 103
　　5.1 本体保护方法 / 103

5.2 环境整治措施 / 120

5.3 景观环境营造 / 126

5.4 相关遗产保护方法 / 132

6 大运河遗产保护管理体系 / 153

6.1 管理机制现状分析 / 153

6.2 管理体系构建策略 / 158

7 大运河遗产展示利用方法 / 167

7.1 展示现状分析 / 167

7.2 展示内容界定 / 170

7.3 展示措施选择 / 171

7.4 展示场所营造 / 176

7.5 标识导览系统设计 / 181

7.6 展示景观营造 / 182

8 大运河遗产保护利用拓展 / 191

8.1 国内外国家公园建设的启示 / 191

8.2 国家文化公园建设方法研究 / 207

8.3 大运河遗产活态利用研究 / 218

9 大运河涉建项目文物影响评估 / 227

9.1 评估前期研究 / 228

9.2 评估理论方法 / 238

9.3 评估实施过程 / 249

9.4 评估结论与整改 / 277

9.5 监管体系建设 / 283

参考文献 / 285

致谢 / 287

1 绪 论

1.1 整体性的价值认知

对大运河遗产价值的认知与意义阐释应有系统思维与多视角审视,应具有整体性。

1.1.1 代表古代中国的标志工程

大运河与万里长城一样,是古代中华帝国的代表性工程,是体现中华民族智慧的结晶,是古代人类世界级宏大工程,是中国贡献给全世界的一份宝贵遗产。大运河堪称中华古代文明的瑰宝,是彰显国家综合国力的伟大成就。蜿蜒深邃的大运河宛如镶嵌在华夏大地上的巨龙,伴随着两岸的勤劳人民而永世长存。

1.1.2 维系国家统一的主动脉

中国大运河是中国历史上由国家开凿、政府管理的巨大水利工程体系,是维系古代中华帝国统一的主动脉。(图1-1)就其功能而言,大运河在古代以漕运为

图1-1 大运河整体分布示意图
(图片来源：原图引自北京市规划和自然资源委员会网站，李佩璇改绘)

主，同时满足商业运输的需求。通过水路货物运输沟通南北，通达沿海。随着我国古代气候的变化，经济发达区域呈现自北向南发展变化的趋势。隋唐时期，江南地区已经成为我国的主要产粮区域；宋元时期，江南更是成为国家最为富足的区域。隋唐时期，大量漕粮由江南区域通过大运河运往都城洛阳；元代以后，大量漕粮则由我国江南地区运往都城北京。可以说，以大运河为主动脉的漕运一直是古代中国的国家战略。

大运河自开挖至今，一直保存着旺盛的生命力。古代运河交通工具以木船为主，民国时期逐渐出现蒸汽机轮船，受大运河河道宽度所限，仅使用小型蒸汽轮船（俗称小火轮）。中华人民共和国成立后，随着铁路运输的发展，京津冀地区南运河、北运河上的小型轮船逐步被弃用，南运河、北运河也逐渐失去了运输功能，成为季节性排洪河道。山东省济宁市以北地区，河道自然落差较大，历史上修建了多座闸，截水以呈层级分布，减缓水流速度。1949年以后此段运河也逐渐被废弃，多处堵塞，不能贯通，至今已呈现为遗址状态。

济宁地区矿藏丰富，尤以煤炭产业发达。京杭大运河济宁以南区域，河道平缓，水资源丰富。中华人民共和国成立后曾多次对济宁到杭州（宁波）段运河进行拓宽、整治、改造，形成了鲁、苏、浙近900千米的黄金航道，使其成为我国南北货物运输以及内河通往海洋港口的重要水道，承担交通运输重任，同时又发挥着水利灌溉、防洪抗旱、南水北调、城市用水、生态治理、旅游观光等综合功能，成为"活的运河"。

1.1.3 促进南北交融的文化纽带

中国大运河主要体现了以农业立国的中央集权国家高度建制化下独有的漕运文化传统，同时又是燕赵文化、齐鲁文化、徽派文化、江南文化等多种文化融合的纽带，进而促成了运河文明的诞生，成为中国文化多样性、复杂性的宝库。

由于大运河线路的曲折复杂、运河沿线各地生态环境的南北迥异、历史演变过程的跌宕起伏以及民俗风情的复杂多样，所以其文化内涵丰富多彩，继而由此孕育与繁衍的大运河文化，成为中华民族文化的重要组成部分，成为中华民族身份的重要象征之一。

1.1.4 融合人与自然的科学典范

中国大运河对自然环境有很强的适应性，其随着环境变化不断被改造，不断迭代、动态发展。大运河遗产构成的复杂性是其他运河不可比拟的。大运河除了具有交通运输的功能属性，还发挥着水利灌溉、防洪抗旱、南水北调、城市用水、生态治理、旅游观光等综合功能。（图1-2）大运河具有超广域、跨时空、尺度巨大等特征。它是不断被修缮、不断发展的连续性工程。大运河巧妙利用周围的自然地形地貌，善于将人为创造与自然景观相结合，使之融为一体。大运河是千百年来人类与自然相互交融的结果，体现了中国古代先民追求"天人合一"的思想，

图 1-2 大运河河道

达成了人与自然和谐共生的理念，成为人工河道与自然环境有机融合的科学典范。

1.2 多维度的保护思路

大运河的保护思路应当从时间、空间、保护、管理、传承等多维度予以考量。

1.2.1 时间维度

所谓时间维度，即大运河演变历程得以保护的维度。自春秋后期，经隋、唐、宋、元、明、清、民国，直至今天，时代变化万千，大运河迭代演变，运河沿岸城镇、乡村兴衰沉浮，社会发展跌宕起伏，经济发展日新月异。从时间的纵轴研究大运河变幻莫测、博大精深的文化，保护不同时期的文化遗存，从世界文化遗产延续性的视角保护大运河"流动的遗产，活着的历史"。

1.2.2 空间维度

中国大运河横跨海河、淮河、黄河、长江、钱塘江五大流域，全长3146千米，流经北京、天津、河北、山东、江苏、浙江、河南、安徽八个省市。大运河体量巨大，横跨我国东部的华北、华东等主要区域，成为铺绘在中华大地上的宏伟的空间画卷。大运河自身的发展与周边城镇、乡村的发展息息相关，大运河的演变折射出周边社会的政治制度、经济发展、文化交流等诸多方面的状况，大运河是我国地理空间维度上生生不息的活态遗产。

1.2.3 保护维度

按照"保护为主、抢救第一、合理利用、加强管理"的文物保护工作方针，大运河保护的维度包括大运河文化遗产本体保护与合理展示利用两个方面。所谓大运河保护是指针对坝、河道、闸、桥等大运河遗产本体采取的保护措施，以不改变文物原状为基本原则，同时遵循最小干预、可逆性等原则。保护维度是在文化遗产真实性和完整性的原则下，采取延续文化遗产"寿命"的方式，使之得以有效存续；同时避免复建、过度修缮等不当措施，保持文化遗产的真实性、完整性和延续性。

所谓合理展示利用是指在确保文化遗产本体安全的基础上，为提高大运河文化遗产的可读性和观赏性，达到文化遗产惠及广大民众的目的，而采取的解读、阐释的方式方法。展示利用应以保护为前提，展示利用是在当前科学技术前提下，遴选最为合理的展示方式和技术手段。阐释是在文化遗产核心内涵范畴内的通俗性的诠释，解读是对文化遗产价值内涵正确理解的延伸。通过合理展示利用达到传播推广大运河文化遗产，进而弘扬我国大运河优秀传统文化的目的。

1.2.4 管理维度

由于大运河跨度广，遗产结构复杂，缺乏统一的管理机构，大运河管理问题是大运河遗产保护中的难点问题。中国古代大运河是国家的生命线，上至总督，下至府县，形成了上下贯通的集权式管理体系，在封建社会长期发展中予以有效运行。但在大运河丧失漕运功能后，尤其是在近代和当代，国家层面统一的大运河管理机构已不复存在，当然，在社会政治、经济发展方面也缺乏建立统一机构的必要性。客观因素造成大运河不能全线通航，河道按照地域权属分段管理。另外，由于缺少专项管理经费，大运河的管理严重滞后，且时有破坏现象发生。因此，强化管理并从管理维度展开研究，是避免大运河遭到破坏的重要手段。强化管理机构建设、创新管理模式是今后加强大运河管理工作的重要途径。

1.2.5 传承维度

大运河是活态遗产，灵活多变是大运河传承发展的重要特征。随着水流冲刷，历史河道在堤岸间存在摆动现象，呈现出变化的特质。另外，各时期大运河线路存在变迁，隋唐大运河与京杭大运河在部分区域内交织，江南运河航道纵横交错，这些都体现出大运河变化所带来的复杂多样性。其进而影响了大运河文化的特征，形成与时俱进、通融豁达的文化属性。概括而言，大运河遗产的保护传承维度体现在：一是遗产本体及空间格局认定和保护措施的灵活性，二是大运河文化传承的变化性。其文化属性的根源，则是"天人合一"的思想和追求实用性的理念。这种既追求功能的实用，又能体现与大自然和谐共生的文化内涵，恰恰是大运河文化的魅力所在。

1.3 系统性的概念解析

与大运河遗产相关的各类概念十分丰富，且容易混淆，下面对不同概念的内涵进行解析。

1.3.1 概念内涵分析

（1）大运河遗产

2008年大运河沿线城市正式开始大运河遗产资源调查工作，2009年完成调查工作以后，开始启动市级大运河遗产保护规划编制工作。大运河遗产保护规划的首要工作是认定大运河遗产。依据大运河沿线各城市第一阶段保护规划成果，大运河遗产总体构成包括1154项，其中，大运河水道工程遗产187项、大运河水利水运工程及相关物质文化遗产388项、大运河聚落遗产90项、其他大运河物质文化遗产286项、大运河生态与景观环境39项，以及大运河非物质文化遗产164项。

随着大运河保护与申遗工作的推进，在完成大运河市级保护规划编制之后，又启动了省级规划和国家级规划两个层级的大运河遗产保护规划编制工作，并重新遴选和认定了大运河遗产。以省级大运河遗产保护规划为基础，在编制国家级规划过程中，选取其中最为重要的部分，构成支撑大运河遗产的整体框架，承载遗产的核心价值，最终确定364项国家级最具保护价值的遗产，由此构成"中国大运河遗产"，其中包括大运河水工遗存222项、大运河附属遗存41项、大运河相关遗产101项。涉及河段总长度为3146千米，其中主线的长度为2681千米。2012年8月，文化部公布的《大运河遗产保护管理办法》（以下简称《办法》），对大运河遗产的构成进行了界定，该《办法》认为："大运河遗产，包括隋唐运河、京杭大运河、浙东运河的水工遗存，各类伴生历史遗存、历史街区村镇，以及相关联的环境景观等。近代以来兴建的大运河水工设施，凡具有文化代表性和突出价值的，属于本办法所称的大运河遗产。"该《办法》对大运河遗产范围的理解相对宽泛，而实际在遗产认定操作中，执行标准较为严格，尤其是针对历史遗存、历史街区村镇以及相关环境景观等的认定，则更为严格。

（2）大运河世界遗产

在全国大运河遗产保护规划所认定与遴选的大运河遗产总体构成基础上，基于全国视角，选取各个河段最为典型的河道和最为重要的遗产点，作为中国大运河遗产的核心构成，申报大运河世界遗产。最终获准列入《世界遗产名录》的大运河世界遗产共计85项，包括58个遗产点和27段河道，其中大运河水工遗存63项、大运河附属遗存9项、大运河相关遗产12项、综合遗存1处。涉及河段总长度为1011千米，其中在用类河道长为977千米，遗址类河道长为34千米，分布于31个遗产区域内。（图1-3）

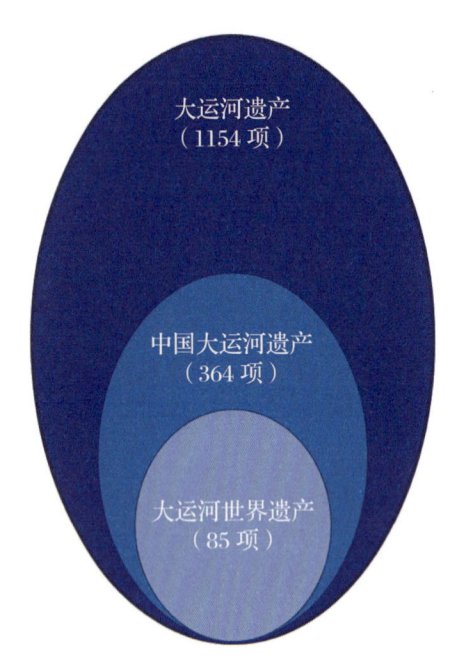

图1-3 大运河遗产内涵关系图

（3）大运河遗产廊道

遗产廊道的概念源于西方国家，美国针对其大体量文化景观的保护提出了一种遗产保护的战略方法。遗产廊道是一种历史文化遗产的保护措施，是在遗产保护区域及绿色通道基础上发展起来的一种特殊的遗产保护方法。遗产廊道是结合了线性遗产保护且兼顾游憩、生态、美学等多功能的线性开放空间。

遗产廊道保护和建设的对象是一种线性的文化景观，尽管其价值未必能够突出到列入《世界遗产名录》，但是其因代表了早期人类的活动路线，体现着地域文化的发展历程而具有文化意义。例如，具有重要历史文化资源价值的河流峡谷、运河、道路以及铁路等。

遗产廊道是一种线性的遗产区域，廊道是大的区域概念而非局部范围。遗产廊道可以包含单一类型的遗产，也可以包括多种不同类型的遗产。这种线性区域是具有特殊文化资源的线性景观带。遗产廊道的尺度可大可小。大运河遗产廊道是尺度最为巨大的类型，是跨越五大流域的巨型系统。

大运河遗产廊道保护是基于遗产保护、区域振兴、居民休闲、文化旅游及教育发展等多目标共赢的保护方法与措施，因此，大运河遗产廊道应以大运河历史文化内涵的保护为首位，并兼顾经济价值和自然生态系统的平衡。

大运河遗产廊道一般情况下由遗产本体、绿色廊道、游步道、解说系统等要素构成。

（4）大运河文化带

大运河文化带的概念最早见于绍兴市人民政府网站，该网站认为，大运河文化带"是指以世界文化遗产大运河高邮段、扬州段、浙江段为核心，以大运河文化保护、传承、利用为主线，推进文化遗产保护传承、生态环境保护提升、沿线名城名镇保护修复、文化旅游融合发展、运河航运转型提升、运河国际文化交流，发挥大运河活态遗产功能，打造'千年古韵、江南丝路、通江达海、运济天下'的大运河文化带浙江样本"[①]。上述定义是基于江南地域视角上的定义，虽有偏颇，但主要内涵是值得肯定的。对其稍作修改，便可形成大运河文化带的概念定义。大运河文化带是指以世界文化遗产中国大运河的保护、传承、利用为核心，以大运河文化为主线，推进文化遗产保护传承、生态环境保护提升、沿线名城名镇保护修复、文化旅游融合发展、运河国际文化交流，发挥大运河活态遗产功能。

（5）大运河国家文化公园

大运河国家文化公园是国家文化大发展战略背景下，依托世界文化遗产中国大运河遗产点段，结合不同地域特征，保护传承文化遗产，改善生态环境，植入景观要素，配置服务工程，以点、线、面相结合的方式，在国家层面营造惠及广大民众的，集合教育、旅游、休闲、展演、交流、传播等各种文化属性的综合性高水平文化空间。

1.3.2 各个概念之间的关系

大运河世界文化遗产是在大运河遗产基础上遴选出的重要河段和重要遗产点，

---

① 绍兴市人民政府网，2019年1月28日。

因此大运河遗产包含大运河世界文化遗产。大运河文化带、大运河遗产廊道均是以大运河遗产为核心，加上大运河两岸其他相关文化资源以及景观环境共同构成的线性空间。因此，大运河文化带和大运河遗产廊道的遗产类型均包含大运河遗产。就内涵而言，大运河文化带中其他文化遗产在与大运河的相关性上高于大运河遗产廊道中的遗产。遗产廊道是一定宽度的空间概念，在这一空间范围内的各类遗产，均属于遗产廊道中文化资源的重要构成。大运河国家文化公园是一种新的公园类型，其形态可以是点状、线状或片状，在空间上有别于其他线性空间。在内涵上，除了文化遗产本体外，还可以包括其他相关遗产，甚至非物质文化遗产。植入非物质文化遗产元素是大运河国家文化公园的特有之处。

总之，上述大运河相关概念是对大运河文化遗产内涵的深度扩展，通过概念解析，可以充分了解大运河相关概念内涵以及各个概念间的相互关系。（图1-4）各种概念之间的关系或为包含，或为相交，彼此相互融合，共同形成了我国大运河遗产的保护与利用体系。

图1-4 大运河遗产环境要素分析图

1.4 整体性的价值研究

大运河遗产是中国古代劳动人民智慧的结晶,历史上它是维系古代中华帝国统一的重要支撑,现今仍是承载厚重中华传统文化的重要载体,大运河遗产已经成为世界文化遗产,但其保护和利用理论研究仍支离破碎,缺乏整体性和系统性。

当前正值国家启动长城、大运河和长征等国家文化公园建设之际,如何保护好大运河遗产本体,如何科学管控与整治周边环境,如何阐释大运河文化价值,如何营造大运河生态景观,以及如何指导开展国家文化公园和大运河文化带建设等诸多问题均亟待解决。国家文化公园建设是后申遗时代中国大运河保护与发展面临的前所未有的机遇与挑战。(图1-5)

本书后面章节将通过对大量大运河遗产保护实例进行研究提炼,梳理我国现有大运河保护规划、设计、展示利用等方法,探讨适合我国大运河遗产保护的系统性理论与方法,以期为我国大运河遗产保护、大运河文化带建设和国家文化公园建设等实践工作提供借鉴。通过对大运河遗产保护与利用系统性理论研究,助力国家文化自信建设。

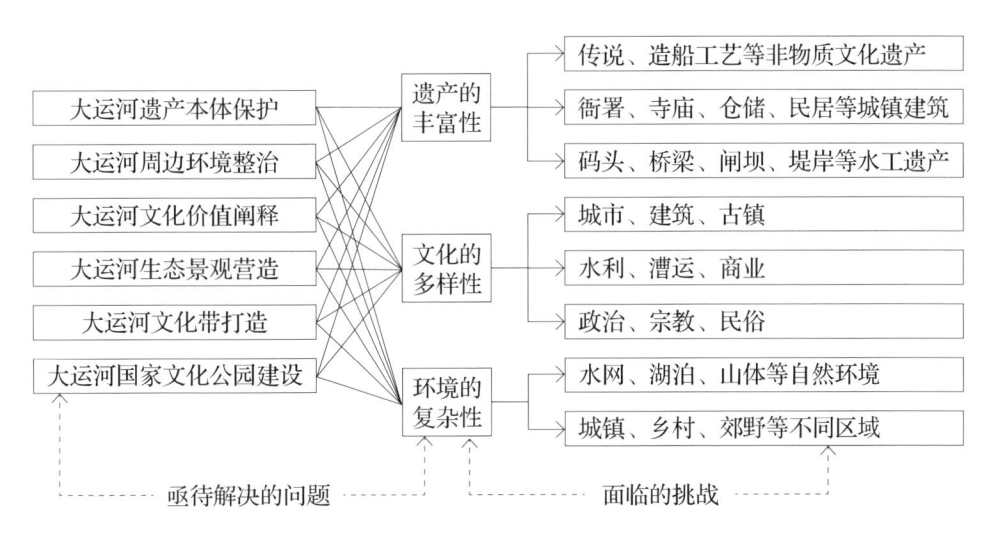

图1-5 大运河和文化内涵分析图

1.5 研究框架体系

本书在研究国内外运河遗产保护实践的基础上，尝试构建中国大运河遗产保护体系，主要内容包括：大运河遗产保护规划理论、保护设计方法、保护管理体系、展示利用方法以及大运河建设项目文物影响评估等内容。（图1-6）

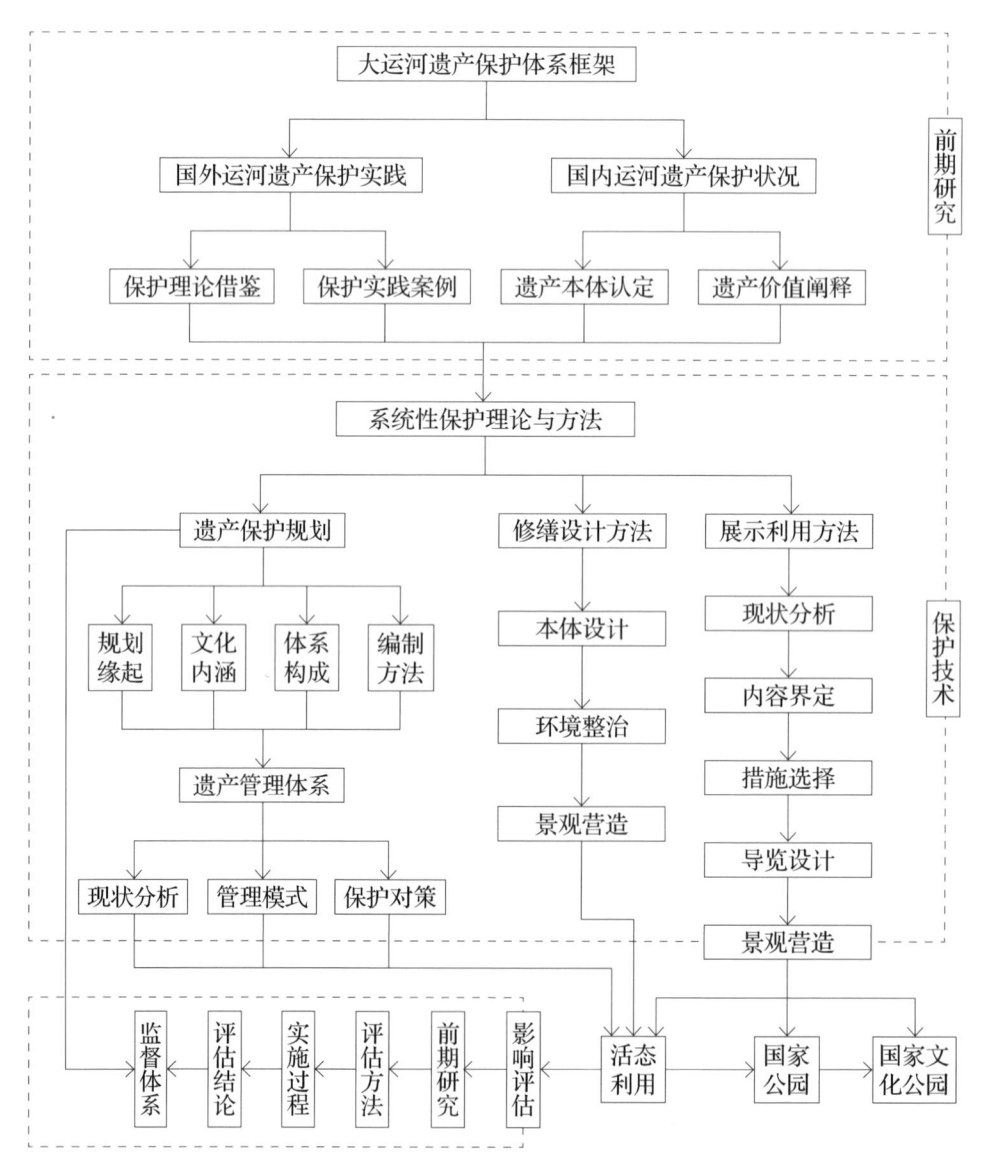

图1-6 大运河遗产保护体系研究框架图

2 国内外运河遗产保护实践

2.1 中国大运河遗产保护综述

2.1.1 基本现状

中国大运河是中国漫长封建社会中依托漕运维系中华帝国统治与发展的主动脉,是中华民族华夏文明与劳动智慧的历史见证。大运河位于中国中东部,流经北京、天津、河北、山东、江苏、浙江、河南、安徽八个省、直辖市,贯通海河、黄河、淮河、长江、钱塘江五大水系,跨越3000多千米,北至北京,南至浙江杭州,西至河南洛阳,东至浙江宁波。

大运河包括京杭大运河、隋唐运河和浙东运河三部分,依据历史时期的分段和命名习惯又可分为十大河段:通惠河段、北运河段、南运河段、会通河段(鲁运河)、中河段、淮扬运河段(邗沟、里运河)、江南运河段、浙东运河段、卫河段(永济渠)、通济渠段(汴河)。(图2-1)

京杭大运河北起北京通州区,南达杭州,全长约1794千米,全程包括七个河段:通惠河段、北运河段、南运河段、会通河段(鲁运河)、中运河段、淮扬运河

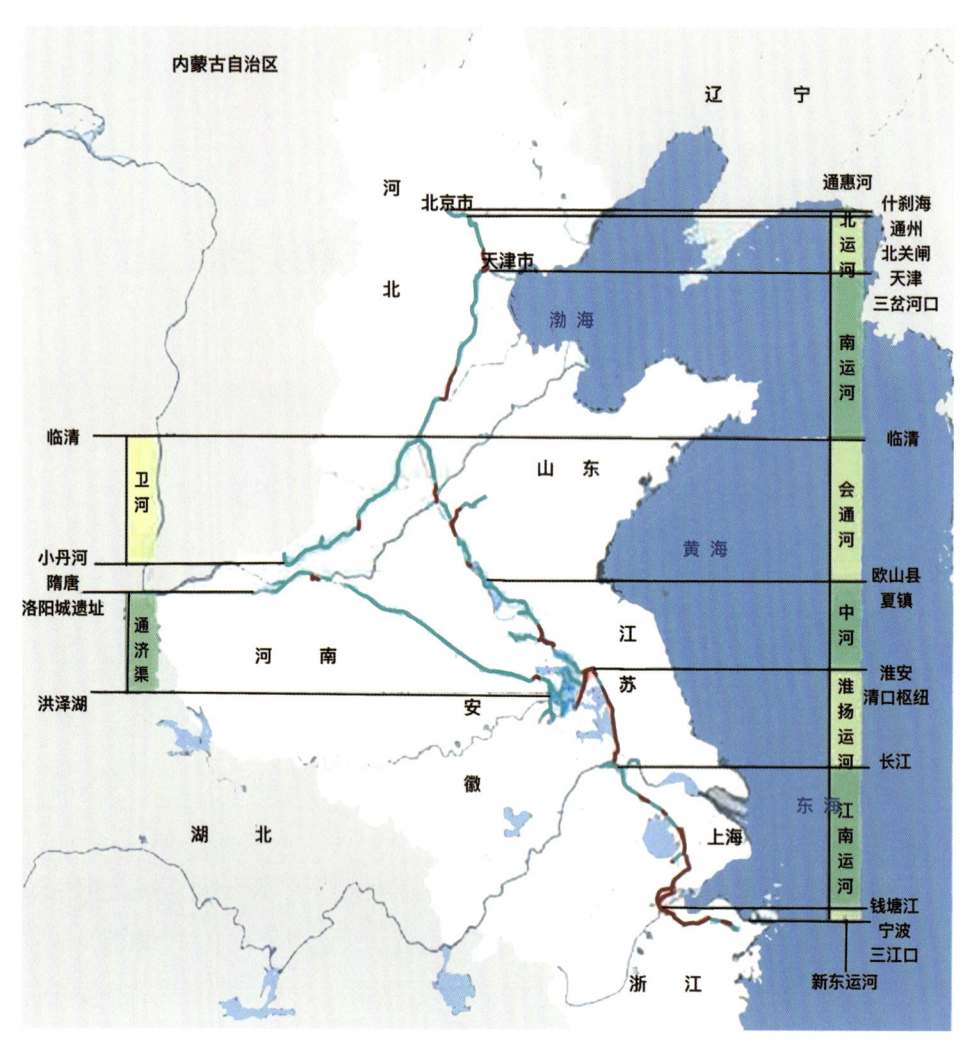

图 2-1 大运河遗产分段构成
（图片来源：北京市规划和自然资源委员会网站，李佩璇改绘）

段（邗沟、里运河）、江南运河段。目前京杭大运河虽已失去古运河的漕运功能，但除部分河段已断航外，其大部分河段仍对沿线地区工农业经济发展起着巨大作用。这些河段或作为城市排水河道，或用于旅游通航及季节性通航，或成为南水北调的大动脉，促进了中国南北区域之间经济、文化的交流与发展。

隋唐运河以洛阳为中心，北至涿郡（今北京），南至余杭（今杭州）。后代通过浙东运河延伸至会稽（今绍兴）、宁波。全程包括四个河段：通济渠段（汴河）、卫河段（永济渠）、淮阳运河段（邗沟）、江南运河段。隋唐运河在隋唐时期加强了中国南北的沟通，促进了沿河城市的繁荣。后因京杭大运河的开通使得通济渠、卫河相关河段逐渐没落，但是沿线诸多重要遗产点如含嘉仓遗址、惠济桥遗址、柳孜运河码头遗址等仍能显示其曾经的辉煌。

浙东运河又名杭甬运河，是浙江省境内的一条运河，西起杭州市滨江区，跨曹娥江，经过绍兴市，东至宁波市甬江入海口，全长239千米。浙东运河主要包括萧绍运河段、四十里河段、虞甬运河段、慈江—刹子港—西塘河段等几个河段，沿线有西兴古镇、永兴闸、迎恩门等古镇或遗产点，记录了这里曾经的繁华与兴旺。

2.1.2 历史沿革概况

中国运河开凿历史悠久，至今已延续2500余年，其开凿建设主要为解决陆路运输及天然河流运输的局限性。陆路运输最为原始简便，但我国大多数区域多山陵丘壑，其道路或凸凹，或险峻，多数地段陆路运输困难，天然河运给人类带来了交通运输的便捷，只要水力可以胜任，就能随水道所至而到达沿岸各地，同时从运输量上讲，车辆和船舶的差距巨大，运力悬殊。比较而言，天然河道运输优势巨大。然而天然河道运输亦有局限性，受河道流向与流程影响，距离自然河流较远的区域则不甚方便。通常情况下，需要实施陆运、河运、海运等多种方式联运。采用人工开凿运河可以补充天然河道的不足，克服河道流向与流程影响，系统地解决河道运输的可达性问题。

大运河始建于春秋时期。公元前486年吴王夫差为北上伐齐争霸中原，开凿了自今扬州向东北经射阳湖到淮安入淮河的运河，引长江水入淮河，沟通了长江、淮河两大河流，全长170千米，成为大运河最早开凿的一段。因途经邗城，故得名"邗沟"。秦、汉、魏、晋和南北朝继续施工延伸此河道。

公元587年，隋为兴兵伐陈，从今淮安到扬州，开山阳渎，后又取直整治，中间不再绕道射阳湖。隋炀帝杨广即位后，都城由长安迁至洛阳，为在政治上更好地控制江南地区，同时由于经济上对江淮地区的依赖，隋炀帝下令开凿大运河。公元605年，开通济渠，分东西两段：西段自今洛阳西郊引洛河和谷水入黄河；东段自荥阳汜水，引黄河后，循汴水（原淮河支流），经商丘、宿县、泗县入淮河。公元608年又开永济渠，引黄河支流沁水入卫河（现今的称谓）至天津，继溯永定河通涿郡（今北京）。公元610年继开江南运河，由今镇江引江水经无锡、苏州、嘉兴至杭州通钱塘江。至此，建成以洛阳为中心，由永济渠、通济渠、山阳渎和江南运河连接而成，南通杭州，北通北京，全长2700余千米的水运大动脉。

唐、宋两代对大运河继续进行疏浚整修。唐时浚河培堤筑岸，以利漕运纤挽，运河的通航能力也得到了提高。北宋元丰二年（1079），为解决汴河（通济渠）引黄河水所引起的淤积问题，实施了清汴工程，开渠2500米，直接引伊洛水入汴河，不再与黄河相连。这一时期大运河极大地促进了中国南北经济的沟通与交流，运河沿岸形成了苏州、杭州、镇江等重要城市，也逐渐形成了沟通京师与南北政治经济中心的主要漕粮通道。[①]

元代建都大都（今北京市）后，中国政治中心北移，漕运目标从洛阳变成了北京，漕运路线需向西绕道洛阳，路线过远且需水陆转运，因而元代对大运河进行了裁弯取直的改道。1282年济州河开凿，自今济宁引洸水、汶水、泗水为源，向北开河150里（75千米）接济水（相当于后来的大清河位置）。济州河开通后，漕船可由江淮溯黄河、泗水和济州河直达安山下济水。为解决济水至天津路段的航运问题，1289年自济州河向北经寿张、聊城至临清开会通河，长125千米，接通卫河。会通河建成后，漕船可由济州河、卫河、会通河，再溯白河至通县。1291—1293年元朝由通县至大都开通惠河。漕船可由通县入通惠河，直达今北京城内积水潭。至此，京杭大运河南北主线初步形成。

明、清两朝均建都北京，其间对元朝京杭大运河进行了多次扩建整修，以求解决河流水源、黄河泛滥等诸多问题。1855年黄河在河南省铜瓦厢决口北徙，于

---

① https://baike.baidu.com/item/%E4%BA%AC%E6%9D%AD%E5%A4%A7%E8%BF%90%E6%B2%B3/345335?fr=aladdin.

山东省夺大清河入海，大运河南北全线断航，清朝后期和中华民国时期，有识之士曾几度倡议治理运河，但均未付诸实施。

中华人民共和国成立后，开始对古老大运河实施恢复和扩建工作，使其重新发挥航运、灌溉、防洪和排涝等多种作用。1953年和1957年兴建江阴船闸和杨柳青、宿迁千吨级船闸。1959年以后，结合南水北调工程，重点扩建了徐州至长江段400余千米的运河河段。1988年底建成京杭大运河和钱塘江沟通工程，构成了京杭大运河与长江、黄河、淮河、海河、钱塘江五大水系相互连通的水运网。在国家大力发展内河航运的总体部署下，大运河作为国家内河运输的重要组成部分，逐步整修与发展。

2.1.3 保护发展历程

2000年以前，针对大运河遗产的研究与保护工作缺乏深入与系统化，随着大运河申报世界文化遗产工作提上日程，各界对大运河投入比重逐渐增加，相关保护与研究工作迅速展开。

2006年"两会"期间，58位政协委员联合提交了"关于加强对大运河申遗保护"的提案。同年5月国务院将京杭大运河公布为第六批全国重点文物保护单位；12月国家文物局将大运河列入《中国世界文化遗产预备名单》，大运河申遗工作正式拉开帷幕。大运河申遗与保护工作由文化部、国家文物局牵头，国家发改委、财政部、国土资源部、环境保护部、住房和城乡建设部、交通运输部、水利部等有关部委协力合作，明确了今后大运河遗产保护工作的基本要求和发展目标，"既要保持其历史文化性，同时又要兼顾其现代运输功能"。此外，部分城市还发布了《京杭大运河保护与申遗杭州宣言》《京杭大运河遗产保护与可持续发展通州宣言》等相关文件。

2008年3月国家文物局联合大运河沿岸8个省的33个城市在扬州召开了大运河保护与申遗工作会议，并发表了联合申遗的《扬州共识》。

2009年由国务院推动，大运河申遗上升为国家行为，相关申遗工作进展加快。按照国务院的统一部署，2009—2014年是大运河保护和申报世界文化遗产工作的关键时期，其中2009—2010年为启动阶段，2011—2012年为保护整治阶段，2013—2014年为申报阶段。

2011年4月，扬州会议明确了8个省35个城市的132个遗产点和43段河道参与申遗。

2012年6月，文化部公布了《大运河遗产保护管理办法》（以下简称《办法》），旨在加强对大运河遗产的保护与管理，规范大运河遗产的利用行为。《办法》中对大运河遗产的构成进行了界定："本办法所称大运河遗产，包括隋唐运河、京杭大运河、浙东运河的水工遗存，各类伴生历史遗存、历史街区村镇，以及相关联的环境景观等。近代以来兴建的大运河水工设施，凡具有文化代表性和突出价值的，属于本办法所称的大运河遗产。"同年9月，大运河沿线的8个省的35个城市在扬州共同签署《大运河遗产联合保护协定》，建构了由国家级、省级、市级组成的大运河三级规划管理机构，要求大运河遗产保护实行统一规划、分级负责、分段管理，坚持真实性、完整性和延续性的原则。同时，各省、市也陆续颁布了诸多地方性的大运河遗产保护规范性文件和法规，以加强大运河遗产的保护与管理。（表2-1）

2013年，国务院调整合并了不同大运河遗产，统称为"大运河"，并列入第七批全国重点文物保护单位名录，其内容包括96个子项目，时代为春秋时期至中华人民共和国成立以后。同年年底，大运河沿线的遗产点接受了联合国专家进行的现场考察评估。

2014年6月，中国大运河在第38届世界遗产大会上被联合国教科文组织列入《世界遗产名录》。申报的系列遗产分别选取了各河段的典型河道段落和重要遗产点，包括河道遗产27段，总长度1011千米，相关遗产共计58处。遗产类型包括闸、堤、坝、桥、水城门、纤道、码头、险工等运河水工遗存，仓窖、衙署、驿站、行宫、会馆、钞关等大运河的配套设施和管理设施，以及与大运河文化意义密切相关的古建筑、历史文化街区等。遗产分布在2个直辖市、6个省、25个地级市，遗产区总面积为20819公顷，缓冲区总面积为54263公顷。[①]

---

① http://news.sina.com.cn/o/2014-06-22/165130403536.shtml.

表2-1 已颁布的大运河遗产保护相关法律、法规及文件汇总

法律、法规及文件名称	颁布年份	部门
《山东省关于加强水路运输安全管理的若干规定》	1988	山东省人民政府
《省政府办公厅关于切实做好淮河流域水污染防治工作的通知》	2005	江苏省人民政府办公厅
《浙江省水资源管理条例》	2005	浙江省人大常委会
《省政府关于骆马湖——三台山古黄河——运河风光带风景名胜区列为省级风景名胜区的批复》	2006	江苏省人民政府
《省政府关于加快水运发展的意见》	2007	江苏省人民政府
《江苏省"十一五"环境保护和生态建设规划》	2008	江苏省人民政府
《山东省文化产业发展专项规划（2007—2015）》	2008	山东省人民政府
《中华人民共和国水土保持法》	2010	全国人大常委会
《中国大运河邢台市运河遗产保护规划》	2010	邢台市人民政府
《省政府关于江阴历史文化名城保护规划的批复》	2010	江苏省人民政府
《大运河遗产保护管理办法》	2012	文化部
《河南省"十二五"旅游产业发展规划》	2012	河南省人民政府
《河南省人民政府办公厅关于加强大运河河南段遗产保护工作的通知》	2012	河南省人民政府办公厅
《安徽省人民政府关于加强我省大运河遗产保护管理工作的通知》	2012	安徽省人民政府
《大运河遗产安徽段保护规划》	2012	安徽省人民政府
《省政府关于进一步加强文物工作的若干意见》	2012	江苏省人民政府
《浙江省旅游业发展"十二五"规划》	2012	浙江省人民政府
《浙江省内河水运复兴行动计划（2011—2015年）》	2012	浙江省人民政府
《浙江省清洁水源行动方案》	2012	浙江省人民政府
《北京市2013—2017年清洁空气行动计划》	2013	北京市人民政府
《山东省大运河遗产山东段保护管理办法》	2013	山东省人民政府
《省政府办公厅关于进一步加强南水北调东线江苏段输水干线船舶污染防治工作的通告》	2013	江苏省人民政府办公厅

（续表）

法律、法规及文件名称	颁布年份	部门
《省政府办公厅关于进一步加强文化产业园区（基地）建设的意见》	2013	江苏省人民政府办公厅
《省政府办公厅关于加强大运河（江苏段）遗产保护和管理工作的意见》	2013	江苏省人民政府办公厅
《北京市东城区前门大街等特色商业街区业态发展指导》	2014	北京市东城区政府
《山东省人民政府关于贯彻落实国发〔2014〕31号文件促进旅游业改革发展的实施意见》	2014	山东省人民政府
《省政府关于全面构建"畅游江苏"体系促进旅游业改革发展的实施意见》	2014	江苏省人民政府
《江苏省大运河风景路规划》	2014	江苏省人民政府
《省政府办公推进"畅游江苏"品牌建设的意见》	2014	江苏省人民政府办公厅
《中华人民共和国文物保护法》	2015	国务院
《北京市水污染防治工作方案》	2015	北京市人民政府
《关于进一步加强湿地保护管理工作的意见》	2015	山东省人民政府办公厅
《2015年河南省加快商务中心区和特色商业区建设专项工作方案》	2015	河南省人民政府办公厅
《省政府关于加快提升文化创意和设计服务产业发展水平的意见》	2015	江苏省人民政府
《省政府关于同意设立江苏省无锡江南古运河旅游度假区的批复》	2015	江苏省人民政府
《浙江省人民政府关于适当调整大运河（浙江段）遗产保护范围和建设控制地带的批复》	2015	浙江省人民政府
《浙江省人民政府关于划定大运河之凤山水城门遗址等112处文物保护单位保护范围和建设控制地带的批复》	2016	浙江省人民政府
《浙江省海洋港口发展"十三五"规划》	2016	浙江省人民政府
《山东省京杭运河航运污染防治办法》	2016	山东省人民政府
《泊头市运河景观带工程防洪评价报告》	2016	不详
《中华人民共和国水污染防治法》	2017	全国人大常委会
《北京市"十三五"时期现代产业发展和重点功能区建设规划》	2017	北京市人民政府
《北京市人民政府加强生态环境保护坚决打好北京市污染防治攻坚战的意见》	2017	北京市人民政府

（续表）

法律、法规及文件名称	颁布年份	部门
《河南省辖淮河流域水污染防治攻坚战实施方法（2017—2019）》	2017	河南省人民政府
《省政府办公厅关于推进生态保护引领区和生态保护特区建设的指导意见》	2017	江苏省人民政府办公厅
《关于促进推进交通运输与旅游融合发展的若干意见》	2017	交通运输部等
《中华人民共和国河道管理条例》	2018	国务院
《北京市顺义区人民政府关于进一步加强文物工作的实施意见》	2018	北京市顺义区人民政府
《山东省水污染防治条例》	2018	山东省人大常委会
《山东省美丽村居建设"四一三"行动推进方案》	2018	山东省人民政府办公厅
《山东省地理信息产业发展规划（2017—2025年）》	2018	山东省人民政府
《森林河南生态建设规划（2018—2027年）》	2018	河南省人民政府
《河南省人民政府关于实施四水同治加快推进新时代水利现代化的意见》	2018	河南省人民政府
《省政府关于同意宿迁市宿豫区中运河刘老涧水源地保护区划分方案的批复》	2018	江苏省人民政府
《中华人民共和国土地管理法》	2019	全国人大常委会
《大运河文化保护传承利用规划纲要》	2019	国务院
《北京城市副中心控制性详细规划（街区层面）（2016—2035年）》	2019	国务院
《北京市通州区大运河森林公园管理办法》	2019	北京市通州区人民政府
《河南省贯彻落实淮河生态经济带和汉江生态经济带发展规划实施方案》	2019	河南省人民政府
《省政府关于苏州市东汇公园南下穿护城河隧道工程涉及京杭大运河苏州段文物保护方案的批复》	2019	江苏省人民政府
《江苏省"十四五"水利发展规划》	2021	江苏省人民政府
《北京市水利工程保护管理条例》	2021	北京市人大常委会

注：表2-1由侯晓萱整理

2019年2月，随着大运河保护利用工作提上日程，中共中央办公厅与国务院办公厅印发了《大运河文化保护传承利用规划纲要》，把大运河文化带建设（图

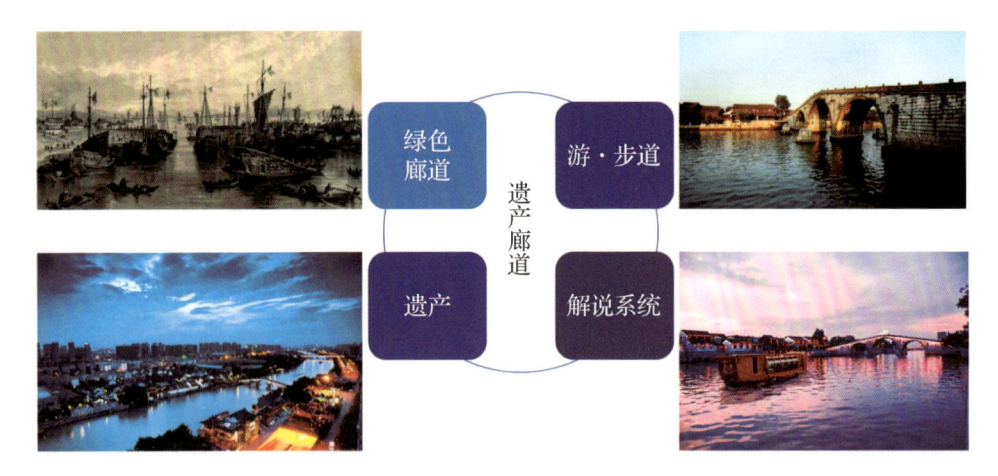

图2-2 中国大运河文化带

2-2)提升为国家战略，旨在为大运河的保护和文化传承与"活化"利用提供战略指引。同年6月，确立了国家发展和改革委员会牵头的大运河文化保护传承利用工作省部级联席会议制度，通过"协调解决跨地区、跨部门的重大问题。力将大运河打造成为宣传中国形象、展示中华文明、彰显文化自信的亮丽名片"。

2019年12月5日，中共中央办公厅、国务院办公厅印发《长城、大运河、长征国家文化公园建设方案》(以下简称《方案》)，大运河国家文化公园同另外两者相同，均计划用4年左右时间在2023年底基本完成，其中江苏段作为重点建设区于2021年底前完成。《方案》中给出大运河国家文化公园建设的诸多要求与建议，指出要修订制定法律法规，如大运河保护条例，结合国土空间规划编制大运河国家文化公园建设保护规划，实施文物和文化资源保护传承利用协调推进基础工程，最终形成权责明确、运营高效、监督规范的管理模式雏形，积累可复制推广的成果经验。

2.2 国际运河遗产保护综述

2.2.1 基本情况介绍

世界有520多条运河，分布在52个国家，沿线有近3000座城市，其中，苏伊士运河、巴拿马运河、基尔运河和我国京杭大运河被统称为"世界四大运河"。其他著名运河还有：伊利运河、米迪运河（图2-3）、阿尔贝特运河、约塔运河、伏尔加河—顿河运河、莫斯科运河、曼彻斯特运河等。

古代河流的改进和人工水道的建设，大都是为了解决灌溉、洪涝、航运等问题。公元前7世纪，亚述人在两河流域开凿了一条长约80千米的运河；公元前5世纪波斯人开凿了尼罗河至红海的运河；埃及曾在尼罗河设坝防洪，并在广大盆地建立灌溉系统。到了19世纪，世界上出现了举世闻名的三大运河建设，即苏伊士运河、基尔运河和巴拿马运河。

苏伊士运河于1869年修建完成并通航，贯通苏伊士地峡，连接地中海与红海，提供从欧洲至印度洋和西太平洋的最近航线。（图2-4）它是亚洲与非洲的交界线，是亚洲与非洲人民来往的主要通道。运河北起塞得港，南至苏伊士城，长190千米，自塞得港北面进入地中海直至苏伊士的南面。2014年埃及决定对苏伊士运河进行拓宽加深并开凿新河道，2015年完成疏浚工作。

基尔运河位于德国北部，于1895年开凿成功。基尔运河的修建原为避免军舰绕道丹麦半岛航行，建成后将北海到波罗的海的航程缩短了756千米。1907年开始对河床进行拓宽和加深，并于第一次世界大战爆发前完成，使大型舰船可以通行。2007年德国政府投资对基尔运河航道拓宽改造，于2017年竣工，极大地提高了航道通航能力。

巴拿马运河位于中美洲的巴拿马，于1914年8月15日正式通航。巴拿马运河横穿巴拿马地峡，连接太平洋和大西洋，极大地缩短了美国东西海岸间的航程，是航运要道，被誉为世界七大工程奇迹之一"世界桥梁"。巴拿马运河的长度，从一侧的海岸线到另一侧海岸线约为65千米，而由加勒比海的深水处至太平洋一侧的深水处约82千米，最宽处达304米，最窄处也有152米。[①]2016年巴拿马运河完成拓宽工程，能够满足现代航运的诸多需求。

世界各地运河的开凿与扩建，蕴含着多重经济、政治等方面的原因。运河弥

---

① https://baike.baidu.com/item/ 巴拿马运河。

图2-3 法国米迪运河

图2-4 苏伊士运河（笔者改绘）

补了自然河道与自然地势的不足，为国家内部以及国家之间的航运往来提供了便捷，更促使了相关运河文化的蓬勃发展。

2.2.2 保护发展概况

国际运河遗产的保护经过了较长时间的发展，许多国际组织和国家都在运河保护中做出重要贡献。

1972年联合国教科文组织（UNESCO）颁布了《保护世界文化和自然遗产公约》。1994年9月专家学者在加拿大安大略省召开了以"遗产运河"为主题的世界遗产会议，界定了"运河"的范围和价值。2003年联合国教科文组织颁布的《实施〈世界遗产公约〉操作指南》出现了"文化线路"的正式定义，即"文化线路是一种陆路道路、水道或者混合类型的通道……代表了人们的迁徙和流动，代表了一定时间内国家和地区之间人们的交往，代表了多维度的商品、思想、知识和价值的互惠和持续不断的交流"。2005年2月《实施〈世界遗产公约〉操作指南》将遗产运河、遗产线路、文化景观、历史城镇及城镇中心列为特殊申遗类型，运河遗产正式被纳入了申遗的范畴。2008年国际古迹遗址理事会（ICOMOS）颁布的《关于文化线路的国际古迹遗址理事会宪章》，为运河遗产保护提供了更多的指导建议。

除了法规上对运河保护逐渐规范化、系统化外，世界各地一些价值较高、影响较大的运河也逐渐被列入世界遗产，以名录的形式确定下来，加强重视与保护力度。截至2020年，全世界共有6条运河成为世界遗产运河，依照被列入《世界遗产名录》的时间顺序分别是：法国的米迪运河（1996）、比利时中央运河4座船舶升降机及周边设施（1998）、加拿大的里多运河（2007）、英国的旁特斯沃泰水道桥与运河（2009）、荷兰的阿姆斯特丹17世纪运河区（2010）以及中国大运河（2014）。

就各国而言，不同国家政府针对各自运河遗产的实际情况制定或推出相关法规政策，推动了运河的保护与发展。1984年美国确定伊利诺伊和密歇根运河为国家遗产廊道，2000年美国国会通过了《伊利运河国家遗产廊道法案》（*Erie Canalway National Heritage Corridor Act*），形成体系完善的运河遗产廊道保护与管理框架。法国则是出台《法国公共水域及运河条例》国家法案，管辖境内所有水道，米迪运河申遗成功后，又出台如《米迪运河遗产管理手册》《米迪运河景观建设规章》等管理章程，同时，还按照《两海运河白皮书》的旅游方针，使运河开发与邻近旅游点发展并举。加拿大的里多运河通过建立遗产备忘录制度，采用垂直管理方式，由加拿大国家公园管理局直接管辖，使得管理效率更高，同时也在一定程度上节约了管理成本。

总而言之，国际上对运河遗产的保护从法规制度、管理维护、利用发展等方面均有研究和探索，尤其在国际法体系上虽然还存在问题和矛盾，但是经过多年的不断修订与完善，其在世界文化和自然遗产的保护和管理方面已经发挥起举足轻重的作用，取得了举世瞩目的巨大成就。这类研究探索可为我国的大运河遗产保护提供良好的经验与借鉴。

2.2.3 保护模式分析

（1）遗产构成

国际上运河遗产的构成要素一般包括河道本体、河工设施和文化资源，主要类别有运河本体、水库、引水渠、船闸、桥梁、码头、堡垒，以及运河功能相关的附属物，如管理人员住宅、商品储存仓库、特殊水利设计、军事防御体系等，构成一个较为完整的覆盖多方面的遗产构成体系。如法国米迪运河的遗产构成包括：240千米主河道、36.6千米支线河道、高山引水渠和平原引水渠、划归运河的土地和地面上开凿的引水渠、郎辟水库和圣·博亥奥勒水库、65座船闸、围堤、水坝，以及受雇于政府的船闸管理人员住宅和储存器械和商品的仓库等，同时还在河道两岸划出了遗产价值敏感区、遗产价值影响区。[①]

加拿大里多运河的遗产构成包括202千米的主河道（图2-5），还包含74座水坝、47座船闸、10座桥梁、33座船闸站和值班室等河工设施，1830年建造的8道手工操作船闸门，1826年建造的两层石砌军需仓库，1884年建造的一层石砌船

---

① 参见法国航道管理局《法国公共水域及运河条例》，2010年。

图2-5 加拿大里多运河（杨一帆绘）

闸站办公室，以及建于1827年具有考古特性的皇家工程师楼等，同样是将运河本身及周边相关资源全面囊括在遗产的构成范畴内。①

英国庞特基西斯特水道桥与运河的遗产构成则包括杰克河岸围堰和霍利黑德道路围堰、杰克水道桥和庞特基西斯特水道桥、格勒德里德小桥、何奎特小桥、苏格兰大厅、伍德拜客厅和德福小屋、杰克水道桥建筑平台和阿丰·布雷德利水闸、杰克隧道和怀特豪斯隧道、杰克河岸路堤、杰克河岸公共码头和杰克河岸桥码头、杰克水道桥建筑石料采石场和阿丰·布雷德利石灰窑等，既包含人工建筑物，又包含建筑周边的自然环境。②

（2）法律体系

各国关于运河的法律法规体系经过较长时间的发展，都具有了一定的系统性。

---

① 参见《里多运河国家历史遗址管理计划》(Parks Canada Agency, Rideau Canal National Historic Site Management Plan, 2005)。
② https://baike.baidu.com/item/庞特基西斯特输水道和运河/51086128.

从颁布部门来看，法规体系由从国家政府到地方部门等多个层级构成，形成较为完备的保护框架。从保护内容来看，一般既有遗产整体的统领性法规，又有涉及河流污染、景观控制等方面的分项规范，侧重分工各有不同。如法国文化部与文化事务厅1913年颁布的《文物建筑保护法》是国家层面的具有普适性的遗产保护法，现已从属于2004年颁布的《遗产法典》。《公共水域及运河条例》也属于国家法案，管辖法国境内的所有水道。工程类规章有《两海运河上建筑和景观建设的规定》和《米迪运河景观建设章程》，对新加建筑、船闸管理人员住宅以及船闸周边景观也都做出了具体明确的规定。管理类规章有《米迪运河遗产管理手册》《建筑和船闸、运河住宅与景观管理手册》《植物管理方案》等，主要对一线管理人员、遗产点和景观提出了具体要求。

加拿大里多运河范围所有相关设施都依据《国家历史遗址及文物保护法》受到保护。《里多运河管理规划》和《水上航运保护法》则分别对运河河床、水上及岸边的各种建设项目与活动制定有详尽的奖惩办法。《安大略遗产法案》《规划法案》《鱼类与野生动物保护法案》《环境保护法案》《濒临危险物种法案》等法规，对省管运河区域的河水质量、建筑、鱼类和濒危野生植物资源等都有十分清晰的规定，以确保里多运河的整体环境质量。

英国运河相关的法律法规，最早是1855年颁布的《有害物质去除法》，以及后来颁布的《1876年河流污染防治法》，使英国的河流污染状况得到显著改善。而随着法治保护力度加强，英国庞特基西斯特水道桥（图2-6）与运河拥有一套完整的法律体系，相关法律多达84部，如《1979年古代纪念碑和考古区法案》《1995年英国水道法案》《1965年英国水路局一般运河公司细则》《1994年伦敦码头区域公司发展法》等。

美国国会于2000年12月通过了《伊利运河国家遗产廊道法案》。其保护对象包括伊利（Erie）、卡普兰（Champlain）、卡尤加塞内卡（Cayuga-Seneca）和奥斯威戈（Oswego）的524英里（约843千米）通航运河，阿尔巴尼（Albany）和布法罗（Buffalo）的废弃运河段落，以及塞内卡（Seneca）和卡尤加（Cayuga）等通航湖泊，保护范围覆盖了运河沿线的234个市镇。自2000年国会通过《伊利运

图2-6 英国庞特基西斯特水道桥

河国家遗产廊道法案》以来，廊道的保护与管理逐渐形成一套清晰的工作体系。2006年由美国国家公园署（National Park Service）完成的《伊利运河国家遗产廊道保护与管理规划》作为长期性的区域综合规划，自上而下地整合了相关的区域规划，明确了未来的工作方向和管理组织架构。而在国家遗产廊道未正式认证之前，1991年《绿道法案》、1995年《纽约州运河游憩道规划》等法规方案已对涉及运河的问题进行规范和指导。

（3）管理机构

各个国家对于各自运河遗产的保护与管理，不仅从法律法规上给予限定与引导，还从管理机构上不断完善，使之系统完备并保证有效执行。一般而言，各国运河管理机构均有一个核心部门，如加拿大的加拿大公园管理局、美国的伊利运河国家遗产廊道委员会，其还有下属或合作部门，同时还注重社会保护力量的发展，共同构建完善的运河管理体系。

029

法国运河法律与管理体系的层级划分较为清晰，均按中央、大区、省及市镇四级划分。国家层面设立文化部，负责宏观战略指导，其与国家航道管理局、国土设施交通整治部的下属水道管理机构共同管理；大区层面设立文化事务厅，负责制定规划和提供财政拨款，而国家航道管理局则在法国的各个大区都有分属机构；省级层面设立建筑文化和遗产局，具体执行上级有关文化遗产政策和措施，审核古建筑遗产的修复和维护；市镇层面一般为文化遗产的具体管理单位。除了建立纵向管理机构和横向协调管理机构外，法国还会考虑社会团体和民众的意见。

加拿大的运河相关事务主要由加拿大公园管理局负责，其采用垂直和横向的管理方式。加拿大成立了专门负责遗产保护与管理的文化遗产部，使运河的管理保护权限更为集中；同时地方政府的不同层级部门，也各自明确了其职责范围；此外还设有两家保护部门，由其直接负责里多运河的水资源、湿地、林地及自然栖息地、遗产地的保护、修复与管理等工作。总而言之，加拿大公园管理局是总负责机构，其他不同层级部门协调合作，共同完成运河相关的保护与管理工作。

英国的管理机构主要是由政府机构负责工业考古与审计，包括检查和审计该区域的工业遗址现状；联邦政府、地方政府及社会团体相互协作，负责对水道桥与运河现状开展全面了解、分类和评价检查；英国水道公司负责对运河本体以及运河商业运营构成的威胁因素，进行短、中、长期的现状检查；同时，内河航运协会、肯尼特—埃文运河协会、庞蒂斯沃特之友等民间团体的成立也为运河的保护管理注入鲜活力量。

美国通过《伊利运河国家遗产廊道法案》确定了以合作伙伴关系为基础的保护与管理工作方式。其中，伊利运河国家遗产廊道委员会是管理体系的核心部门，由 NPS 长期支持。委员会一方面与联邦、各州和地方部门协同工作，推动廊道规划的执行，另一方面是管理联邦基金，寻求资金并接受政府拨款和社会赠与（包括专项拨款、私人物业或服务等）。委员会每年需公布工作报告，接受公众的监督。此外，其他联邦部门也和伊利运河遗产廊道委员会保持着密切的合作伙伴关系，分别承担不同方面的工作；同时，州和地方各类独立机构及非营利组织也是重要的保护力量，在廊道资源保护、游憩与解说教育等方面发挥重要作用。

（4）利用方式

文化遗产保护与利用一直存在特殊的矛盾关系：既要保护遗产本体限制过度干预和开发，保证其真实性与完整性；又要激发遗产活力，使其能够活态传承与发展。运河遗产的保护利用也存在同样的矛盾关系。

国际上各个国家已经在运河遗产保护利用的道路上做出多种尝试，针对不同类型，如运河本体、附属建筑物、沿河地区民俗艺术等，保护利用方式也有所区别，有的维持原状，有的尝试恢复原状，有的则要求与当地政府的经济决策相适应。根据其使用目的不同，大致可分为景观提升、旅游商业、教育展示等，具体又可分为景观美化、水上游览、主题活动、展示教育、系统解说等多种多样的利用方式。

①城市景观

运河不仅是城市水利系统的构成，也是景观元素的补充，运河环境的修复与整治对沿岸居民的生活具有较大影响。对运河沿线进行景观提升，不仅利于美化城市环境、提升居民生活质量，也利于强化城市的地域特色和文化形象，提高沿河港口地区的商业活力、经济效益和生态效益。

英国运河遗产的保护一方面在相关部门和团体的推动下整治沿岸景观，对废弃建筑物维修或改造利用，使传统运河焕发新的景观面貌，激发城市活力；另一方面要求土地开发时，地区发展不能影响乡村景观，新的开发项目在规模、布局、材料和景观美化等方面符合运河遗址的特点。美国伊利运河的景观提升也体现在方方面面，包括：本着可持续发展的原则，保护水质并修复植物群，通过设置缓冲带、清除污染源、预防外来物种入侵等方法来实现生态系统的恢复；同时从环境治理和景观设计入手，提升运河景观，保护沿岸工业景观、乡村景观，创新城市景观。（图2-7）

②旅游商业

运河遗产具有丰富的历史价值、文化价值、艺术价值等，充分发掘其价值内涵，利用运河自身环境条件，通过开发河道沿线景观、设计特色旅游路线、举办运河主题相关活动等方式，制定合理旅游规划与目标，这是国际社会普遍认可的遗产保护与利用途径之一。

图2-7 美国伊利运河（笔者改绘）

法国《两海运河白皮书》中的旅游方针，提倡在开发运河的同时，也开发临近的旅游点。法国建立了自行车道和游船码头，做好运河和中心城镇的水路对接；开发"运河与葡萄酒"和"运河与清洁教派古堡"等旅游主题活动，增设了诸如圣·费亥沃勒水库和马尔帕斯隧道等旅游景点，从而吸引聚集更多游客到来。加拿大对里多运河制订了针对性的景观廊道策略，春、夏、秋可乘船游览，冬天则会举办冬季狂欢节（Winter Carnival），其还获得了"世界上最长的滑冰场"的美誉。政府还连同运河沿线城市宣布推出"运河遗产旅游线路"，提供运河游艇休闲观光、沿途住宿购物等一条龙服务。如果乘坐仿制的"加拿大船夫"号独木舟，可以在里多运河上体验夜间泛舟的乐趣，其间船夫装扮的讲解员会介绍如何行独木舟礼，还会为游客演唱当地民歌，讲述有关运河的传说。而里多运河沿线则设有长达300千米的骑行道与步行道，其成为游客与运河互动的场所，是健行和自行车运动爱好者的天堂。英国的庞特基西斯特水道桥与运河则通过其独特的工程结构、优良的自然风光和卓越的历史功绩，成为英国"运河旅游"的重要目的地，建立茅尔国家公园为游客提供乡村体验机会，举办如兰格伦国际音乐会、自行车比赛、赛马等活动来吸引游客。美国伊利运河在提出遗产廊道后逐步完善休闲旅游系统，扩大、增加户外活动的项目，建设运河慢行游憩系统，串联相关景点，进行以旅游目的地为平台的品牌营销、产品开发与活动推广，设计从郊野到城市的多种旅游休闲方案，提升遗产廊道项目的旅游品质。荷兰的运河遗产利用也已形成较为成熟的体系，众多游船公司提供不同类型船只与服务，如运河脚踏船、运河汽艇、运河巴士等，乘船观赏运河沿岸风光成为阿姆斯特丹最著名的旅游项目。同样著名的还有阿姆斯特丹运河音乐节，举办地点不限于常规陆地，还包括游船、运河畔、庭院等，各国音乐家、音乐爱好者等数万人齐聚一堂在运河沿岸感受音乐盛宴。

③教育展示

运河经历岁月变迁与风雨洗礼，蕴含了丰富的历史价值、艺术价值、科学价值、社会价值和文化价值。充分挖掘运河背后的内涵，促进运河文化与地方文化的融合，利用现有环境与平台，使之成为向民众教育展示的窗口，有利于提高遗产保护的认可度和公众参与度，还能有利于遗产环境与社区民众的和谐发展关系。

法国米迪运河通过建立档案研究机构、举行文化宣传活动等途径，传承物质与非物质文化。如图卢兹水运管理处的运河档案馆是法国米迪运河史料最全、最权威的档案机构，通过官方网站可以查到该运河的相关电子目录，包括运河开凿以来的历史、技术、法律等各方面的文献，且预约后可向民众开放。同时还利用沿岸合适场地举办纪念性活动，传承运河文化，使人类水路工程与现代人文艺术融为一体。英国会通过主题教育活动，向民众讲解运河遗产的历史和文化，举办民间活动，提升民众的运河遗产保护意识，逐步使庞特基西斯特水道桥与运河既成为社区和游客户外活动和度假休闲的场所，又成为民众教育计划的一部分内容。美国伊利运河国家遗产廊道则是构建了非常完善清晰的层级解说系统，充分展现了伊利运河丰富的历史文化内涵，解决了之前各个遗产点的解说内容和媒介较为混乱的现象。（表2-2）

表2-2 伊利运河国家遗产廊道解说框架

核心解说主题	次级解说主题	解说专题	代表区域
美国的象征	进步和力量	国家和民族：杰弗逊、麦迪逊、克林顿，以及建造运河之争	奥尔巴尼
		分裂和移居：运河建造的影响，以及随后的美洲原住民社会	罗马
		繁荣的发动机：运河建造的经济影响	运河全线
		样板项目：伊利运河的成功对同类项目的影响	沃特金斯峡谷
	连接和沟通	麦浪：运河对农业和市场的影响	手指湖
		城市的培育：运河对周边城镇扩张的影响	水牛城
		帝王之州：运河在纽约州发展成为国家财富中心的过程中扮演的角色	纽约
		世界港口：运河在纽约市成为国家重要港口的过程中扮演的角色	纽约
		新疆界：运河成为中西部地区的门户，大湖区在国内战争中的影响	斯克内克塔迪
	发明和创造	美国成就：运河的建造成为科技进步的标志	洛克波特
		漂浮山间：地形，水文以及运河系统的路线、闸坝、水柜的设计和工程	蒙特祖玛
		创新和改造：运河成为培养美国第一代工程师的摇篮，它是欧洲运河建造技术适应美国本土的产物	科霍斯
		综合系统：运河的管理和操作	运河全线
		演化和改造：运河发展的3个阶段以及20世纪运河的再创造	纽约
	统一和多样	本土遗存：美洲原住民的地区在发展中的角色	沃尔尼
		网状河道：移民及多民族带来的社会与文化相互影响	运河全线
		肥沃的土地：运河在社会改革和宗教运动中创造了舒适的环境	塞内卡瀑布
		流行文化：文学、艺术、音乐、戏剧等中的运河	罗彻斯特
		风俗和民俗：运河活态遗产	斯克内克塔迪
		新世界奇迹：作为国内和国际旅游目的地的运河	运河主航道

国际运河遗产的保护与发展历程起步较早，在遗产构成认定、法律体系构建、管理机构建设等方面均有较多的经验和教训，在遗产的利用方式上从城市景观构成、旅游营销宣传、公众教育展示等方面也有较为成熟的思路和做法。对于运河遗产的保护利用既要关注可持续性，平衡资源保护与经营开发，又要注重整合资源，在景观、教育、文化、娱乐等多方面构建完整的运河遗产保护体系，形成品牌效应。中国运河遗产自申遗成功以来，在保护与利用方面也在进行不懈探索，结合中国运河自身的地理环境、文化条件及管理体系等因素，参考吸收国际上适合我国大运河国情的政策方案，定能推动有中国特色的大运河遗产保护与利用理论体系的构建。

3 中国大运河遗产保护体系研究

构建中国大运河遗产保护体系，首先，应对大运河遗产进行认定，明确大运河遗产的分类方法与遗产认定原则；其次，应对大运河遗产价值进行正确理解和准确阐释，从内涵丰富的历史价值、优美灵动的艺术价值、逻辑严谨的科学价值、影响深远的社会价值和复杂多元的文化价值5个方面阐述大运河文化遗产的文物价值，并从解读的准确性、文脉的继承性、逻辑的同一性和方法的创新性等方面阐释价值内涵；最后，从层级完备的法规体系和基于评估的系统保护等方面阐述大运河遗产保护体系。

3.1 大运河遗产本体认定

3.1.1 遗产分类方法

大运河遗产按照是否为水利设施，可分为水工设施和非水工设施。中国文化遗产研究院张延皓先生认为，由技术要素集成的人类伟大运河工程，可以说是中国大运河最显著的特征和最突出的价值。工程性是确定大运河文化遗产类型的关键所在，在此基础上，可将中国大运河遗产分成运河工程遗产和由运河工程衍生的遗产两大类。也有专家在此基础上，将大运河遗产分为大运河工程遗产、大运河工程相关性遗产、大运河衍生性遗产三类。江苏省社会科学院历史研究所王健认为，运河文化遗产就是由运河的流动性及其所带来的交流性，并通过这种交流活动所积淀的物质和非物质文化遗产。按文化遗产和运河关系的亲疏，可将运河文化遗产的空间分布划分为核心区、重心区和影响辐射区；对应遗产所处的位置，可将其划分为核心遗产、关联遗产和连带遗产。

大运河申遗文本中将大运河遗产分为核心遗产、附属遗产、相关遗产三类。这种划定方法既考虑了大运河遗产的价值属性，又考虑了文化遗产与大运河之间关系的亲疏。

大运河遗产是特殊类型的文化遗产，以水工设施为核心内容，本书更倾向于按照其是否为水利设施进行分类，即水工设施和非水工设施。河道、驳岸、堤坝、闸、桥等为水工设施；与大运河相关的管理机构，如河道总督衙门、钞关等，与祈福有关的寺庙，如分水龙王庙、妈祖庙等，以及大运河相关碑刻题记等均为非水工设施。

3.1.2 遗产认定原则

按照世界文化遗产认定评估标准，文化遗产应遵循真实性、完整性和延续性原则。《中国文物古迹保护准则》明确指出真实性原则"是指文物古迹本身的材料、工艺、设计及其环境和它所反映的历史、文化、社会等相关信息的真实性。对文物古迹的保护就是保护这些信息及其来源的真实性。与文物古迹相关的文化传统的延续同样也是对真实性的保护"。所谓完整性原则是指"文物古迹的保护是对其价值、价值载体及其环境等体现文物古迹价值的各个要素的完整保护。文物古迹在历史演化过程中形成的包括各个时代特征、具有价值的物质遗存都应得到尊重"。真实性和完整性还应权衡文化遗产作为物质载体所承载的真实与完整历史信息的程度。而大运河的延续性则强调大运河使用功能的延续性，确切说是指水路运输的延续性。尽管早期大运河主要功能为漕运，之后逐渐转变为商业运输，但

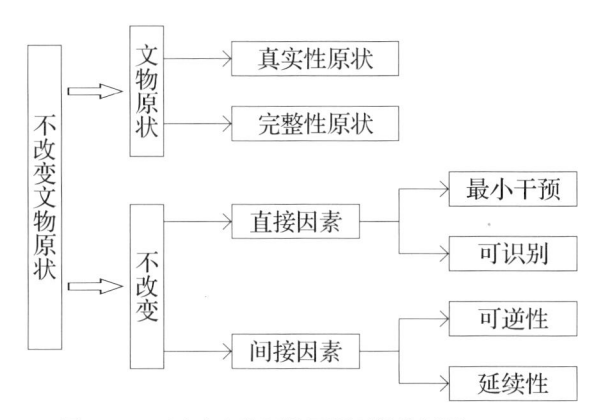

图3-1 不改变文物原状原则逻辑分析图

其水运功能在延续。尽管由于历史上的河道摆动,有的地段河道已与原河道位置有出入,还由于历史各时期不断加固堤坝,有的地段堤坝已与初建时区别很大,但其核心目的是确保运输功能的延续,其在不同历史时期发挥的作用一直在延续与发展,这也是大运河本体价值认定的核心所在。对延续性原则应给予足够的重视和正确的判断,不可僵硬地以某地段河道、河堤、闸坝是否为初建时的原物为依据来断定大运河遗产的真实性和完整性,进而误判遗产的价值。应从更加宏观的视角,从大运河功能延续发展的视角,判断大运河的文物价值,并以此作为认定大运河遗产的重要依据。

按照《中华人民共和国文物保护法》规定,文物修缮应遵循"不改变文物原状"的原则,大运河遗产是第七批全国重点文物保护单位,也应遵循这一原则。另外,大运河修缮中还应遵循最小干预原则、可逆性原则及可识别原则等相关原则(图3-1),应厘清各个原则之间的内在逻辑。

3.2 大运河遗产价值阐释

3.2.1 价值评估

(1)世界文化遗产价值评估

突出普遍价值是认定世界文化遗产的标准,《世界遗产公约》中文化遗产的认定标准包括6条，在此基础上，世界遗产委员会及国际古迹遗址理事会研究编制了《国际运河古迹清单》[①]，该《国际运河古迹清单》逐步成为遗产运河研究领域的权威文件，文中凝练出了4条运河遗产价值的评价标准，当然这也成为评价中国大运河价值的依据，中国大运河申报世界文化遗产所认定的价值包括以下几个方面。首先，大运河"是一件人类天才创造力的杰作"，"对（其）技术发展产生过巨大影响"，"是一个杰出的构筑物或特征之范例、代表着人类历史上的重要时期"，这便是所谓的"具有突出普遍价值"（out-standing universal value）。其次，大运河还在"与具有突出普遍意义的社会、经济发展直接相关"方面具有普遍价值。中国大运河所具有的突出普遍价值是认证其文化身份的核心遗产，也是中国大运河遗产的根本价值所在。

（2）文物价值评估

《中国文物古迹保护准则》（2015年版）将文物价值分为历史、艺术、科学、社会和文化五大价值，本书借鉴此五大价值的分类方式，将其应用于中国大运河价值的深入阐释。

①内涵丰富的历史价值

大运河从隋代开挖，经历唐、宋、元、明、清、民国等不同历史时期；中华人民共和国成立后，又经历了70余年的社会主义建设阶段。在蜿蜒流淌中大运河记述了运河两岸民众生生不息的变化，大运河是不同历史时期大运河水利工程及沿线经济、政治、文化发展的历史见证，蕴含了内涵丰富的历史价值。

②优美灵动的艺术价值

大运河沿线风光秀美，河水流淌，与周边环境相得益彰。桥梁、闸坝造型优美，流动的河水给水工遗产增添了灵动的气质，由此而生的桥梁、堤坝等运河河工设施以及寺庙、楼阁等古代建筑，均呈现出极高的艺术价值。从拱宸桥的形似长虹到镇水兽造型的憨态可掬，无不渗透着大运河所赋予的灵动与优美。

---

① https://www.docin.com/p-1462989542.html.

③逻辑严谨的科学价值

历史上大运河是贯穿中国南北的漕运主动脉,至今,自济宁段到杭州段,大运河仍是贯穿中国南北的黄金航道。大运河沿线丰富的地形地貌,决定了大运河工程建造的难度,尤其在与大江、大河交汇处,体现了高超的治水技术。例如,大运河南旺古代水利枢纽工程就呈现出了高超的建造智慧。从戴村坝(图3-2)筑坝拦河截流,开挖小汶河给水,到采用水柜、水库蓄水,最终以水利枢纽工程分水,在这一系列宏大的工程中,体现了极高的科学价值。再如,自汶上县向北至临清段大运河采用了多级多层阶梯状河闸设置格局,以减小水面落差过大的影响。而德州和沧州段的大运河则在两堤间设置多弯的形制,所谓"三湾顶一闸",以减小水面落差。(图3-3)而在微山段运河营建中,由于需穿过自然湖泊微山湖,则采用了湖中运道的构筑方式。淮安清口水利枢纽营造也体现了极高的技术含量。大运河随地形地貌变化而变化的开挖技术、自成逻辑的严谨的水利营建体系,均体现出古代劳动人民高超的智慧,具有极高的科学价值。

④影响深远的社会价值

大运河自建成之时起,即成为运河沿线人们生活的组成部分,更是一种生活方式。沿大运河形成的跨区域、综合性的"线性共同体",具有明显的共性和跨区域特性。大运河及其所流经区域民众所创造的大运河这一社会文化符号,反过来又长期影响着沿岸人们的行为以及该行为要素所关联的社会价值。大运河带动了北京、天津、河北、山东、江苏、浙江、河南、安徽等地的跨行政区域人员流动,大运河区域民众所创造的文化在流动中、在开放与沟通中深入融合,社会价值在理解与包容中予以呈现。

⑤复杂多元的文化价值

大运河所孕育的文化是多种文化的共存,是多样性的共存与有机融合。大运河流经不同区域,并与当地的地方文化相互交融,其中包含慷慨悲歌的燕赵文化、尊孔重礼的齐鲁文化、注重商贸的浙商文化和灵秀颖慧的江南文化。

大运河既促进了不同区域的文化高度融合,又保留了不同文化的自身特色,甚至发展出以航运为主的船帮文化、商贸文化、建筑文化、曲艺文化和饮食文化

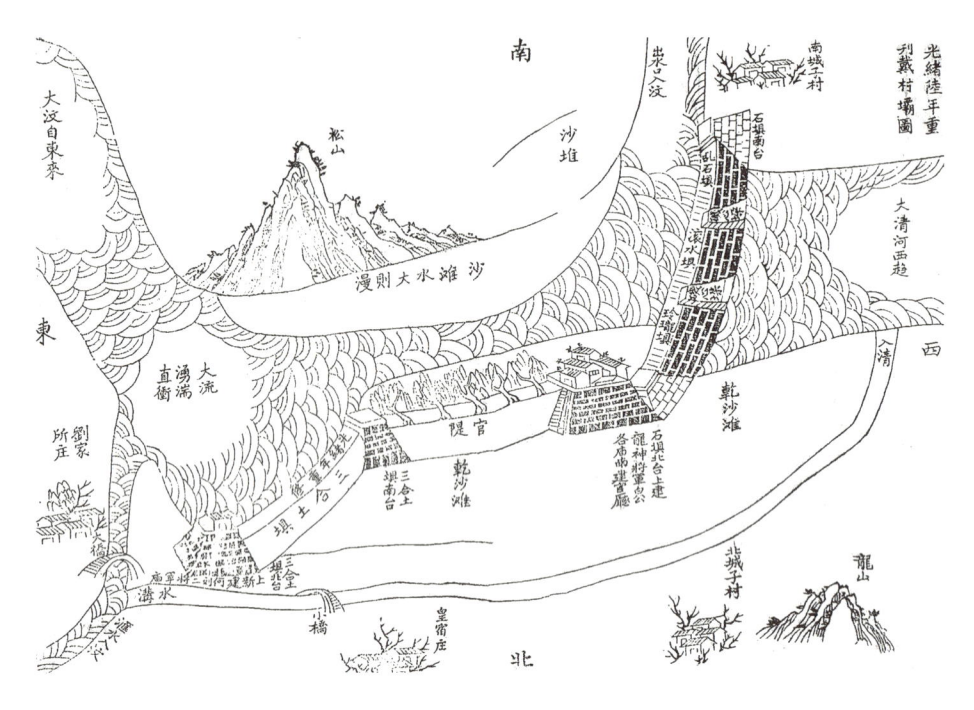

图3-2 戴村坝历史舆图（图片来源：光绪四年《东平州志》）

图3-3 德州运河河道"三湾顶一闸"

等，还推动了大运河沿线清真信仰文化的传播，并以普惠沿线民众的姿态，促进着中国南北文化的大交流，构筑了复杂多元的文化价值体系。

3.2.2 价值内涵阐释

（1）解读的准确性

文化遗产的解读包括对遗产内涵的准确阐释和正确理解。其中"阐释"的概念在2008年国际古迹遗址理事会第16届大会通过的《文化遗产阐释与展示宪章》(*The ICOMOS Charter for the Interpretation and Presentation of Cultural Heritage Sites*)中有明确的解释，"阐释"（interpretation）"指一切可能的、旨在提高公众意识、增进公众对文化遗产地理解的活动"，"展示"（presentation）"指在文化遗产地通过对阐释信息的安排、直接的接触，以及展示设施等有计划地传播阐释内容"。大运河文化遗产所孕育的内涵丰富，对其内涵解读的准确性是使人们正确认知遗产价值的前提，也是后续实施保护修缮与展示利用工程的重要依据。

（2）文脉的继承性

大运河所蕴含的历史文脉，不仅体现在河道开挖、维护、演变、变迁的历史信息中，还存在于科学规划、精心营造的水工设施里。与大运河息息相关的两岸城镇、乡村以及建（构）筑物，均构成了历史文脉的物质载体，其所体现的历史价值、社会价值和文化价值的发掘、传播构成了历史文脉的精神内核。探究大运河文化遗产的历史信息，挖掘大运河文化遗产所承载的营造技艺，使之得以有序传承，由此构成了大运河历史文脉的传承性。

（3）逻辑的同一性

我国南北方地形地貌差异较大，修筑大运河的建筑材料也不尽相同，但在大运河构筑过程中，从前期选址、规划设计到后期开挖、夯筑堤坝，以及建造闸桥等，均体现了统一的规划思想和营造理念，其工艺技艺上也有诸多共同之处，形成了大运河建构逻辑的同一性。此外，大运河作为大一统国家的运输主动脉，在维护国家南北统一、体现国家意志归一的精神内涵方面也具有逻辑上的同一性。

(4)方法的创新性

着眼于大运河的属性特征,将大运河遗产所蕴含的历史信息与现实功能有机结合。结合大运河历史资料,综合现状展示、考古展示等传统展示方式,创新展示利用的方式方法,以保护、展示、利用等方法创新带动大运河遗产内涵阐释的创新。

与大运河相关的非物质文化遗产植入,为大运河遗产展示提供了新的内涵与途径,利用大运河所营造的空间环境进行展演、观摩,在保护非物质文化遗产的同时也推动了大运河遗产保护方式的创新。

3.3 大运河遗产系统性保护

大运河遗产作为复杂的巨型系统,其保护应采取系统性的保护模式(图3-4),统筹大运河遗产的内部因素与外部因素。内部因素包括大运河文化遗产本体、其所赋存的历史环境要素,以及其承载的文化内涵;外部因素包括文化遗产所处的现实自然环境、社会环境,以及生产、生活、建设活动等其他各类的外部环境因素。内部因素构成遗产保护的对象,外部因素则是应当考量的影响因素。所谓系统性保护既要保护内部因素,又要综合考虑对遗产构成破坏的各种外部因素。可以通过构建完备的法规层级制度,从法律、法规、国际宪章以及各级规划等角度对其保护范围、保护措施及周边环境控制等方面进行界定;同时,也应基

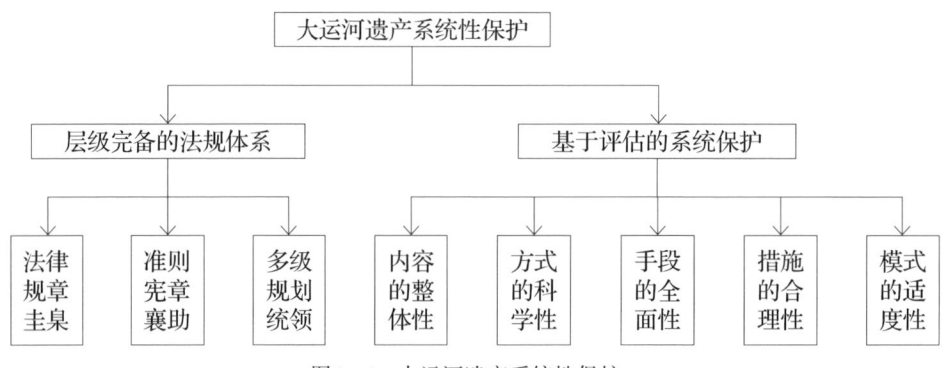

图3-4 大运河遗产系统性保护

于文物价值评估结论,遴选所应采取的本体保护措施和环境整治措施。

3.3.1 层级完备的法规体系

(1)以法律规章为圭臬

根据《中华人民共和国水法》,为加强河道管理,保障防洪安全,发挥江河湖泊的综合效益,1988年6月10日国务院令第3号发布了《中华人民共和国河道管理条例》。该条例均为普适性条款,普遍适用于我国境内的自然河流及人工运河,但该条例没有就人工运河制定专门条款。基于此点,外国的相关法规如《法国公共水域及运河条例》有可借鉴之处,其第235—246条为米迪运河管理的专门条款。该条款在清晰阐述米迪运河遗产构成的基础上,明确了运河水利设施及附属建筑物的管理权限,确定了负责运河维护的具体责任单位。

由于大运河流经八大省市,为加强对大运河的保护,浙江省以及绍兴市、杭州市等地区出台了地方法规,在其管辖的行政区域内出台了大运河保护条例。(表3-1)地方人民代表大会以颁布条例的形式,加强对中国大运河世界文化遗产的保护,在促进中国大运河价值存续的基础上,强调了发挥文化遗产在城市发展中的推动作用。

按我国现行法律体系规定,国务院和地方人民代表大会有权出台各种条例。条例是从属于法律的规范性文件,是法的表现形式之一,具有极强的法律约束力。表3-1中所涉及大运河世界文化遗产保护的条例是大运河申遗成功后,地方权力机关对相关法律制度的完善,是申遗成功后的又一重要举措。

表3-1 地方人民代表大会已出台大运河遗产保护条例汇总表

序号	法规条例	实施时间
1	浙江省大运河世界文化遗产保护条例	2021年1月1日
2	绍兴市大运河世界文化遗产保护条例	2020年1月1日
3	杭州市大运河世界文化遗产保护条例	2017年5月1日

除颁布条例外，有的地区还出台了大运河遗产保护管理办法。管理办法是根据宪法、法律和法规制定的用于各类管理范畴的规范性文件，其法律地位低于各类法规。该管理办法用以约束和规范与大运河遗产有关的保护、利用等各类特殊活动，具有一定的法律效力。2012年9月18日洛阳市人民政府颁布了《洛阳市大运河遗产保护管理办法》。另外，扬州市人民政府为加强大运河扬州段世界文化遗产保护，履行对《保护世界文化与自然遗产公约》的责任和义务，结合扬州市的实际情况，制定了《大运河扬州段世界文化遗产保护办法》，该办法于2017年2月1日起实施。

地方政府出台保护管理办法是我国现行体制下的行政行为，往往具有更强的针对性和可操作性，更便于有效贯彻执行。西方国家在运河遗产保护工作中，还采用了出台管理手册等方式，其规定的条款更为具体，如《米迪运河遗产管理手册》(*Cahier de Gestion Concernant L'ensemble du Site Classé du Canal du Midi*)。其内容不仅包括了运河驳岸、植被、构筑物、设备等各种运河遗产的现状描述，还对关键性问题和保护性措施做了明确的规定，可以作为国家管理机构执法的依据。另外，米迪运河还制定了《米迪运河景观建设规章》(*Charte D'insertion Paysagère du Canal du Midi*)，该规章的作用类似于我国编制的各级大运河保护规划，该规章划定了保护区划(zone tampon)范围，并作为运河沿线相关市镇保护与建设的基本规章和管理依据。

西方国家关于运河保护还有更详细的指导手册，例如《建筑和船闸、运河住宅和景观管理手册》(*Cahier de Prescriptions Architecturales et Paysagères des Ecluses et Maisons Eclusières*)。这种对运河沿线建筑、运河工程和植被做出更为详细管理规定的方式值得我国大运河保护工作借鉴。我国针对大运河本体的保护方案和环境整治方案报审制度，是针对大运河遗产具体点段的保护与整治措施，是属于技术性手段；而西方国家这类指导手册则更注重长期性的管理。这类长期性管理内容在我国编制的各级大运河保护规划中有所体现，但从易于理解、执行及表达的直观性而言，规划文本则不如管理指导手册，因此，西方国家这种颁布指导手册的方式也是值得我们借鉴的。

（2）以准则宪章襄助

《中国文物古迹保护准则》阐述了中国文物古迹保护的意义、背景和作用，并对"文物古迹""不改变文物原状"进行保护的"社会效益和经济效益""保护工作程序""记录档案""管理机制""评估""保护规划""日常管理、保养和展示陈列""防护加固""修整和修复""迁建和重建""环境治理""古文化遗址和古墓葬保护""纪念地保护"等各个方面的内容进行详细阐释。大运河保护、修缮、环境整治等措施应以《中国文物古迹保护准则》为依据，按照其中规定的原则、工作方法、操作步骤等内容实施。我国加入的各种国际宪章也应作为大运河保护工作的参考依据。以准则宪章襄助，是实现文化遗产科学保护和合理利用的重要保障。

（3）以多级规划为统领

2019年2月中共中央办公厅、国务院办公厅印发《大运河文化保护传承利用规划纲要》，要求各地区各部门结合实际认真贯彻落实。

大运河保护规划包括全国大运河文物保护规划、省级大运河文物保护规划、市级大运河文物保护规划以及各个重要遗产点段保护规划。我国已经形成了多层级、泾渭分明的大运河保护规划体系。以多级保护规划为统领，对大运河本体保护、环境整治等起到了至关重要的作用。

3.3.2 基于评估的系统保护

大运河遗产系统性保护包括保护内容的整体性、保护方式的科学性、保护手段的全面性、保护措施的合理性和利用模式的适宜性五方面内容。

（1）保护内容的整体性

大运河遗产类型丰富，其保护内容的整体性体现在：大运河遗产是以大运河为主线串联起来的一套自成体系的遗产序列；遗产类型复杂但不是杂乱无章；体现不同层级、不同视角的遗产均应该予以保护；基于价值评估的系统性保护，既要区分轻重缓急，又要提纲挈领。梳理、归纳、总结大运河遗产保护内容的整体性，利于分清主次、抓住重点，利于准确把握大运河遗产保护的核心内容。

(2)保护方式的科学性

大运河遗产自身具有极高的科学价值,保护方式的选择应确保大运河遗产科学价值的延续,为使大运河遗产价值内涵"延年益寿",应当采用科学的保护方式。具体做法是：以传统保护方式为主,分析其科学性；以现代保护方式为辅,提升遗产的文物价值。保护方法没有最好,只有最适用,要选择当前科技水平下,最为合理、最为适用的方法。

(3)保护手段的全面性

大运河及相关遗产类型丰富,针对大运河遗产的保护手段也应根据实际情况而变化。针对遗产本体除采取保护修缮措施外,还可以采用增加保护性设施,覆土、覆壳保护等其他技术手段。历史上多处采用了裁弯取直的方式,客观上也起到了对河流弯道的保护作用。堤岸上铺砖等措施,对原始堤岸起到保护作用。充分调动运河两岸居民的积极性,禁止倾倒生活垃圾,拆除排污管线,加强运河环境整治,改造生存环境,是对大运河遗产环境的保护。应当全面利用各种保护手段,还文化遗产以应有的尊严。

(4)保护措施的合理性

大运河遗产包括在用类和遗址类。在用类遗产以满足现有功能为目的,其保护修缮措施应解决结构安全问题,当不能保障使用状态下的文物安全时,就应采取必要的加固措施；残损缺失的部分,应予以恢复,应考虑保护措施的预防性和前瞻性,修缮中更强调文化遗产的完整性。

针对遗址类遗产,其保护措施首先是确保遗址状态下的遗产本体的安全时,残损缺失的部位不必恢复。遗址类遗产可分为可展示性遗产和非展示性遗产。可展示性遗产是指具有特殊的展示利用价值,可用于展示、旅游开发等,针对这类遗产,保护修缮时应考虑参观设施的建设、为确保游客安全而适当采取的保护措施及展示利用技术。对遗址进行保护修缮时,原则上应遵循原形制、原结构、原工艺、原材料等"四原"原则,该原则是我国修缮文物建筑的经验总结,其基本理念是可取的,但还应根据实际情况,在基于价值评估结论的前提下,选择最为合理的修缮措施,不应受教条主义的束缚。

（5）利用模式的适宜性

根据文物保护的"保护为主、抢救第一、合理利用、加强管理"十六字工作方针，文物利用应采用适度合理的方式，应对大运河遗产进行统筹、分类研究。大运河遗产不同点段所承载的价值也不尽相同，有的适合展示利用，有的适合科学研究，有的适合沿用原有使用功能。应根据其价值确定适宜的利用模式，不应僵化地只保护不利用，也不可单纯为满足旅游的需要而过度开发，因此，开发的程度应当适度，利用的模式应当适宜。

4 大运河遗产保护规划理论

4.1 保护规划的缘起

4.1.1 国外保护规划的编制经验

(1) 早期保护工作

西方遗产保护工作最早起源于1425年,早期的保护工作集中于古代建筑的认定、修复,出台了一系列的法律。

教皇马丁五世颁布了一项法令——建立道路管理部,负责维护和修整街道、桥梁、门、墙壁和有一定尺度的建筑物。例如,1666年瑞典国王卡尔十一世发出了遗迹保护布告,提出要保护"能显扬我们祖先和全王国的名誉之类",包括"让我们会想起是世世代代生活在此地的父老先辈们所留下的古代纪念物"。这是欧洲地区最早由国家提倡开展的保护事例。1721年葡萄牙国王霍奥五世下诏令,提倡保护历史纪念物。

文艺复兴时期对于建筑遗产的保护主要有以下特点:建筑遗产保护的目的主要是为新建筑的修建寻找"经典的范例和样式",借以弘扬古希腊、古罗马的自由人文精神，表达一种解放的思想。没有系统的建筑保护理论指导，缺乏领衔人物，保护方法和措施缺乏科学性。保护工作重点集中在建筑的发掘、整理、仿造等方面，缺乏科技开拓。

十八世纪末，法国浪漫主义运动开始。浪漫主义注重个性、主观性、自我表现，具有丰富的想象和强烈的感情。以维克多·雨果为代表的文学家通过文学作品来激发民众的保护意识。雨果在《巴黎圣母院》中论道："最伟大的建筑物大半是社会的产物而不是个人的产物，与其说它们是天才的创作，不如说它们是劳苦大众的艺术结晶。它们是民族的宝藏，世纪的积累，是人类的社会才华不断升华所留下的结晶。"建筑是"石头的史书"。

1840年，法国制定了《历史性建筑法案》，这是世界上最早的一部关于文物保护方面的宪法。

维奥莱·勒·杜克组织实施对巴黎圣母院的修复，维奥莱·勒·杜克于1844—1864年担任巴黎圣母院后期修复工程的总建筑师。维奥莱·勒·杜克的理论追求风格完整和焕然一新，这种不当修复也使欧洲建筑遗产蒙受了较大损失。

英国文物建筑保护理论被称为"反修复派"或"英国派"。1849年，罗斯金在其名著《建筑的七盏明灯》中指出：修复"意味着一幢建筑物所能遭受到的最彻底的破坏……不要再提修复了，所谓修复，从头到尾是个骗局"。罗斯金认为历史建筑逐渐老化并最后坍塌，是事物发展的自然规律，任何人为的努力都无法改变这个必然的过程。罗斯金写道："要最大限度地保护这些建筑的一切，当保护也不再能使它们留存下来的时候，我宁可不采取任何措施，也好过任何随意的修复。"

意大利是建筑遗产最为集中的国家，意大利遗产保护工作者利用其他国家的经验，经过长期持续的激烈辩论，形成了意大利的保护理论和方法。

19世纪80年代，意大利建筑遗产保护专家卡米洛·博伊托和他的学生 L. 贝尔特拉米，提出了关于保护的新理念，他们既反对法国学派的"原状恢复"，也不赞成英国学派的"保持现状"。20世纪30年代，意大利遗产保护理论已经基本成熟，其"科学性修复"和"评价性修复"的理念已经成为后来多个国际宪章或宣言的基本精神。

"评价性修复"是由克罗齐总结提炼的，后经朱利奥·卡罗·阿尔甘、罗伯托·帕内、切萨雷·布兰迪等人逐步完善、成熟。评价性修复强调修复和保护工作中最重要的不是技术水平，而是对历史与技术的理解、感悟和评价。

切萨雷·布兰迪则认为，修复的目的是保护而非更新历史古迹，需要将现代部分与历史部分结合，使之与历史构件相协调，而非调整历史构件来满足现代一体化的要求。布兰迪特别提出了三条修复原则：任何补全应遵循近距离"可识别性"的原则，同时也不应干扰所恢复建筑遗产的统一性；构成图像的材料中，用以形成外观而不是结构的那部分材料是不可替换的；任何修复都不得妨碍未来可能进行的必需干预措施，而应为将来必要的干预提供便利。布兰迪总结了遗产的核心保护理念，强调了保护历史与艺术真实性的必要性。强调对建筑遗产的评判过程与"评估规则"，为《威尼斯宪章》及其他保护宣言的制定奠定了基础。

（2）保护规划缘起

1933年7月，国际现代建筑协会（CIAM）在雅典召开会议，中心议题是"功能城市"（functional city），专门研究建筑与城市规划。会议通过的《雅典宪章》（又称《城市规划大纲》）是第一个国际公认的城市规划纲领性文件，柯布西耶为其主要起草人。

《雅典宪章》所提出的解决方案相互补充，并在后来逐渐得到融合，成为历史城市和历史建筑保护的重要理论基础。《雅典宪章》第一次以国际文件的形式确定了古迹遗址保护的原则，是国际共识形成的开始，规范了建筑遗产保护的观念与行动。

第二次世界大战中，华沙古城遭受了毁灭性破坏。1945年2月，波兰政府决定采用不同于大多数欧洲国家的做法，在城市原址上原样重建华沙，制定《华沙重建规划》。

1954年5月，联合国教科文组织在荷兰海牙通过了《武装冲突情况下保护文化财产公约》，强调应"认识到文化财产在最近武装冲突中遭受到严重的损失……考虑到文化遗产的保存对世界各国人民都是非常重要，因此文化遗产必须获得国际性的保护"。公约主要包括两方面的内容：一是明确了文化财产的内涵，二是确立了战时保护制度。

（3）规划思想发展

1962年，法国制定了《保护历史性街区的法令》，法令强调了管理制度和审批程序以及城市发展视角下的历史性街区保护。历史性街区被纳入城市规划的范畴，对保护措施、使用方式进行规划。

1964年5月，国际古迹理事会（ICOM）在威尼斯召开了第二届历史古迹建筑师及技师国际会议，并通过了著名的《国际古迹保护与修复宪章》，即《威尼斯宪章》。主要起草人为皮耶罗·加佐拉和罗伯特·潘。宪章重申了文物建筑的价值观念、保护方法和保护原则，阐释了基本概念和具体规定，强调真实性和整体性，扩大了文物古迹的范畴，强调古迹环境的重要性，明确保护的宗旨和原则等，并开始重视历史地段的保护。《威尼斯宪章》在国际文物古迹保护历程上具有里程碑的意义，明确文化遗产保护的基本概念、理论和方法，建立文物古迹保护的科学理论基础，成为世界范围内建筑遗产保护的"宪法"性文件。

1972年10月，联合国教科文组织在巴黎举行第十七届会议，通过了《保护世界文化和自然遗产公约》（简称《世界遗产公约》）。公约首次提出"世界遗产"的概念，将遗产的价值扩大到"全世界共有"的高度。

1976年11月，联合国教科文组织在肯尼亚首都内罗毕举行第十九届会议，通过了《关于历史地区的保护及其当代作用的建议》（简称《内罗毕建议》）。其核心思想是文化遗产的"整体保护"，包含了规划的思想。

1977年12月，建筑师及城市规划师国际会议发表《马丘比丘宪章》，强调遗产保护和城市建设结合的有机发展，并提出在历史地区的更新中应包括设计优秀的当代建筑，意味着城市历史文化遗产保护的范围进一步扩大。

1979年8月，国际古迹遗址理事会澳大利亚委员会在巴拉通过了《巴拉宪章》，提出了"场所"的概念，意指"地点、区域、土地、景观、建筑物（群），及其组成元素、内容、空间和风景"等。

1987年10月，国际古迹遗址理事会第八届全体大会在美国首都华盛顿通过《保护历史城镇与城区宪章》，简称《华盛顿宪章》，规定了保护历史城镇和城区的原则、目标和方法。该宪章寻求促进地区私人生活和社会生活的协调方法,并鼓励对这些文化财产的保护,强调这些文化财产无论其等级多低,均构成人类的记忆。

2008年出台了《文化线路宪章》,之后规划保护理论在世界范围内进一步达成广泛共识。

4.1.2 我国保护规划的历史沿革

我国文化遗产保护规划工作起步较晚,1983年,城乡建设环境保护部发布了《关于强化历史文化名城规划工作的通知》和《关于在建设中认真保护文物古迹和风景名胜的通知》,提出"历史文化名城集中体现了中华民族的悠久历史、灿烂文化和光荣革命传统,是全国人民极其宝贵的物质和精神财富。把历史文化名城保护好、规划好、建设好,是城市规划工作的一项重要任务"。首次将历史文化名城规划确定为城市规划的内容。

1997年3月,国务院发布《关于加强和改善文物工作的通知》,提出"保护好历史文化名城是所在地人民政府及文物、城建规划等有关部门的共同责任。在历史文化名城城市建设中,特别是在城市的更新改造和房地产开发中,城建规划部门要充分发挥作用,加强城市规划管理,抢救和保护一批具有传统风貌的历史街区,同时加强对文物古迹特别是名城标志性建筑及其周围环境的保护"。强调了地方政府与城建规划部门保护历史街区和文物古迹的责任。

1997年8月,建设部在转发《黄山市屯溪老街历史文化保护区保护管理暂行办法》的通知中指出"历史文化保护区是我国文化遗产的重要组成部分,是保护单体文物、历史文化保护区、历史文化名城这一完整体系中不可缺少的一个层次,也是我国历史文化名城保护工作的重点之一"。通知明确了历史文化保护区的特征、保护原则与保护方法,为形成文物古迹、历史文化街区、历史文化名城等"由点到面"的三层保护体系的建立提供了研究案例。

1999年6月,国际建协第20届世界建筑师大会一致通过了《北京宪章》。宪章总结百年来建筑发展的历程,展望21世纪建筑学的前进方向,提出了新的行动纲领：变化的时代，纷繁的世界，共同的议题，协调的行动。该宪章是指导21世纪建筑发展的重要纲领性文献。

2000年，国际古迹遗址理事会中国国家委员会颁布了《中国文物古迹保护准则》。2000年以后遗产保护理论向纵深发展，内涵也进一步扩展到城市整体保护层面，出台了一系列宪章和文件。

2002年修订的《中华人民共和国文物保护法》提出："文物工作贯彻保护为主、抢救第一、合理利用、加强管理的方针"，并要求"各级人民政府应当重视文物保护，正确处理经济建设、社会发展与文物保护的关系，确保文物安全。基本建设、旅游发展必须遵守文物保护工作的方针，其活动不得对文物造成损害"，确立了文化遗产保护的方针。

2003年，国家文物局开始组织编制文物保护规划工作，编制出《高昌故城文物保护规划》等第一批文物保护规划。

2004年3月，建设部发布《关于加强对城市优秀近现代建筑规划保护工作的指导意见》，进一步明确了地方政府保护遗产的责任。

2005年7月，国家文物局颁布了《全国重点文物保护单位保护规划编制要求》，对保护规划的内容、体例进行了界定，成为编制文化遗产保护规划的指导性文件。

2005年10月，国际古迹遗址理事会通过了《西安宣言》，第一次系统地确定了古迹遗址周边环境的定义，强调了对古建筑、古遗址和历史区域周边环境的保护，扩大了文化遗产保护规划的研究范围。

2007年5月，在北京联合举办了"东亚地区文物建筑保护理念与实践国际研讨会"，通过了《北京文件：关于东亚地区文物建筑保护与修复》，重点针对东方建筑遗产保护进行阐述，在一定程度上是对《威尼斯宪章》的补充。

2007年6月，第三次全国文物普查启动，基本摸清了全国文化遗产的家底。

2007年10月，全国人民代表大会常委会通过了《中华人民共和国城乡规划法》，历史文化名城、名镇、名村的保护被纳入了保护规划范畴。

2008年4月，国务院公布了《历史文化名城名镇名村保护条例》，内容涉及历史文化名城、名镇、名村的申报、批准、规划和保护，标志着我国历史文化名城名镇名村的保护被纳入了国家遗产保护的法规体系。

2009年，我国开始编制市级、省级大运河保护规划，随后又编制了全国大运河遗产保护规划和中国大运河申遗文本。

2015年，国际古迹遗址理事会中国国家委员会重新修编了《中国文物古迹保护准则》。

2018年，我国开始讨论《全国重点文物保护单位保护规划编制要求》的修订工作。

至今，经过18年的规划编制与实践，全国已经编制了2000多处文物保护单位的保护规划，文化遗产保护规划的编制工作开始向纵深发展。

4.2 保护规划的管控内涵

4.2.1 自上而下的管控思想

我国自上而下的管控思想，肇始于《周礼·考工记》所记载的周代王城营国制度："匠人营国，方九里，旁三门。国中九经九纬，经涂九轨。左祖右社，面朝后市。"自秦帝国统一中国后，大一统文化思想的形成，加剧了人们对自上而下管控思想的认同，在"家国同构"的模式下，强化管控、统一规划的思想已深入人心，且一直影响至今。全国大运河遗产保护规划、省级大运河遗产保护规划、市级大运河遗产保护规划以及具体大运河遗产点段保护规划，此四级保护规划编制体系正是自上而下管控思想的具体体现。

4.2.2 整体观念的集中体现

中国古人的思维方式与西方人差别较大，中国传统思维模式偏向于系统化的整体思维，万里长城、隋唐大运河、京杭大运河等大型线性工程的修建，就是这种整体观念的写照。这与现代城市规划的思想不谋而合，1949年以来我国实施的经济发展五年计划制度以及设定2035远期目标的方法，也是这种整体性规划思维模式的延续。历史上大运河的建设过程体现了整体观念，如今大运河规划保护过程仍是这种整体观念的集中体现。

4.3 保护规划的体系构成

4.3.1 构成

我国的遗产保护规划体系由大运河申报世界文化遗产文本、国家级文物保护规划、省级文物保护规划、市级文物保护规划、专项文物保护规划等5类规划文件构成。（图4-1）

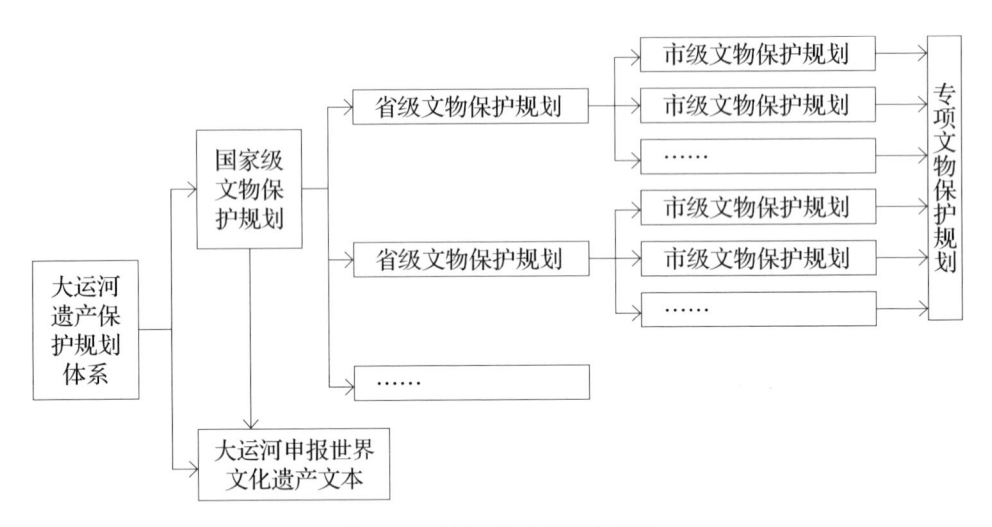

图4-1 大运河保护规划类型图

4.3.2 逻辑

大运河遗产涉及不可移动文物，数量巨大、种类繁多、内容丰富。按照其价值的高低，区分轻重缓急予以分类分级保护，避免"一刀切"式的保护模式，是必要的，也是可行的。另外，大运河遗产具有线性、跨行政区域的特点，采取分级保护的方式，是符合遗产特征的有效途径，全面系统化保护大运河遗产是一种有效保护模式。按行政管辖区域与等级，分级制定保护规划，便于划清责任边界，便于统筹区域内各种资源，这也是当前行政管理模式下最为有效的技术手段，符合保护规划落地实施的内在逻辑。

4.4 保护规划的编制方法

4.4.1 编制方法综述

按照《全国重点文物保护单位保护规划编制要求》，保护规划主要包括：认定文物本体及保护对象、进行价值评估与现状评估、划定保护区划与明确管理规定、制定本体保护措施与环境整治措施、编制专项规划、制定实施计划及编制估算等主要内容。

与其他规划类文本的体例相似，文化遗产保护规划的构成也是由保护规划文本、保护规划图则、保护规划说明以及基础资料汇编等四部分组成。

保护规划编制流程需经过规划合同缔约、现场踏勘调查、收集数据资料、制定规划目标、研究规划内容、编制规划文本、绘制规划图纸以及提交专家评审等8个阶段。（图4-2）

（1）规划合同缔约

缔约大运河遗产保护规划编制合同是规划编制工作的前提，项目业主方可向上级部门申请规划编制经费，也可自筹经费，在确保编制经费到位后，采用招投

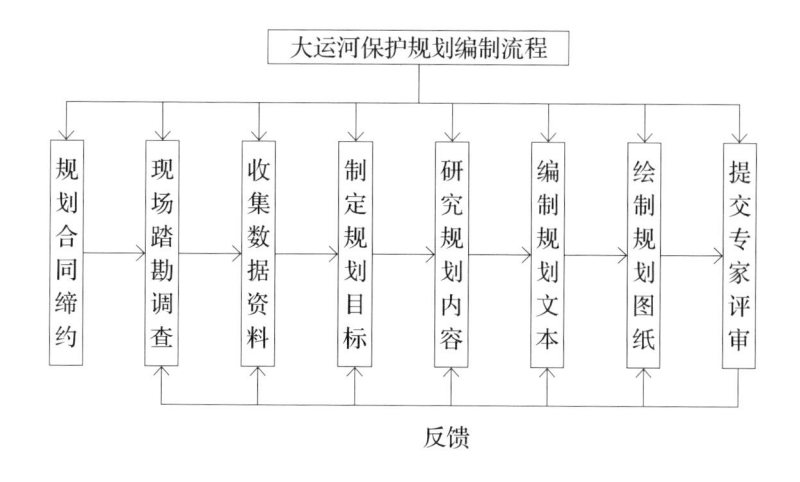

图4-2 大运河保护规划编制流程图

标的形式遴选规划编制单位，一般需要规划编制单位获得文物行政管理部门颁发的规划资质证书，且规划资质证书应与该文物保护单位的级别相对应。项目业主方与规划编制单位就规划编制内容、期限、金额、履约责任等内容协商一致后，签订规划编制合同，该合同作为约束双方的法定依据，也是规划编制单位开展调研、编制文化遗产保护规划工作的依据。

（2）现场踏勘调查

规划踏勘侧重于文化遗产本体认定调查、保存现状综合评价以及环境保存状况调查等。踏勘调查工作不应局限在保护区划范围内，应对更大范围的人文、地理、环境、地形地貌进行调查，分析该文化遗产选址的内在规律。踏勘工作应带着问题意识，了解文物遗产面临的主要问题，探索产生问题的内在原因，分析主要矛盾和次要矛盾，厘清轻重缓急，为后期规划编制、保护措施与环境整治措施的确定奠定基础。

（3）收集数据资料

历史文献资料是编制保护规划的重要依据，包括文化遗产档案资料、金石碑刻资料和相关历史文献资料，尤其要加强对历史地图、历史照片等资料的收集。（图4-3）通过档案馆、图书馆、网络等各种查询手段，收集各种专著、论文等研究资料，收集国内外相关历史档案资料，利用大数据剖析的技术方法、信息学的方法，通过文化遗产传承中的间接事件，剖释、归纳与我国大运河遗产相关的内容。总之，需要多渠道、全过程、系统性地收集各类相关资料，建立资料数据库，服务于文化遗产保护规划的编制工作。

（4）制定规划目标

制定规划目标是保护规划编制的重点工作之一，规划设计人员在分析研究前期资料的基础上，在全面客观分析文化遗产所面临问题的前提下，与项目业主方充分洽商，必要时可聘请行业专家研讨，以确定本规划编制的主要目标，也可分为主要规划目标和分项实施目标。制定规划目标的过程，即是一个厘清思路达成共识的过程，规划设计人员切不可闭门造车，造成规划目标的过大或过小，最终导致规划目标缺乏可操作性。规划目标看似简单，实则为重中之重，是一切后期规划工作的缘起，也是能否实施的关键。

（5）研究规划内容

编制大运河保护规划的前期研究阶段十分重要，规划问题清晰、目标明确以后，研究如何解决问题、如何实现目标，就成为文化遗产保护规划编制工作的重点，这个阶段是最为费时费力的，也是体现规划价值的重要环节。需要大量查找、研究相关规划的案例，了解上位规划要求。通过比较研究、分析研究等技术手段，探索本规划的具体规划思路、规划策略，明确文物保护主要措施和环境整治手段等核心内容。

（6）编制规划文本

编制规划文本阶段的主要依据是《全国重点文物保护单位保护规划编制要求》（以下简称《要求》），文本编制应按照该《要求》规定的体例进行。其核心内容不能缺失，具体文本形式可根据实际情况进行调整，不宜千篇一律；应突出规划的重点，不应面面俱到。规划文本是执行规划的重要依据，应逻辑清晰、用词严谨。尤其是规划条文，应规范用语、言简意赅，规划条文应直接阐述相关研究结论，这一过程类似于法律条文的撰写，不应有研究的过程性文字和说明性表述。规划说明则是对规划条文的解释，其表达方式不追求过分精练，而是针对规划条文逐条进行解释、阐释，还应提供研究过程、数据资料等说明性论述。基础资料汇编是对本规划相关原始资料的梳理，便于引用，注明出处。除直接证据材料外，也包括旁证材料。规划条文、规划说明与基础资料汇编一起构成了严谨的逻辑体系，共同构成编制大运河文化遗产保护规划文本不可或缺的组成部分。

（7）绘制规划图纸

规划图纸是执行文化遗产保护规划的重要依据。大运河遗产保护规划图纸可分为现状研究类图纸和规划成果类图纸等两部分。其中现状研究类图纸一般包括：区位图、文物本体构成图、遗存现状分析图、环境现状分析图、现存保护区划图及其他各种现状类研究分析图。

规划成果类图纸一般包括调整后的保护区划图，规划总图，文化遗产保护措施图，环境整治图，道路与管网等基础设施规划图，三防、考古研究等其他专项

◇ 大运河遗产保护理论与方法

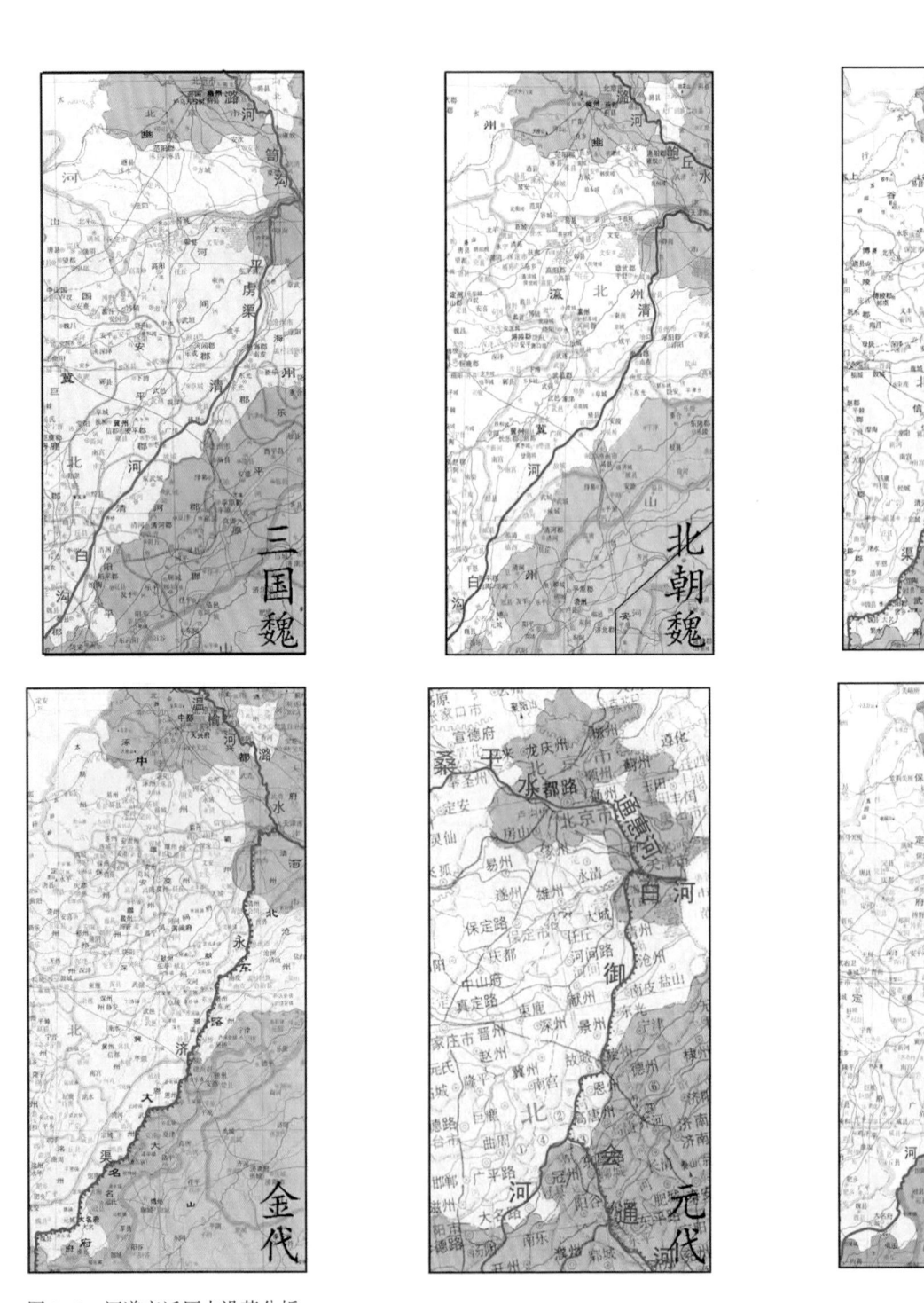

图4-3 河道变迁历史沿革分析

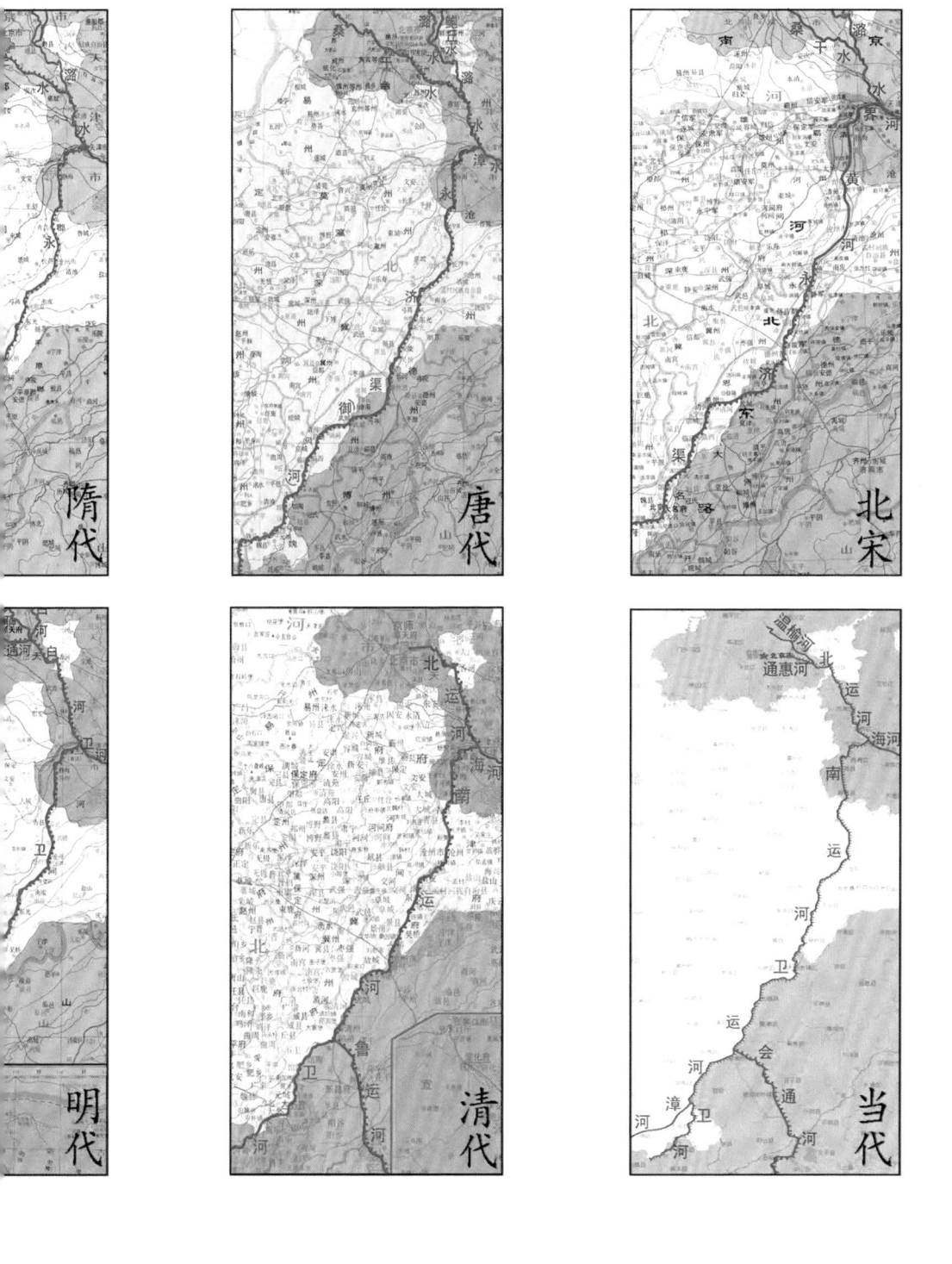

4 大运河遗产保护规划理论

规划图和分期规划图等。不同性质的图纸其具体绘制方式与要求也不尽相同。如大运河北运河（廊坊段）现状分析图（图4-4）和遗产保护规划图（图4-5）所示。

（8）提交专家评审

规划文件编制完成后，需由项目业主方按照文物保护单位的级别，报相应等级的文物行政主管部门评审，作为全国重点文物保护单位的大运河需逐级申报至国家文物局进行评审，由国家文物局组织相关领域专家进行会议评审或网络函审，国家文物局将专家意见汇总后，经相关批示流程后，行文下发批复意见。评审通过的保护规划，需由项目所在地人民政府审议公布。作为全国重点文物保护单位的大运河遗产保护规划需由省级人民政府公布。没有通过国家文物局评审的大运河相关保护规划，应当根据专家意见进行调整，修改完善后重新按照原申报程序进行申报。

4.4.2 比较分析

作为巨型线性文化遗产的中国大运河，其保护规划的编制与普通文物保护单位的编制，既有共同之处，又有其自身的特点，研究比较其差异性主要包括规划内涵差异、管控思路迥异、技术措施不同和展示方式有别等方面。

（1）规划内涵差异

大运河遗产内容丰富，遗产的内容是决定规划定位的重要基础，规划定位是确定保护措施及展示利用方式的前提。大运河遗产内涵与普通文物保护单位差异较大。大运河遗产按照使用状况分为在用类遗产和遗址类遗产；按照建构类型可以分为桥梁、寺庙、官府等建筑物，闸、坝、河堤等构筑物；按照工程性质可分为河道、堤岸等水工遗产，寺庙、官府等其他工程遗产。

（2）管控思路迥异

大运河遗产管理权属复杂，除了隶属于不同级别河道部门管辖之外，还有地方政府、乡镇、企事业单位等不同类型的单位管辖。在遵循河道管理条例、地方管理条例的同时，还应遵守各种规章办法及各级大运河文物保护规划。大运河不同于普通文物保护单位，不宜采用单一保护管理模式。其管控模式与思路有较大的特殊性。大运河保护规划原则上应采用属地管理的模式，应分清管理单位和业务指导单位的责权。由于大运河是统一的线性遗产，将其按照行政区划人为予以分割，实施分块管理，缺乏整体性管控措施，难免产生管理上不协调，制约大运河遗产保护工作的发展。如何建立不同部门、不同区域间的协调机制是大运河保护管控中亟待解决的问题。

（3）技术措施不同

针对大运河在用类遗产与遗址类遗产所采用的技术措施也不尽相同，例如，针对在用类河道，为了确保其现有工程的实际使用，通常以采用传统保护技术措施为基础，在遗产本体的使用功能无法延续的前提下，可采用现代加固技术进行保护。而针对遗址类河道的保护措施，则应尽量采用传统保护修缮技术，控制现代加固技术的使用范围。两者对现代技术运用的程度是不同的，即对遗产本体的干预程度不同；而针对大运河遗址类遗产所采用的保护技术，与普通文物保护单位所采用的保护技术及其运用程度则基本吻合。

（4）展示方式有别

大运河展示利用方式更为丰富，针对在用类遗产和遗址类遗产，其展示利用的手段是有别的。河道、堤坝等在用类遗产一般需展示其在用的完整状态，而遗址类遗产则可仅展示其残缺的遗址状态。大运河遗产除了采用普通文物保护单位的各种展示方式之外，还应创新展示利用方式，如采取发掘运河文化内涵、展示运河演变过程、植入相关非物质文化遗产元素等多种展示利用模式。

4.4.3 层级规划解析

大运河遗产保护规划体系包括大运河申遗文本、国家级保护规划、省级保护规划、地市级保护规划、重要点段保护规划和各类详细规划。各阶段、各级规划相互衔接、各有侧重，共同构建了对大运河遗产实施全面保护的整体性政策，形成了全面覆盖的系统性保护规划体系，下面分类予以阐述。

（1）大运河申遗文本

在国家级保护规划，各省级、市级保护规划及重要遗产点段大运河遗产保

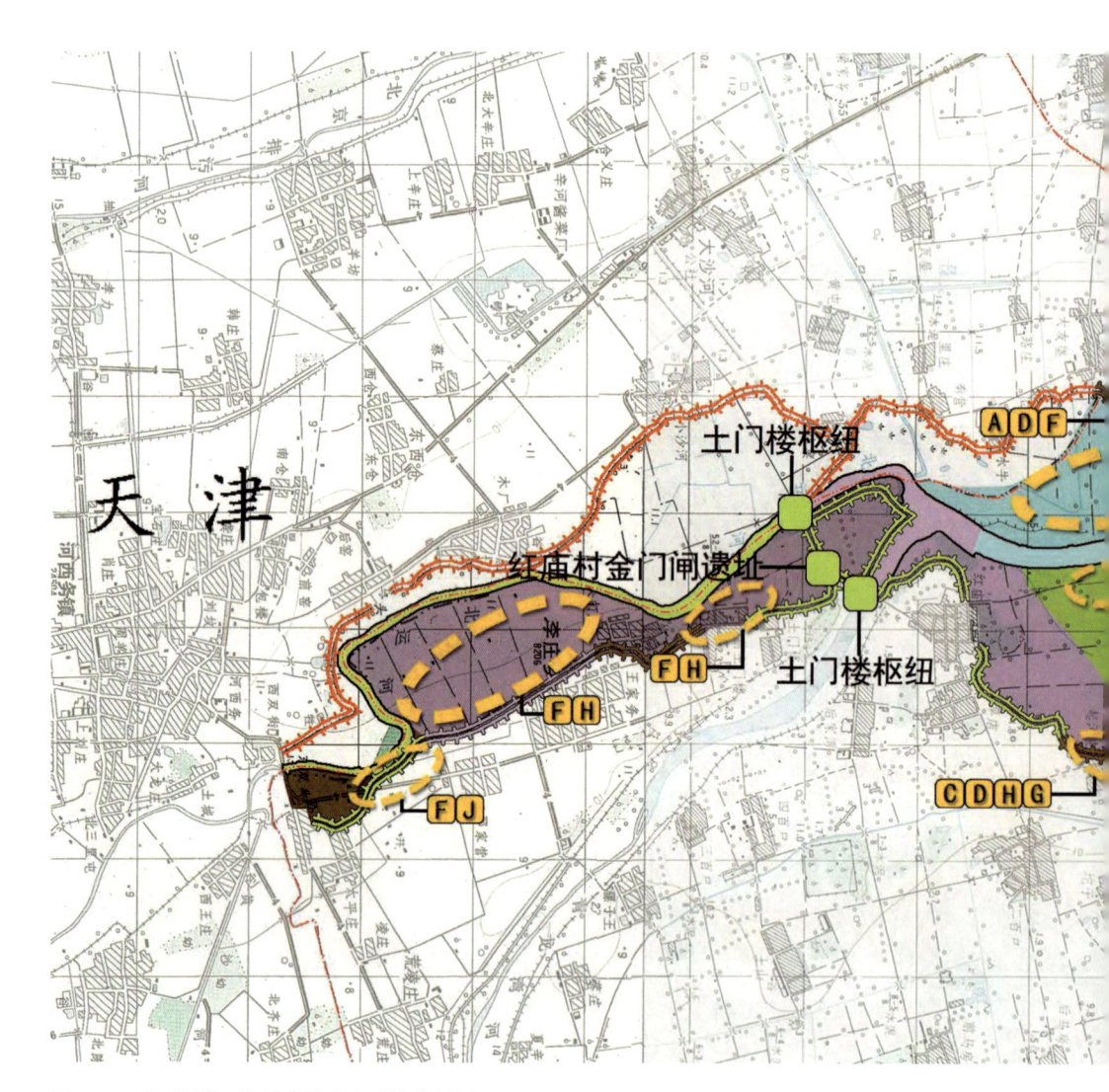

图4-4 大运河北运河(廊坊段)现状分析图

4　大运河遗产保护规划理论

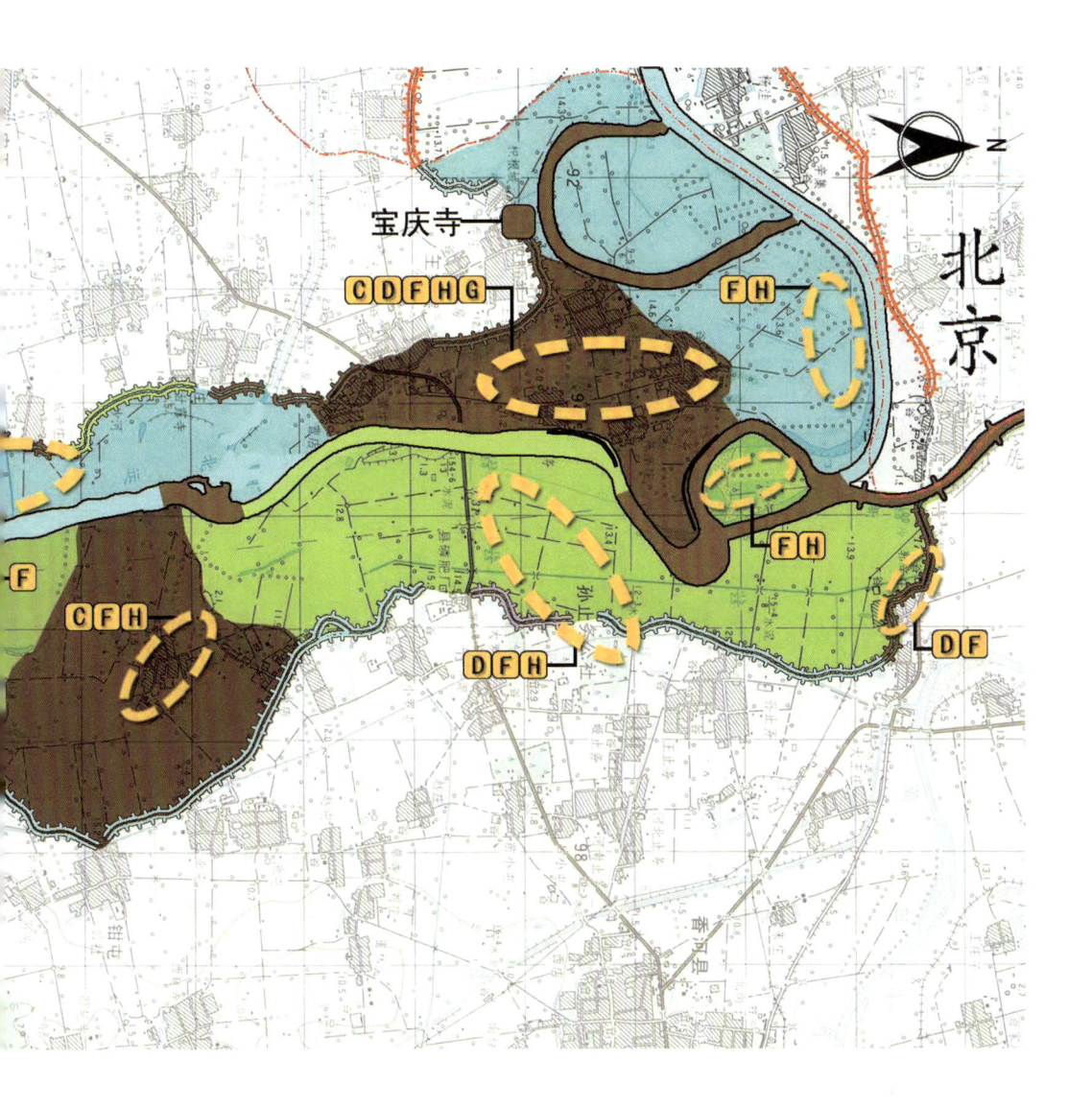

◇ 大运河遗产保护理论与方法

图4-5 大运河北运河（廊坊段）遗产保护规划图

4 　大运河遗产保护规划理论

咸河交汇处

北京

罗屯段河堤

北运河与牛牧屯引河交汇处

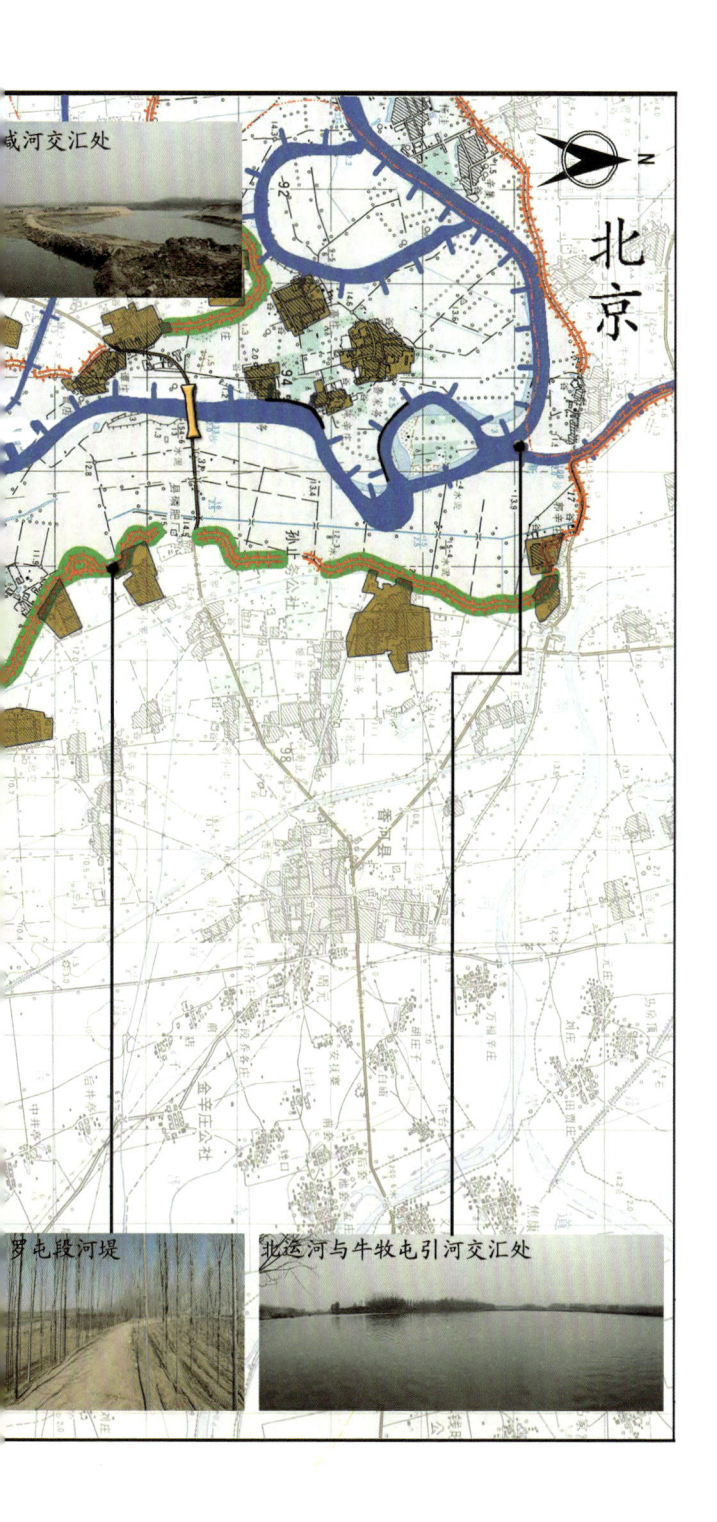

069

规划的基础上，编制了大运河世界文化遗产申遗文本。该文本属于规划与管理性质的文件，该文件按照世界遗产申报要求和管理目标，梳理、完善了申报大运河遗产点段保护、管理、利用、监测等方面的规划要求与措施。该文本认为大运河作为系列遗产，由31个部分组成，其申报遗产区面积为20819公顷，缓冲区面积为52747公顷，共计73566公顷，并对每个遗产片区的位置、范围、边界线、经纬度坐标等做了精确标注。

按照世界文化遗产的认定标准，明确中国大运河符合世界遗产列入标准的第一、三、四、六条，并逐条进行了阐释，重点针对大运河遗产的突出普遍价值予以陈述。对中国大运河的初创阶段、第一次大沟通阶段、第二次大沟通阶段和现阶段等不同时期历史沿革及大运河变迁进行了阐述。

规划对与大运河相关的各种管理制度、法律法规、保存现状、规划措施及历史资料等进行全面梳理汇总，构成完整的申报文本。2014年申遗成功后，该文本作为世界文化遗产中国大运河的日常管理性文件，对我国大运河遗产的保护与管理工作仍发挥着重大作用。

（2）国家级保护规划

2010年3月—2012年12月，由中国文化遗产研究院牵头，编制了国家级大运河保护规划，即《大运河遗产保护与管理总体规划（2012—2030）》，作为大运河规划编制第三阶段成果，基于前阶段规划的遗产认定和分级成果，将中国大运河分为10个遗产段，进一步整合大运河遗产，在全国层面、行业间、区域间达成共识的基础上，统筹制定了保护管理要求和保护、整治与展示措施，建立起长效的管理与协调机制。该规划的编制特点包括以下几个方面。

①认定遗产构成

该规划首先梳理并认定了大运河文化遗产的构成，其认定的遗产构成按照河段可分为：通惠河段包括18项遗产元素，含3段河道、15项沿线遗产；北运河段包括7项遗产元素，含1段河道、6项沿线遗产；南运河段包括16项遗产元素，含1段河道、15项沿线遗产；会通河段包括55项遗产元素，含3段河道、52项沿线遗产；中河段包括13项遗产元素，含3段河道、10项沿线遗产；淮扬运河段包括

53项遗产元素，含8段河道、45项沿线遗产；江南运河段包括87项遗产元素，含16段河道、71项沿线遗产；浙东运河段包括37项遗产元素，含4段河道、33项沿线遗产；卫河（永济渠）段包括13项遗产元素，含3段河道、10项沿线遗产；通济渠（汴河）段包括27项遗产元素，含10段河道、17项沿线遗产。（表4-1）

表4-1　8个省（直辖市）遗产资源分布表

序号	所在省市	河道 河段数量	河道 长度（千米）	遗产点（处）	规模（公顷）	世界遗产 点数量	世界遗产 段数量
1	北京市	4	29	18	226	3	2
2	天津市	2	195.5	19	89	—	1
3	河北省	6	530（含约220千米与山东重合河道）	17	2973.83	2	1
4	山东省	5	620.4（含约220千米与河北重合河道）	68	169051	14	7
5	江苏省	23	950	102	349887	22	6
6	浙江省	6	413.6	61	561	13	5
7	河南省	10	498.5	23	722	3	4
8	安徽省	3	129	4	129	1	2
合计		59	3146（扣除重复计算河道220千米）	312	523638.83	58	28

注：此表数据来自中国文化遗产研究院等8家单位编制的规划文本（笔者参编）

②界定遗产元素

大运河遗产元素的概念是该规划的创新，大运河遗产元素按遗产点段的类型可分为运河水工遗存、运河附属遗存和运河相关遗产。其中，运河水工遗存包括河道遗存，湖泊、水库、泉等水体遗存，水工设施遗存；运河附属遗存包括附属设施遗存、管理设施遗存和沉船遗址等其他附属遗存；运河相关遗产包括碑刻、古建筑、古遗址、近现代建筑与史迹等相关遗产点和相关历史文化街区。

③评估遗产价值

该规划依据《实施世界遗产公约的操作指南》(2008)和《国际运河遗产名录》(1996)对运河遗产的界定,从技术、经济、社会因素、景观四个方面对大运河遗产的总体价值进行评估,同时也对与大运河遗产的价值关联度进行了认定。现状评估则是从真实性、完整性角度展开评估。

④划定保护区划

大运河遗产保护区划分为保护范围和建设控制地带,其中保护范围分为重点保护区和一般保护区,建设控制地带分为三类。

⑤明确管理规定

针对不同等级的区划范围,制定相应的管理规定。例如,保护范围管理规定分为运河水工遗存与附属遗存保护范围管理规定和相关遗产保护范围管理规定等。

⑥制定保护措施

规划根据大运河遗产的特点将保护措施分为重要点段保护措施和非重要点段保护措施,分类制定实施要求,并明确保护要点。以重要点段南运河中段保护要点为例,其保护措施为：完善大运河遗产保护标识,加强明代以前大运河遗存的调查与研究、南运河险工工程的类型和年代研究；结合南水北调东线工程,实施引水工程,维持南运河生态基流；搬迁重点保护区内对行洪、通航造成安全隐患的建(构)筑物；遵循遗产保护的真实性和完整性要求,对在用的减河、险工遗存实施科学保护与合理利用并治理污染。

⑦明确展示布局

该大运河保护规划对全国大运河的展示利用进行了总体布局,其具体布局为全线开放的运河线路串联28个重要点段构成的展示区。展示区内划分展示单元,分为展示节点、开放式展示带、展示片区,构成点、线、片相互连接的整体框架。结合考古研究目标与展示区布局,建立6处大型考古遗址公园。

⑧强化管理规划

保护规划从法律机制、协调机制、遗产监测等方面强化大运河遗产管理规划的制定与监督实施。

（3）省级保护规划

2009年8月—2012年8月，大运河沿线各省政府组织编制并公布了大运河遗产第二阶段保护规划（各个省级保护规划）。在市级规划的基础上依照省域整合各段遗产，并进行遗产认定分级；在与航运、水利和城市建设等相关行业规划进行衔接的基础上，具体划定了大运河遗产的保护范围和建设控制地带，提出了省域内保护管理机构的设置要求，明确了省域内大运河遗产相关事项管理的具体程序等，下面以河北省省级文物保护规划为例。

经评估认定河北省大运河遗产包括水利水运工程遗产、大运河其他相关历史遗产和相关非物质文化遗产等三类。水利水运工程遗产30处，包括在用水利水运工程（25处）、水利水运工程遗址（5处）；大运河其他相关历史遗产26处，包括古建筑、近现代建筑（14处），古遗址（8处），古碑刻（1处），古代祭祀文化遗产（2处）和工业遗产（1处），以及大运河相关非物质文化遗产10种。（图4-6）该规划的特色是增加了对非物质文化遗产的认定。

基于大运河遗产的认定和评估结论，结合当地的地形地貌特征、文物安全和管理的实际需求，划定了大运河（河北段）遗产的保护区划，除了河道、堤岸等水工遗产外，还对其他各类遗产的具体遗产点划定了保护区划范围。（图4-7）

制定管理规定是编制保护规划的一项核心内容，管理规定应针对已划分的水利水运工程遗产、大运河其他相关历史遗产和相关非物质文化遗产等不同类型，分类明确管理规定。以大运河其他相关历史遗产保护范围通用管理规定为例，其具体规定为：不得进行可能影响运河遗产本体及其环境安全性、完整性的活动。保护范围内应保护遗产环境及其历史风貌，不得建设危害遗产环境和历史风貌的各类建（构）筑物等设施。保护范围内不得进行除保护与展示工程之外的其他建设工程或者爆破、钻探、挖掘等作业；因特殊情况需要进行其他建设工程或者爆破、钻探、挖掘等作业的，必须充分保障遗产本体安全，依据遗产的文物保护级别，经核定公布该文物保护单位的人民政府批准，在批准前应当征得上一级人民政府文物行政主管部门同意。凡涉及遗产保护工程的设计、审批和施工必须按照国家文物局有关工程管理的一系列规定，办理报批程序，执行资质管理。考古发掘活

中国大运河（河北段）现状图

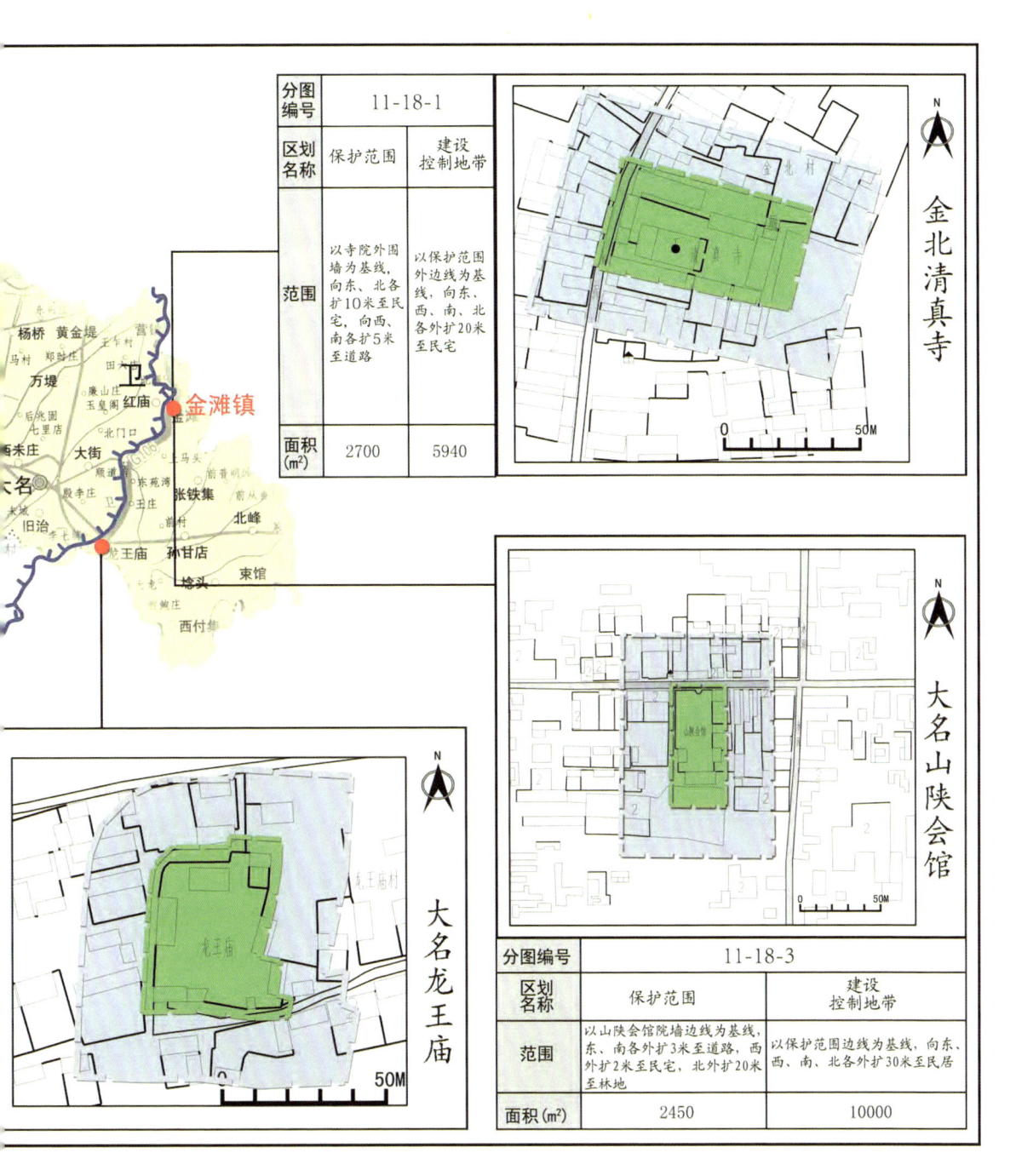

分图编号	11-18-1	
区划名称	保护范围	建设控制地带
范围	以寺院外围墙为基线，向东、北各扩10米至民宅，向西、南各扩5米至道路	以保护范围外边线为基线，向东、西、南、北各外扩20米至民宅
面积(m²)	2700	5940

金北清真寺

分图编号	11-18-3	
区划名称	保护范围	建设控制地带
范围	以山陕会馆院墙边线为基线，东、南各外扩3米至道路，西外扩2米至民宅，北外扩20米至林地	以保护范围边线为基线，向东、西、南、北各外扩30米至民居
面积(m²)	2450	10000

大名山陕会馆

大名龙王庙

图4-6（左） 大运河河北段文物构成

图4-7（上） 大运河遗产点保护区划

075

动必须按照《中华人民共和国文物保护法》等有关法定程序办理报批审定手续。被征为文物保护用地的土地，归文物管理部门管理，任何单位或个人不得侵占、挪用；严格控制土地使用性质，不得扩大建设用地比例，逐步提高非建设用地比例。上述管理规定是河北省域范围大运河区划范围内长期执法的依据。

规划还制定保护措施和环境整治措施，并对大运河遗产的展示利用范围、方法进行了界定。（图4-8）

（4）地市级保护规划

2008—2009年，大运河沿线各城市政府组织编制并公布了大运河遗产第一阶段保护规划（即地市级保护总体规划）。大运河沿线各市在对所属区域运河遗产进行调查和认定、充分研究历史资料的基础上，梳理遗产构成，提出针对遗产构成保护与管理的具体要求。由于部分遗产常年失修，残损严重，为及时抢救文化遗产，防止其进一步恶化，部分地市的规划提出了优先行动计划。市域级大运河遗产保护规划编制是我国启动最早的一批运河遗产保护规划编制工作。当时，对大运河遗产的认知尚处于初级阶段，主要表现在两个方面。一是对大运河遗产内涵概念尚不清晰，以沧州市域大运河遗产（图4-9）保护规划为例，泊头清真寺、沧州清真寺被列入与大运河历史相关的其他遗产，正泰茶庄和青县铁路给水所被列为近现代建筑，泊头火柴厂早期厂房被列为工业遗产等，这类遗产与大运河的关系紧密度不高，与大运河内涵的相关性较差，仅仅是因为其与大运河河道的空间距离较近，这种认定方法在后续编制国家级保护规划时不再使用。此种对大运河遗产认识的扩展性理解，与后来的大运河文化带的概念则更为贴近。二是对认定大运河遗产的时间节点尚未达成共识。有的认为大运河遗产应当截止到民国时期，有的则认为应当截止到2000年，例如，周官屯穿运枢纽、安陵枢纽、北陈屯枢纽和东南友谊闸等均为现代水利设施，连镇谢家坝、华家口险工则为古代水利设施，捷地分洪设施则是在古代滚水坝的基础上改建的现代水利设施。尽管世界文化遗产大运河的构成以古代水利设施为主，但从历史发展的视角分析，现代水利设施正是这种变迁的佐证，也可认定为大运河遗产。（图4-10）

部分作为佐证的文化遗产，即使其已迁离大运河，也应当列为大运河遗产的

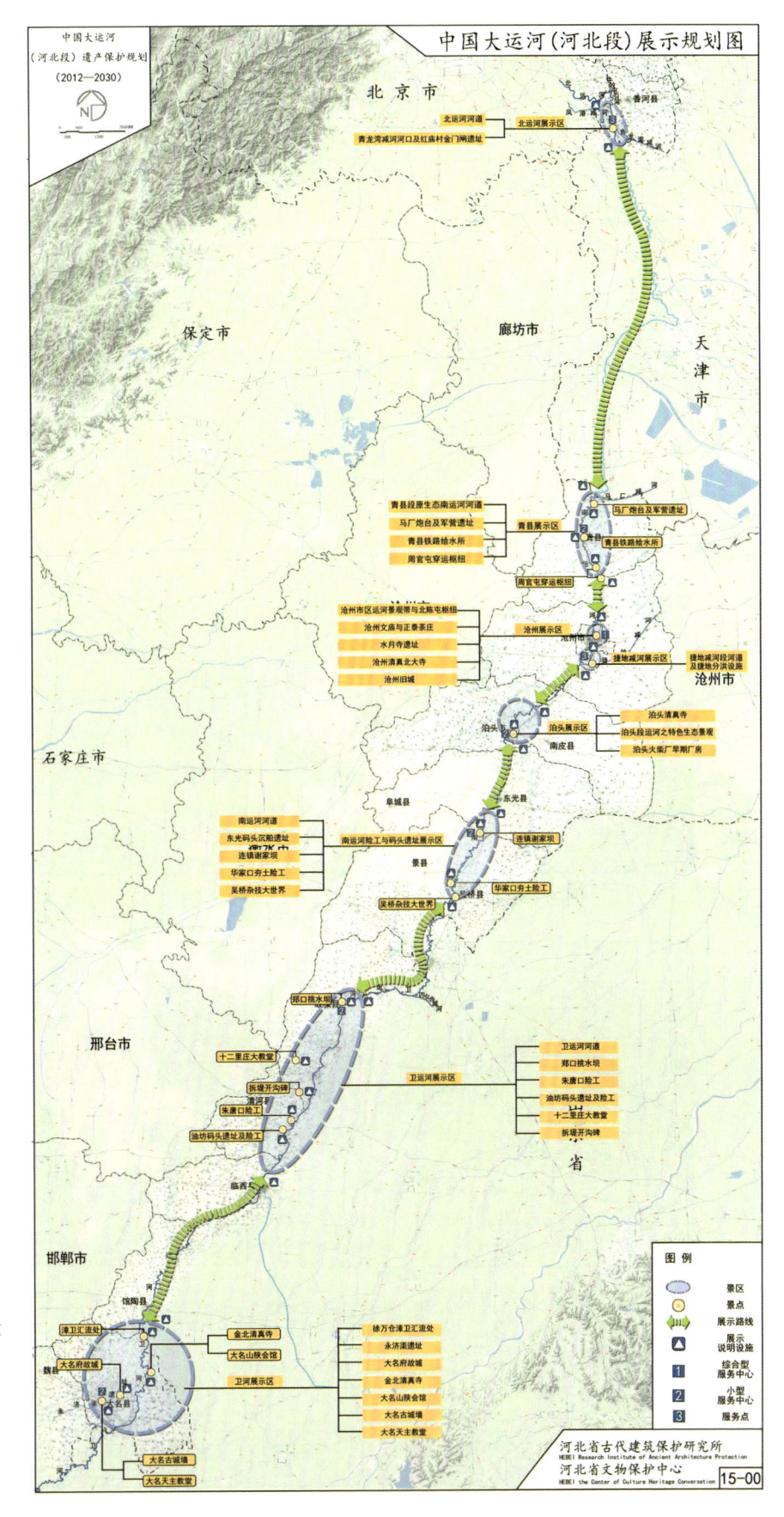

图4-8
大运河河北段
展示规划图

北朝齐

隋河间郡、渤海郡、平原郡

五代十国后梁

五代十国后唐

五代十国后汉

五代十国后周

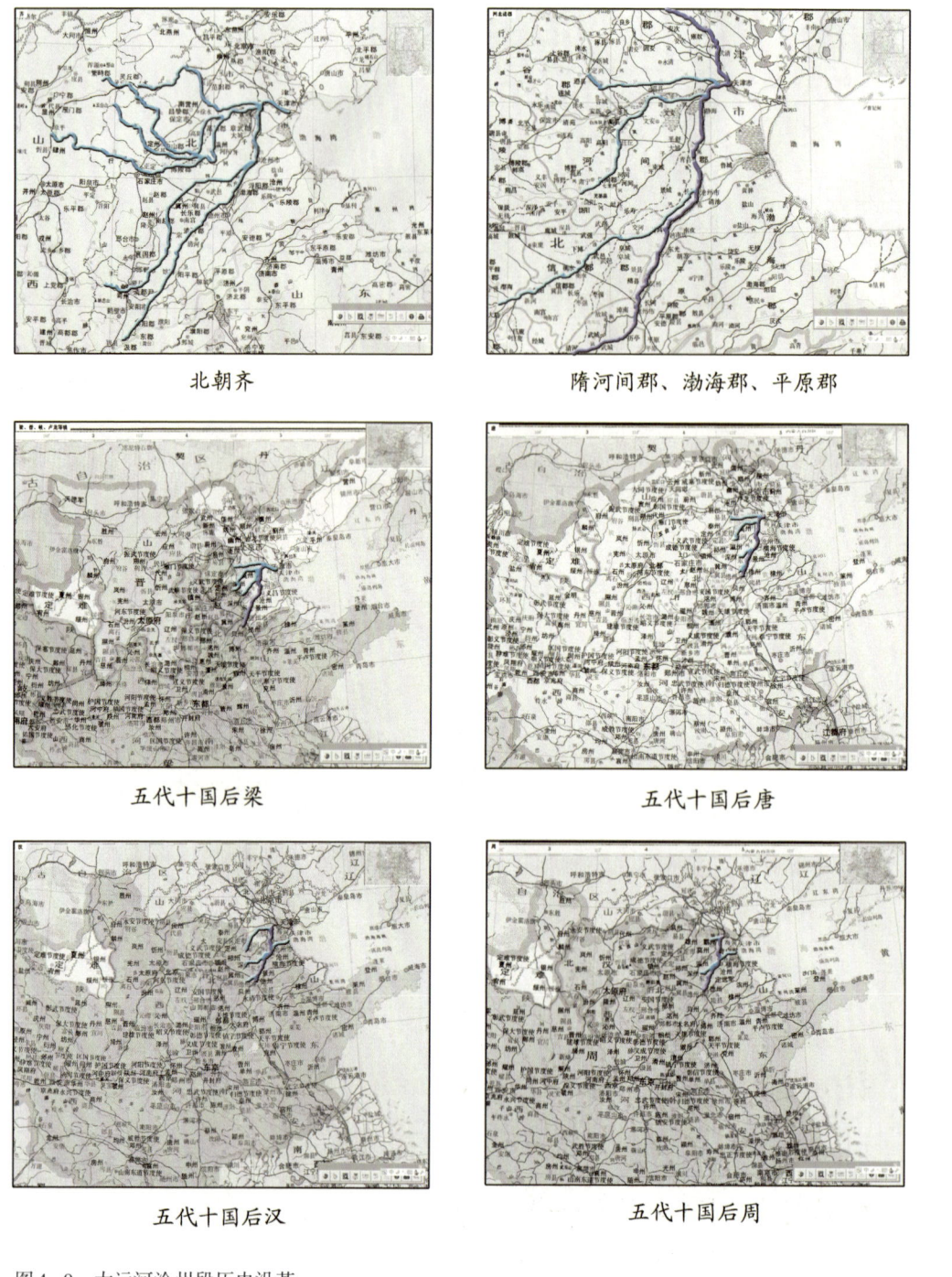

图4-9　大运河沧州段历史沿革

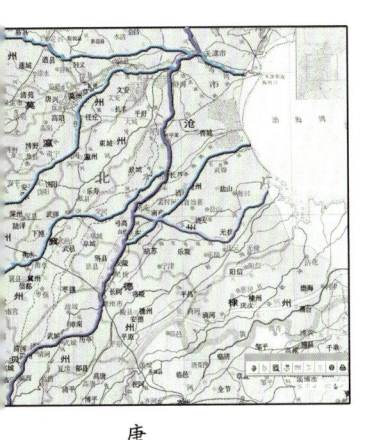

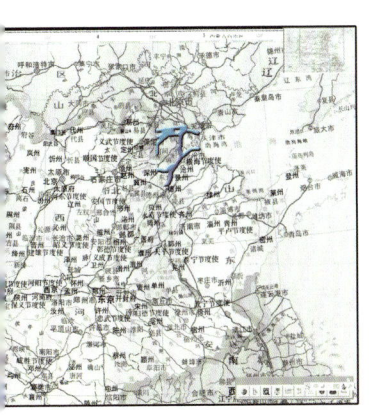

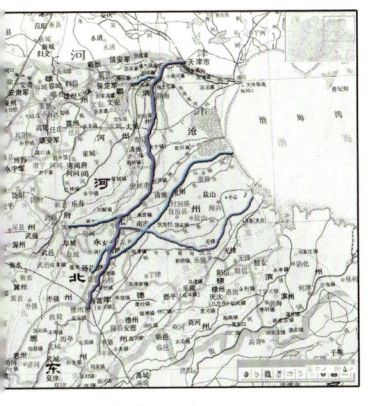

附属遗产。例如，兴济减河易闸为坝乾隆御书碑，该碑记述了乾隆三十六年（1771）春，乾隆南下路经兴济镇，当时地方官杨廷璋面君，提出将兴济减河与大运河结合部"易闸为坝"的意见，乾隆准奏，并书写五言律诗一首，当时便立此碑于该处，以志纪念，后迁至河北省青县县城文化馆院内。该碑虽然迁离原址，也应列为大运河遗产构成。

该规划还将大运河船工号子列为大运河非物质文化遗产。船工号子是一种即兴创作、口口相传的艺术形式，无书面记载，面临失传。泊头市船工号子可分为：打蓬号，启程，"开阳"即升帆；撞阳号（又叫拉号），督促纤夫用力；加油号，一般用在平缓行驶中；摇橹号，一般用在顺水行船时。这类非物质文化遗产与大运河漕运息息相关，是重要的活态遗产，应当列为大运河遗产保护的对象。

在大运河遗产沧州段保护规划价值评估中，除了真实性和完整性评估（图4-11）之外，还强调了对大运河遗产延续性的评估，起到较好的示范作用。其延续性表述为："沧州段大运河自建成以来一直以漕运为主要功能，兼有少量排灌功能。清末由于河道失修，海运兴起，漕运开始没落；陆路运输的快速发展，尤其是津浦铁路的建造，直接导致了运河漕运的没落。民国期间至新中国成立初期运河尚有航运，沧州段运河于20世纪70年代全面断航，航运功能基本消失，运河主要功能调整为灌溉、排洪和供水，尤其南水北调东线工程实施后，沧州段运河将主要承担为沿线及下游城市供水的功能。"

该规划在管理状况评估中梳理了古代对水利工程的

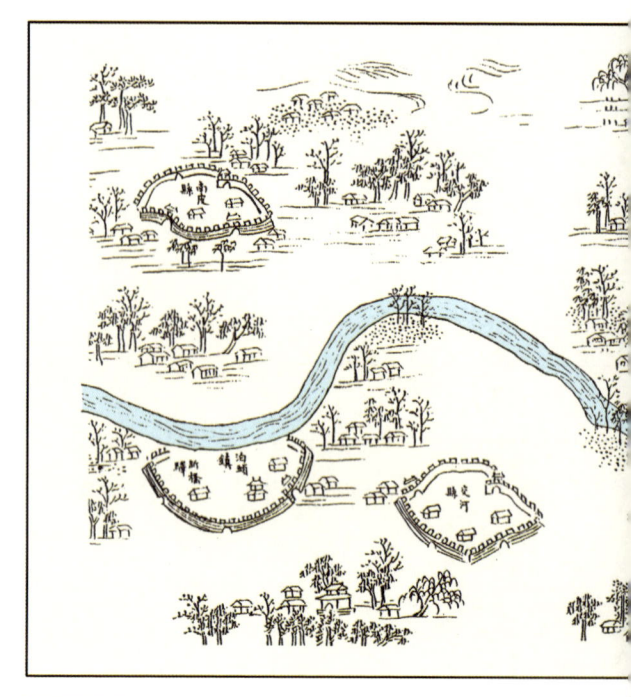

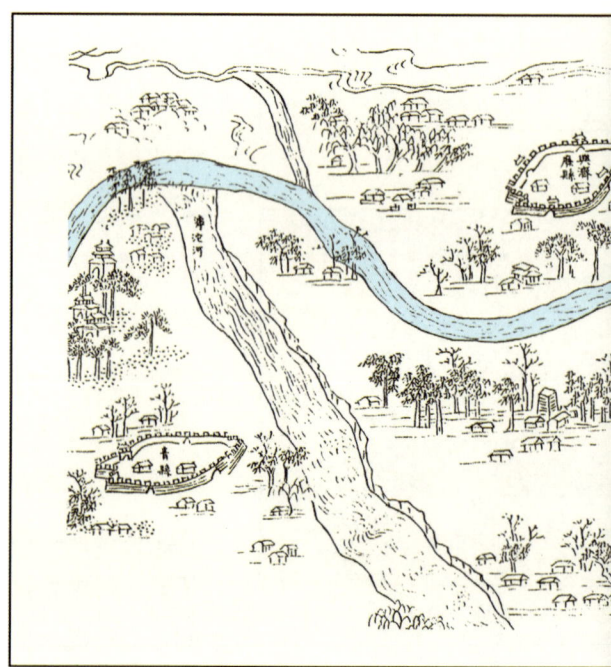

图 4-10
大运河沧州段历史沿革图

4 大运河遗产保护规划理论

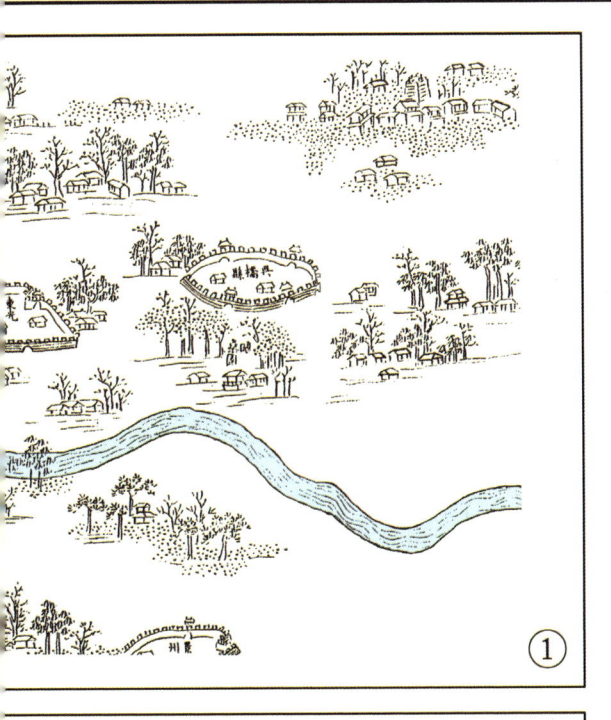

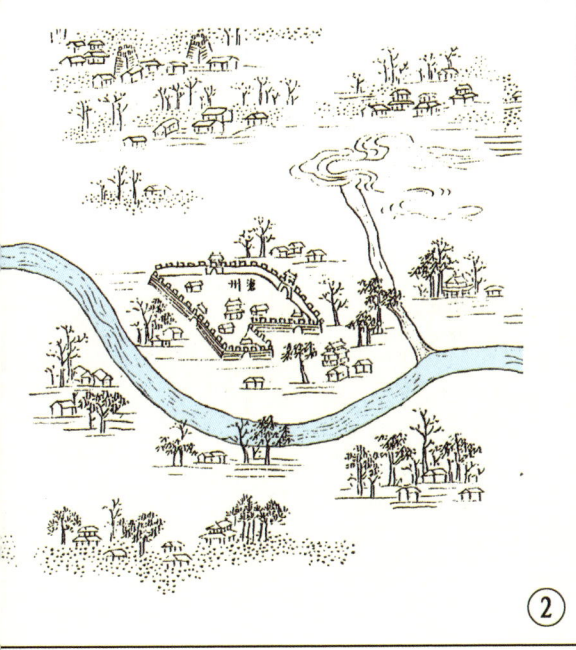

中国大运河
（河北沧州段）遗产保护规划
（2010—2030）

历史沿革图（八）

大运河沧州段全图（清）
——《行水金鉴》
清 雍正 傅泽洪著

图 例

运河

① 沧州南←吴桥南
② 青县北←沧州南

河北省古代建筑保护研究所
HEBEI Research Institute of Ancient Architecture Protection
河北省文物保护中心
HEBEI the Center of Culture Heritage Conservation

编制日期：2009 年 06 月　052

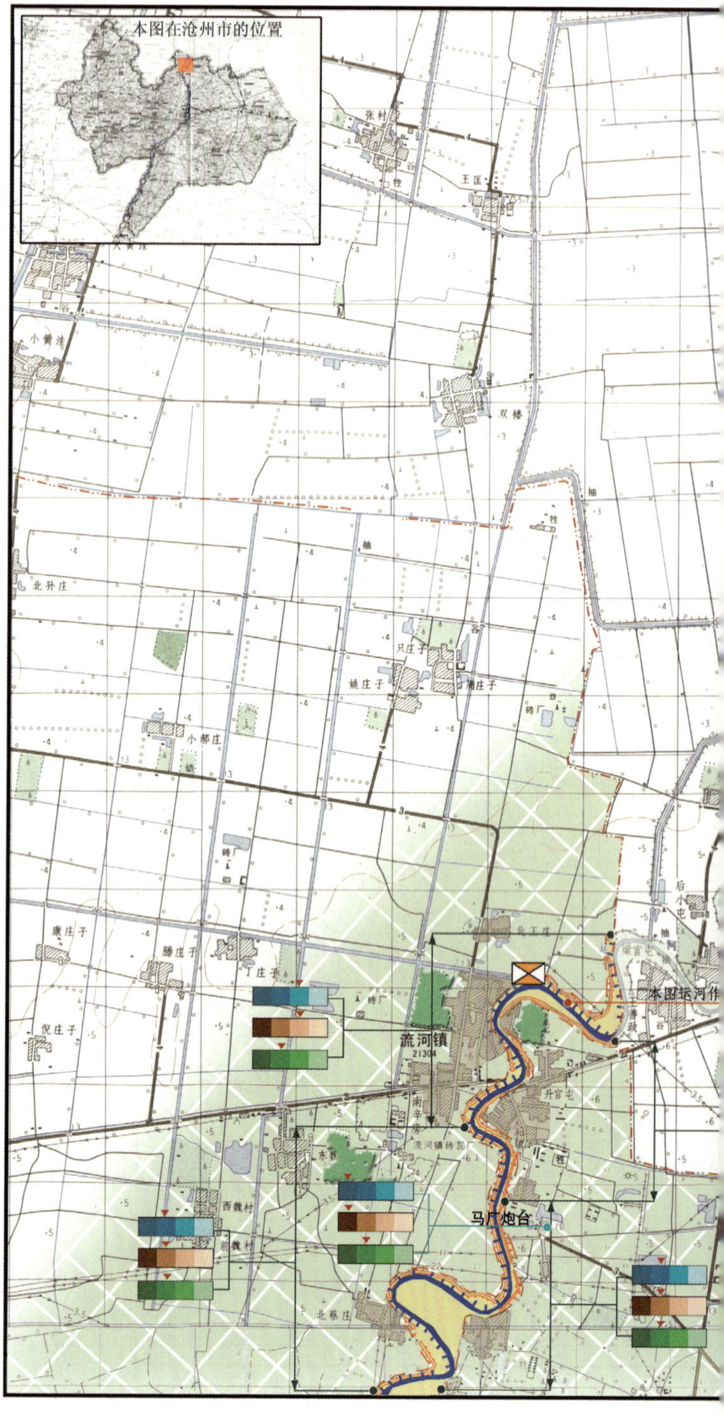

◇ 大运河遗产保护理论与方法

图4-11
大运河沧州段遗产真实性完整性评估图

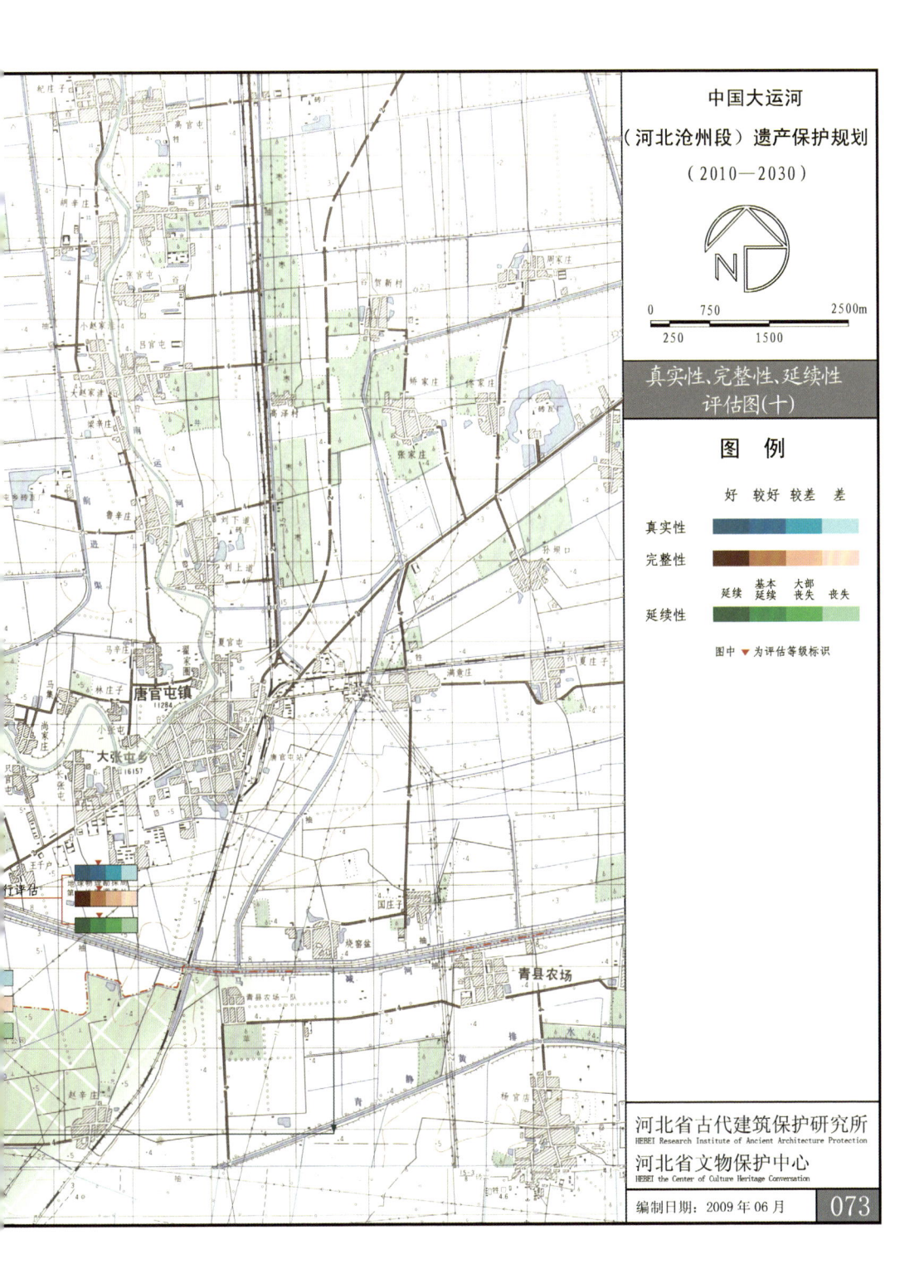

4 大运河遗产保护规划理论

管理和现代对水利工程的管理，突破了一般保护规划仅对当前遗产管理状况进行评估的现状，值得借鉴。

该规划在对沧州段大运河沿岸生态环境的评估中，除了对林地、耕地、湿地等环境类型进行评估，还提出了基本生物种类延续对于运河生态系统的维护作用。沧州段大运河沿岸的生态环境较好，部分地段监管有力，景观环境有了较大改善，由于城市的现代化进程和一些利益的驱使，运河景观人造痕迹过重；部分城镇段大运河沿岸建造了高层住宅小区、商业楼以及工业厂房等一些与大运河风貌不和谐的景观。（图4-12）

为实现对运河遗产科学、有效、持续的总体保护，针对不同遗产类别划定了不同等级的保护区划。根据保护内容区分控制力度，确保规划实际管控的可操作性。针对水工遗产和与大运河历史相关的其他遗产，分别划定保护范围和建设控制地带，其中保护范围分为重点保护区和一般保护区，明确了不同区划范围的通用管理规定和分类适用管理规定。（图4-13）

图4-12 违章建设及工业污染设施

在制定保护与整治措施时，首先明确了制定保护措施的原则，针对大运河水利工程遗产确定了分级整治的措施；然后从日常保养、维护整修、一般整治、重点整治等四个层级，针对大运河河道、堤岸等的残损状况进行整治，以确保河道与堤岸文物安全。（图4-14）

在管理规划中，对管理机构设置、管理机制调整、管理制度完善、技术人员配备、不同部门间协调机制以及群众性参与等进行了界定；同时明确了保护区划公布程序、树立界标标志牌、资料收集建档、资料规范化与数字化、设置围护设施以及建立监控体系等内容。（图4-15）

在展示规划部分，尝试通过展示运河水利工程遗产、历史文化遗产及大运河赋存环境，让人们充分了解南运河在中国大运河体系中所处的历史地位与价值，让人们感受大运河沧桑的变化，增长知识、陶冶情操、净化心灵；并与其他文化遗产相结合，创造良好的文化产业环境，促进社会效益与经济效益的共同增长。该规划从展示分区、主题与方式、展示路线、展示设施与游客服务设施等方面进行了系统阐述。

针对环境规划内容，由于涉及污水、废气或有害气体、噪声、废弃物等各种污染治理问题（图4-16），并非文化遗产保护规划能够全部解决的问题，因此，规划采取提出环境保护建议、生态保护建议的方式，由相关部门进行综合整治。

编制该规划时，由于大运河申遗迫在眉睫，规划中还制订了优先行动计划，成为该类规划的一大亮点。大运河沧州段优先行动计划包括大运河遗产保护规划编制工作；广泛收集大运河遗产的各种基础资料，建立档案库，对大运河遗产需要公布文物保护单位的进行公布；开展大运河遗产考古调查工作，在此基础上调整保护区划；推动部分重点河段保护措施与环境整治工作；建立大运河遗产保护协调机制，编制并公布《沧州市大运河遗产保护办法》；加大宣传，鼓励公众参与；建立有效的管理与监督机制；编制一批修缮设计方案，实施保护工程，完善保护措施等。

（5）重要点段保护规划和各类详细规划

大运河沿线各地市陆续开展了一系列大运河遗产的本体保护、环境整治、生

◇ 大运河遗产保护理论与方法

图4-13
大运河沧州段
沧州区划图

4 大运河遗产保护规划理论

◇ 大运河遗产保护理论与方法

图 4-14
大运河沧州段保护措施图

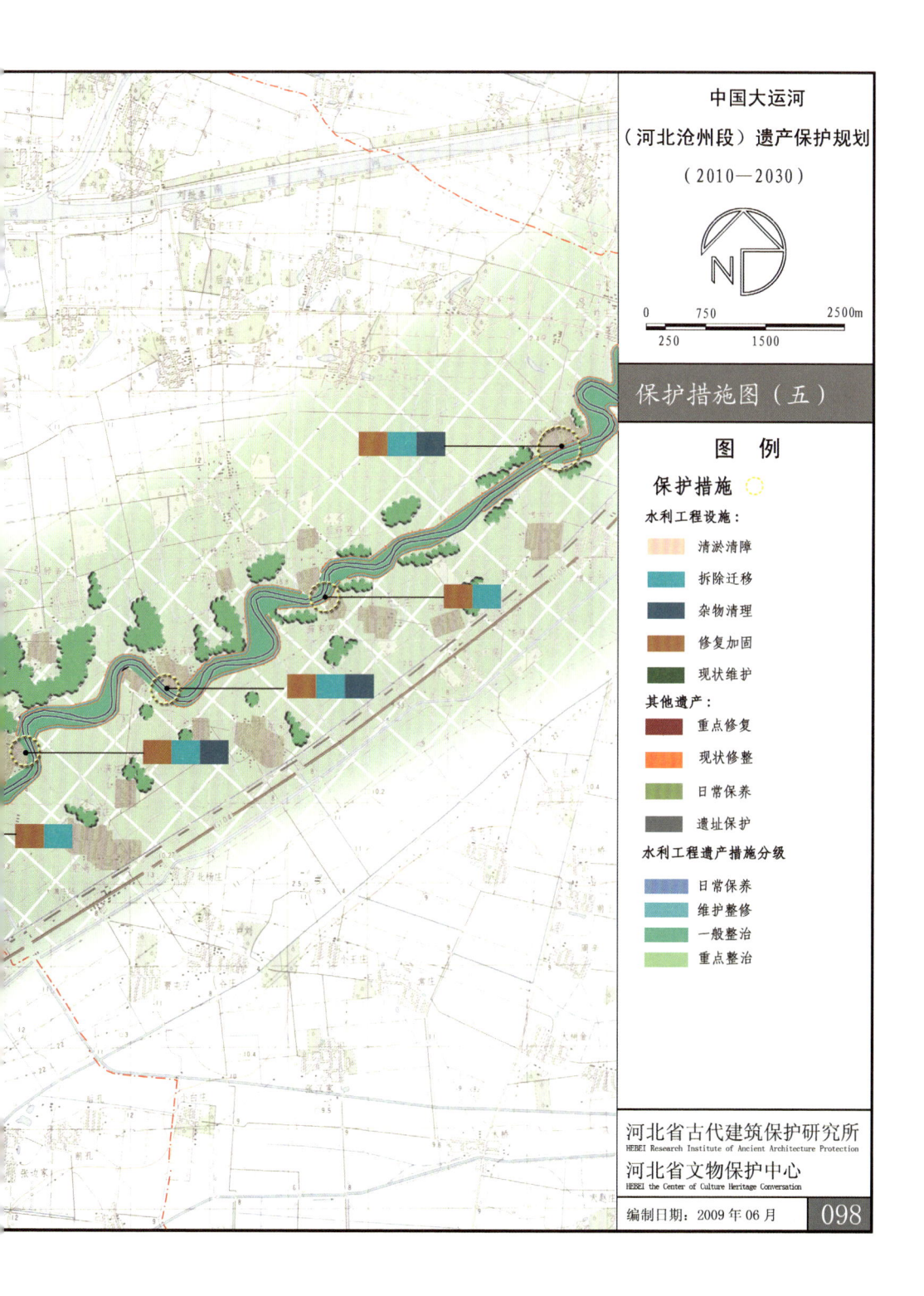

4 大运河遗产保护规划理论

中国大运河
（河北沧州段）遗产保护规划
（2010—2030）

保护措施图（五）

图　例

保护措施

水利工程设施：
- 清淤清障
- 拆除迁移
- 杂物清理
- 修复加固
- 现状维护

其他遗产：
- 重点修复
- 现状修整
- 日常保养
- 遗址保护

水利工程遗产措施分级
- 日常保养
- 维护整修
- 一般整治
- 重点整治

河北省古代建筑保护研究所
HEBEI Research Institute of Ancient Architecture Protection
河北省文物保护中心
HEBEI the Center of Culture Heritage Conservation

编制日期：2009年06月　098

089

◇ 大运河遗产保护理论与方法

图4-15
大运河沧州段管理规划图

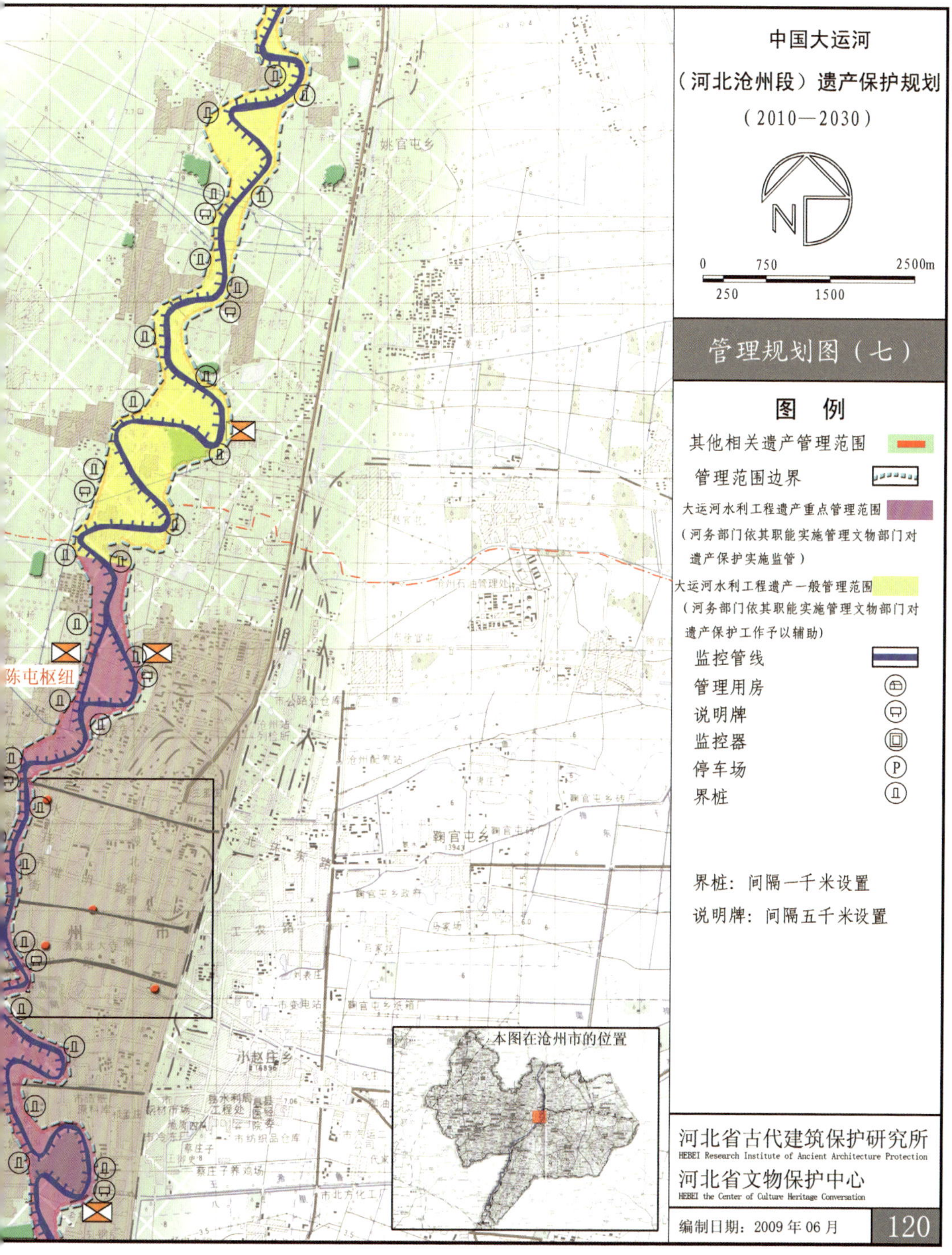
中国大运河
（河北沧州段）遗产保护规划
（2010—2030）
N
0 750 2500m
250 1500
管理规划图（七）
图 例
其他相关遗产管理范围
管理范围边界
大运河水利工程遗产重点管理范围
（河务部门依其职能实施管理文物部门对遗产保护实施监管）
大运河水利工程遗产一般管理范围
（河务部门依其职能实施管理文物部门对遗产保护工作予以辅助）
监控管线
管理用房
说明牌
监控器
停车场
界桩
界桩：间隔一千米设置
说明牌：间隔五千米设置
陈屯枢纽
姚官屯乡
小赵庄乡
本图在沧州市的位置
河北省古代建筑保护研究所
HEBEI Research Institute of Ancient Architecture Protection
河北省文物保护中心
HEBEI the Center of Culture Heritage Conversation
编制日期：2009年06月
120

◇ 大运河遗产保护理论与方法

图4-16
大运河沧州段环境分析图

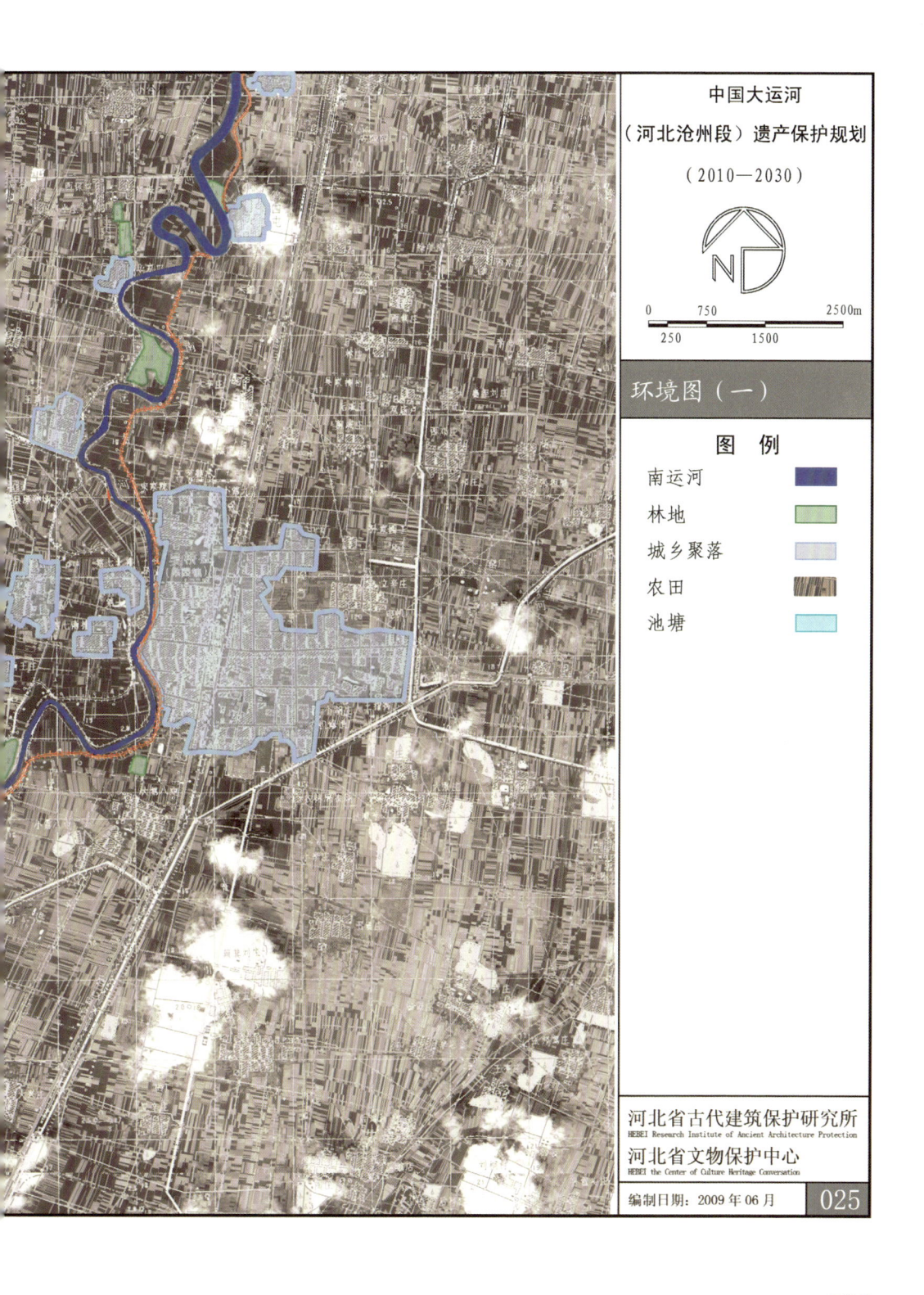

4 大运河遗产保护规划理论

中国大运河
（河北沧州段）遗产保护规划
（2010—2030）

环境图（一）

图　例

南运河
林地
城乡聚落
农田
池塘

河北省古代建筑保护研究所
HEBEI Research Institute of Ancient Architecture Protection
河北省文物保护中心
HEBEI the Center of Culture Heritage Conservation

编制日期：2009 年 06 月　025

态治理等工作，包括河道的清淤、疏浚与拓宽，堤防的修复、加固与抢险等内容，从而深化落实了大运河遗产保护规划措施；同时，大运河遗产的保护工程又与当地美丽乡村、特色小镇、旧城改造等建设项目相结合，部分运河区域已经成为颇受当地居民喜爱的生态景观、游憩休闲场所，取得了较好的社会效益。下面以大运河阳谷段为例进行阐述。其上位规划包括国家级、省级和市级大运河保护规划等三级规划，但即使是相对细化的聊城市域大运河遗产保护规划，也很难与大运河阳谷段及其周边区域的国民经济和社会发展计划、土地利用总体规划、城市总体规划、控制性详细规划等相关规划紧密结合，且阳谷段大运河遗产构成较丰富，因此，有必要编制大运河阳谷段保护专项规划，梳理阳谷段保护对象，划定保护区划，制定管理规定，明确保护措施和环境整治措施。

该规划保护对象构成包括河道、航运工程设施、古代运河管理机构遗存、运河城镇等。其中，航运工程设施包括大运河阳谷段沿线现存闸、桥梁和码头等各类航运工程设施共计12处。（表4-2）

古代运河管理机构遗存包括阿城盐运分司和北河工部分司遗址等2处。（表4-3）

另外，将运河城镇——七级运河古街区列为阳谷段大运河遗产是该规划的独特之处。（表4-4）

规划的重点是对大运河遗产的真实性和完整性进行了评估，七级运河古街区原为商业街区，现街区内的22座文物建筑仅有11座在用，其余皆闲置；七级古街区局部已经实施修缮工程，七级运河古街区真实性与完整性保存状况一般。（图4-17）

针对大运河附属建筑的评估方法，可从建筑遗产的结构可靠度和近期干预措施等方面进行评估。例如，针对张秋山陕会馆内文物建筑进行现状评估，应分析其自2012年修复完成后的保存状况、残损程度以及造成破坏的原因等。（表4-5）

4 大运河遗产保护规划理论

表4-2 大运河阳谷段航运工程设施

遗存类型	数量	遗存名称
闸	7	荆门上闸、荆门下闸、张秋减水闸遗址、阿城上闸、阿城下闸、陶城铺闸、七级下闸
桥梁	1	水门桥
码头	4	水门桥码头遗址、张秋大码头遗址、张秋北小码头遗址、七级码头

表4-3 阳谷段古代运河管理机构遗存

遗存类型	数量	遗存名称	组成清单
建筑群	1	阿城盐运分司（6座）	过厅、后院东配殿、后院西配殿、后院正殿、东路西配殿、东路西配殿南耳房
遗址	1	北河工部分司遗址	—

表4-4 大运河阳谷段古街区遗存构成表

遗存类型	数量	遗存名称	组成分类	组成清单
古街区	1	七级运河古街区	古道遗址（1条）	义和街遗址（65.81米）
			文物建筑（25座）	翟瑞明宅、庄兆峰宅、翟合生宅、庄培合宅、合作社、庄丕厚宅、庄培华宅、七级供销社、七级百货部、百货部南房、一碑担两间茶馆、翟瑞涛宅南房、百货部北房、翟瑞涛宅北房、陆忠海宅、杨春兰宅、朱合清宅、翟继来宅、阳谷邮政局、狄家药铺、邱少忠宅、翟家祠堂北房、翟家祠堂东房、翟家祠堂西房、翟家祠堂南房

表4-5　大运河阳谷段古街区建筑现状评估表

序号	遗存名称	院落	编号	名称	结构可靠性	近期干预措施
1	张秋山陕会馆（Q01）	一进院落	ZJ01	山门	A类建筑	2012年重点修复
			ZJ02	东配房（观音殿）	A类建筑	2012年重点修复
			ZJ03	西配房（三星殿）	A类建筑	2012年重点修复
		二进院落	ZJ04	二门（戏楼）	C类建筑	2012年重点修复
			ZJ05	东配房（三官殿）	A类建筑	2012年重点修复
			ZJ06	西配房（元君殿）	A类建筑	2012年重点修复
			ZJ07	正房（关帝君殿）	B类建筑	2012年重点修复
			ZJ08	正房东耳房（龙王殿）	B类建筑	2012年重点修复
			ZJ09	正房西耳房（财神殿）	B类建筑	2012年重点修复
2	张秋运河石桥（Q02）		Q01	张秋运河石桥	良好	2016年重点修复

在对生态景观环境进行评估时，生态退化是不可忽视的重要方面。自大运河阳谷段淤废以来，其所依附的主要环境要素也因环境变迁而逐渐消失，其整体价值以及蕴藏的历史信息也随着环境要素的消失而减少；运河沿线现存景观主要以农田景观为主，乔木等野生植物分布面积较小且分布不均，林地和湿地等观赏景观欠缺；水生动物较少，生态系统单一。

大运河阳谷段展示利用存在的主要问题是利用方式过于单一、遗产价值未得到充分的展示，部分文物本体利用方式和强度严重威胁到文物本体的安全。另外大运河阳谷段各遗存点孤立展示，展示主题缺少连贯性和目的性，影响参观者的认知程度；展示设施的缺乏也影响了大运河阳谷段整体价值的完整阐述；大运河阳谷段各遗产点的交通通达性较差；游客管理措施的缺失对文物本体的安全构成影响。

在区划评估中，对国家级、省级、市级规划中的区划范围进行了评估，其中

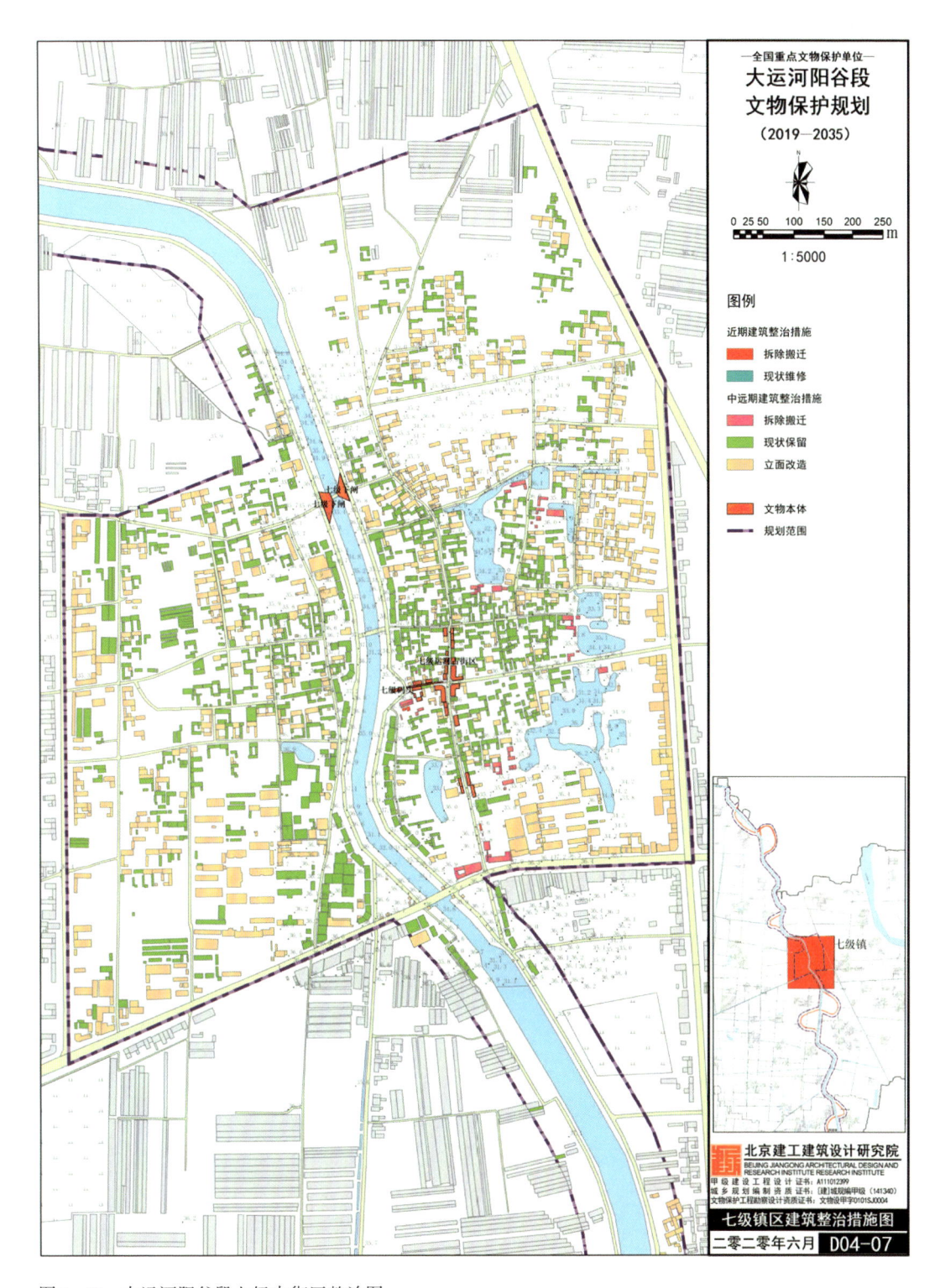

图4-17 大运河阳谷段七级古街区整治图

市级规划,即《大运河遗产山东聊城段保护规划(2010—2030)》中关于大运河阳谷段的保护区划边界较为清晰,但内容不完整,其保护范围未将张秋大码头遗址、张秋北小码头遗址、张秋减水闸遗址、北河工部分司遗址囊括在内,且将河道与其他保护对象区分对待,使得保护范围缺乏连贯性,同时保护区划未能与南水北调干线工程的管理办法有效衔接。而国家级规划,即《大运河遗产保护与管理总体规划(2012—2030)》中关于大运河阳谷段的保护区划未能完整囊括其保护对象和历史环境,保护分级过于笼统,范围边界过于机械,可识别性差,操作难度大。本规划对上述问题进行调整,完善相关管理规定。

在保护措施中,增加了对河道整体形态的整治。在维护现有运河弯道的基础上,对局部坍塌严重河岸按其原形制进行恢复,对局部淤积严重河床进行清淤,对已被人工裁弯取直的弯道,恢复运河原有弯曲形态等。

对航运工程设施采取先完善航运工程设施的文物保护档案,之后根据其保存现状,制定日常监测、防护加固、遗址保护等针对性措施。同时,细化对古代运河管理机构遗存、运河城镇以及其他运河文化遗产的保护措施。

展示规划中展示利用方式和展示功能分区是该规划的亮点。根据大运河阳谷段文物本体的类型、分布、价值等特征要素的不同,通过增加游览的多样性与互动性,真实全面地阐述大运河阳谷段全部价值与历史信息。梳理适用于大运河阳谷段遗产的展示利用方式,如原状陈列展示、专题展示、模拟展示、标识展示以及数字化展示等。

规划根据大运河阳谷段文化遗产本体特点及其突出价值,赋予不同的展示主题。功能分区采取开放式展示布局,将主河道、阿城镇陶城铺运河支线以及各遗产点相互串联,形成"一轴、三区、四点"展示布局。(图4-18)"一轴"是指由会通河阳谷段主河道和阿城镇陶城铺运河支线形成的展示轴。通过完善现有环境配套设施,如优化河道两岸生态景观环境,恢复运河河道通航功能,增设滨河步道,统一规划和设计标识系统、服务设施等,打造融景观、交通、文化、体验、游憩于一体的复合廊道,并达到连接运河各重要节点,串珠呈线的目的。"三区"是指以张秋山陕会馆、水门桥、水门桥码头遗址、张秋大码头遗址、张秋北小码

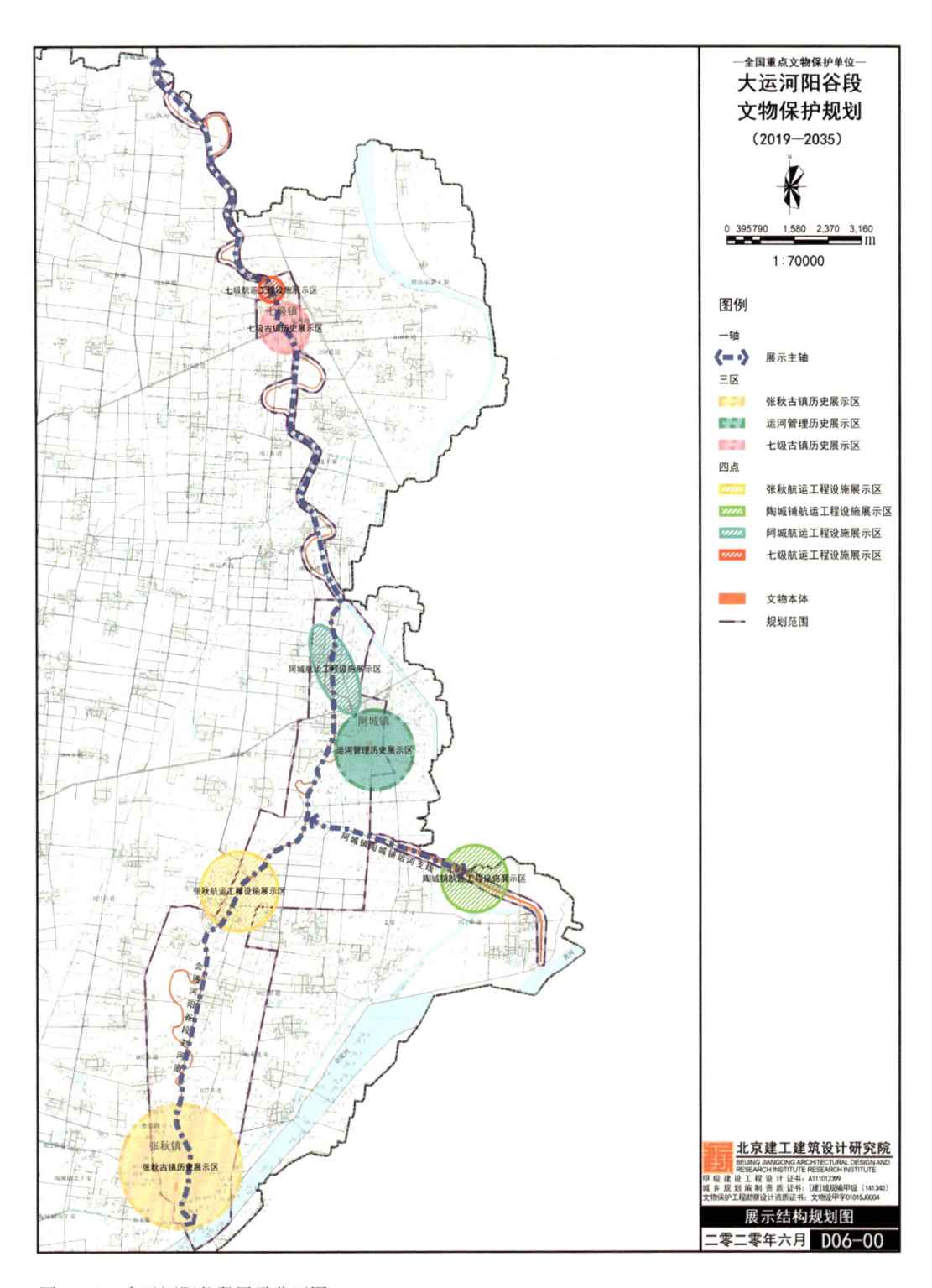

图4-18 大运河阳谷段展示分区图

头遗址、张秋运河石桥等文物本体及其周边历史环境组成的张秋古镇历史展示区，以阿城盐运分司等文物本体及其周边历史环境组成的运河管理历史展示区，以七级码头和七级运河古街区等文物本体及其周边历史环境组成的七级古镇历史展示区。"四点"是指以荆门上闸、荆门下闸、张秋减水闸遗址等文物本体组成的张秋航运工程设施展示区，以陶城铺闸为主的陶城铺航运工程设施展示区，以阿城上闸、阿城下闸等文物本体组成的阿城航运工程设施展示区，以七级下闸为主的七级航运工程设施展示区等。（图4-19）

编制考古研究规划是该规划的又一特点，考古发掘管理、考古工作分期、考古技术要求、考古工作重点等成为考古规划的主要内容。

另外，对规划项目进行优先级排序、合理进行规划分期也是规划有效落地的重要手段。（图4-20）

总之，本章通过系统剖析大运河遗产保护规划产生的自上而下的管控思想，明确各级大运河遗产保护规划编制的目的和意义，分析已经公布的各级保护规划现存问题及其实施效果，阐述规划编制过程中的要点难点问题，进而探索大运河遗产保护规划体系构成以及各级大运河文化遗产保护规划的具体编制方法。

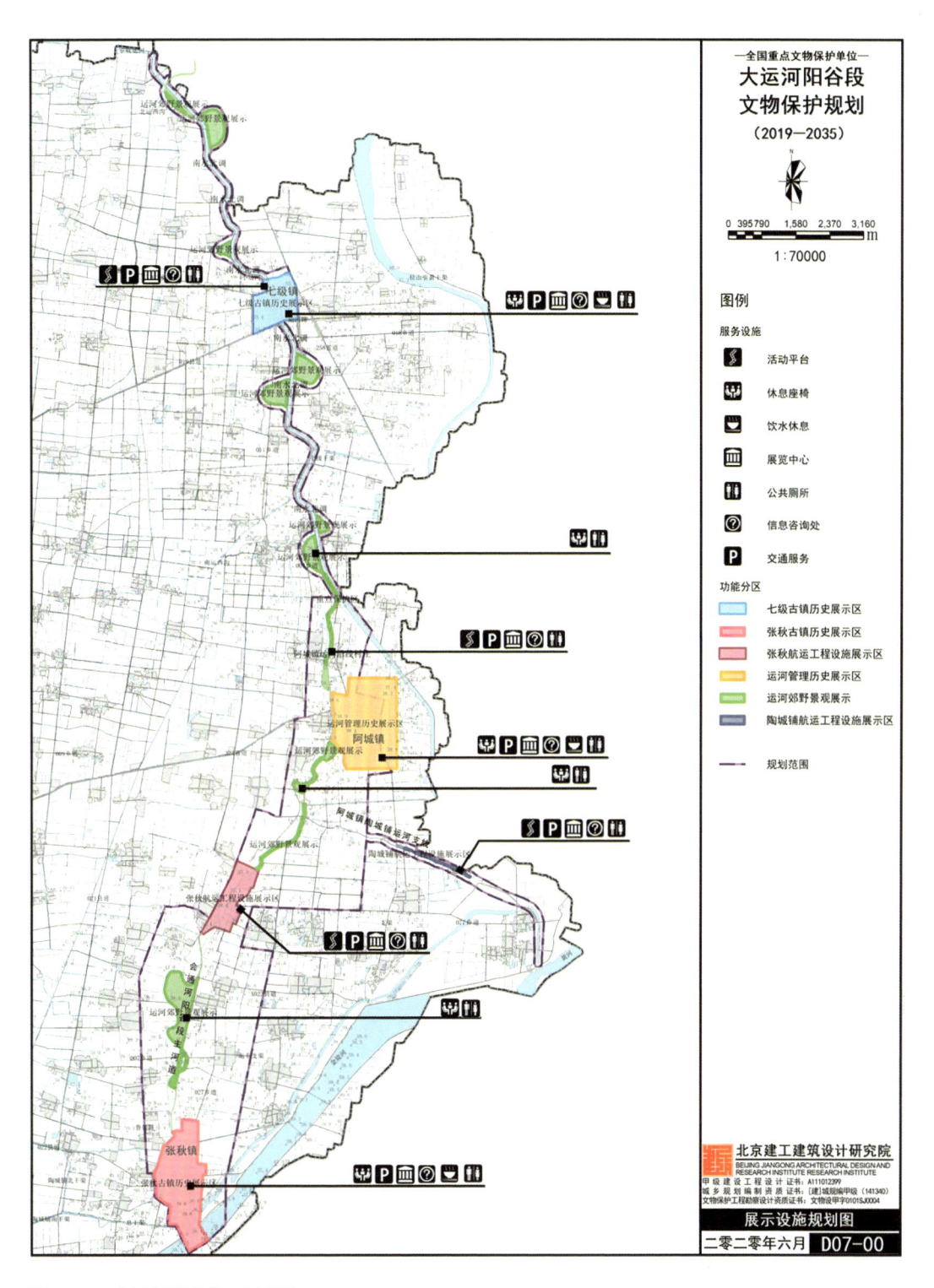

图4-19 大运河阳谷段展示设施

101

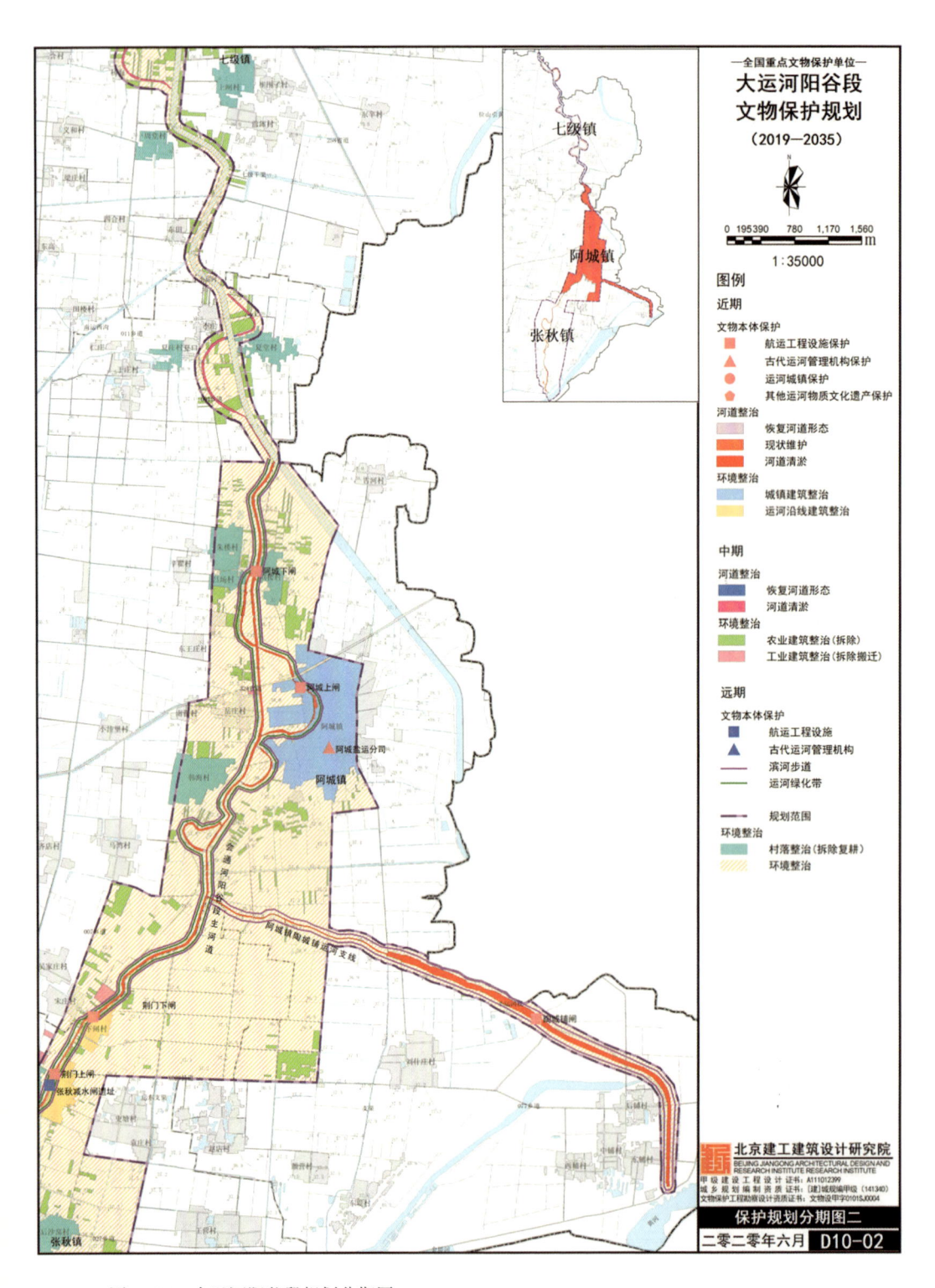

图4-20 大运河阳谷段规划分期图

5 大运河遗产保护设计方法

5.1 本体保护方法

5.1.1 遗产本体构成

按照使用状况分类，大运河遗产可分为在用类遗产和遗址类遗产，其权属也分属不同部门。大运河遗产本体包括河道、堤岸、闸、坝、桥梁、涵洞、水门、码头等。相关文化遗产是指与大运河漕运、管理相关的文化遗存，包括仓储（北京南仓、北仓），河道管理机构，如河道总督衙门、临清钞关等。

5.1.2 全面系统性保护

大运河线性遗产保护的全面性是指不论是在用遗产还是遗址类遗产均应予以保护，既要保护文化遗产本体，又要保护文化遗产所赋存的环境要素并合理控制其环境风貌。

大运河线性遗产保护的系统性是指从文化遗产的本体认定、编制保护规划、制定保护措施、明确环境整治措施到制定展示利用模式、非物质文化遗产元素植入等全过程的保护。

5.1.3 本体现状评估

大运河文化遗产本体现状评估包括建(构)筑物不同部位的保存状况、残损程度、残损范围的评估，应勘察测绘，明确具体的量化指标，记录准确的量化残损信息，分析造成残损的原因，明确不同病害类型及其破坏机理。在综合定量数据记录的基础上，明确修缮范围；同时应当对不同部位、不同类型的残损确定其整体破坏程度，得出现状评估结论，以便于后期修缮方案阶段确定修缮性质。

5.1.4 修缮原则与保护方式

（1）修缮原则

大运河文化遗产本体修缮遵循"不改变文物原状"的原则，以及最小干预原则、可识别原则等。

本体修缮工程必须在充分研究原状的基础上，遵循"不改变文物原状"的原则，最大限度保护和修缮原有构件，尽可能多地保留文物本体的历史遗存和自身特点。必须尊重和尽量利用原有材料，尽量减少干预。为了增强文物本体的结构稳定性和持久性，可以适当采用一些新材料、新工艺。修复措施及使用新材料完全是为了保护和加固补强原结构，所修复的部分也是为了保证文物本体的安全。

凡是新添加部分，原则上应具有可逆性，即在必要时可以将添补部分拆除而不影响原遗产本体。

（2）保护方式

大运河遗产本体按照使用状态可分为在用类遗产和遗址类遗产。在用类遗产和遗址类遗产的保护方式不尽相同。在用类遗产原有的功能在新的历史时期和环境下仍然在延续和发展，仍在服务于当代人们的生产、生活，因此，与其所对应的保护原则和措施不同于失去原有功能的遗址类遗产，其修缮方法也不尽相同。另外，在做好文化遗产本体修缮工作的同时，还应完善保护规划的编制与日常管理工作。

针对在用类遗产，强调文物本体的安全和使用功能延续，修缮中应当遵循不改变文物原状、最小干预和可识别等原则。文物修缮"四原"原则的运用是"不改变文物原状"原则的具体体现。但当采用原形制、原结构、原材料、原工艺等确实无法满足使用功能的需要时，为确保在用类遗产使用功能的延续而适当采用新材料用于遗产本体加固是被允许的。因此，在某种意义上讲，在用类遗产更强调原有功能的延续性，具体技术方法的选择以满足现有使用功能为前提。

针对遗址类遗产强调文物本体安全性的同时，还强调大运河文化遗产的真实性与完整性，不强调使用功能的延续，其使用功能可做适当调整。例如，大运河废弃河道的使用功能可调整为展示利用、考古研究或旅游参观等功能。大运河文化遗产中遗址类遗产的修缮仍应遵循"四原"原则，除遗址本体存在结构性失稳等特殊情况可采用新技术材料与工艺外，原则上应尽量采用原形制、原结构、原材料和原工艺，确保大运河遗产本体的真实性与完整性。

5.1.5 本体修缮措施

针对闸、坝、桥梁、涵洞、水门、码头、河道、堤岸等不同类型的大运河遗产本体，以及针对仓储（如北京南仓、北仓）、河道管理机构建筑（如临清钞关）等其他与大运河漕运、管理相关的文化遗存，其保护修缮措施也各不相同，下面结合具体案例分类予以阐释。

（1）在用类遗产

针对在用类遗产堤坝的加固，需判断堤坝作为文物本体的真实性。已经更改为水泥、条石、砖砌体及其他材料砌筑的堤坝，其形态、做法等均与原状不一致的，其真实性已经受损，但大运河遗产的价值更体现在功能的延续性而非僵化的真实性。古老的大运河遗产历经不同时代的沧桑变化，河床常年被侵蚀，河道摆动变迁是在所难免的。因此，不能僵化地以现存摆动变迁的河道不是古代原始河道的准确位置，而否定现存河道作为遗产的价值。

在用类遗产应保持现有河道规模、形态和整体风格，确保其能够继续通航使用，需要满足当前运输功能的需要，但其航运能力应以现状为主，不建议进行扩

图5-1 沧州连镇谢家坝

容性改造。针对在用类河道，采用新技术、新材料适当改造是被允许的，但应当有节制，其前提是传统技术和材料不能满足文化遗产本体安全的需要或现有使用功能延续的需要。在用类河道修缮前后，其河道规模、形态和整体风格等应保持统一。

在用类遗产保护修缮包括现状勘察，资料收集，形制研究，分析病害原因，制定针对性保护措施，绘制实测图和方案图等内容。下面以谢家坝保护修缮为例，阐述在用类遗产的保护方法。

①遗产现状勘察

首先，需调查厘清大运河遗产本体的形制与构成。例如，沧州连镇谢家坝是大运河遗产本体的重要组成部分，局部保留了明清时期夯筑的夯土层。（图5-1）据现场勘察，谢家坝由坝体内侧、坝顶、坝体外侧组成。坝体内侧分上、中、下三层，下层为浆砌石护坡[①]，中层为灰土加糯米浆夯土坝（以下简称"灰土夯土坝"），上层为素土夯土坝；坝顶由新铺红机砖道路和土质地面组成；坝体外侧由素土夯筑而成。

A. 坝体内侧

下层浆砌石护坡为20世纪60年代所加，护坡内部结构不详。砌筑石护坡全

---

① 明清遗留夯土层在河水长期冲刷作用下，其下部基础土层逐渐裸露，后人采用浆砌石护坡将其封护。

图5-2 华家口夯土坝

长225米，采用M7.5砂浆砌筑，每隔20米一道缝，分缝处采用复合土工膜，坡度$i=1:2.5$，坡长16.46米，护坡上部有0.5米宽平台与灰土夯土坝连接。护坡分为上下两部分：上部分为10厘米厚碎石垫层，30厘米厚浆砌石护坡；下部分为10厘米厚碎石垫层，40厘米厚浆砌石护坡。

中层灰土夯土为明清时期遗留的夯土构造，经走访调查，其为灰土加糯米浆逐层夯筑，夯土以下为毛石垫层，基础为原土打入木桩。经现场勘察，夯土层每步厚18—22厘米，垂直距离最高处为3.5米，平均收分20%。

上层素土夯土坝由灰土夯土坝顶按照一定坡度衔接，垂直高度1.91—2.48米，坡度50%—80%不等。

B.坝顶

坝顶为新铺宽4米的红机砖道路，两侧为土质地面，土质地面上有不规则树枝和柴草堆积，西边建有护栏，已局部损坏。

C.坝体外侧

坝体外侧由素土夯筑而成，大部分坝体堤脚距坝顶6米左右，坡度不一。

其次，应对遗产的整体稳定性、保存状况做初步推断。连镇谢家坝整体稳定性较好，仅局部存在风化、掏蚀现象，该段坝体是南运河保存结构最完整的夯土坝，也是南运河河北段仅存的两处夯土坝之一，至今仍在使用，对防御洪水起到了重要作用。（图5-2）

②病害因素分析

造成大运河遗产本体残损的原因多种多样，应结合具体遗产类型进行分析。例如，造成沧州连镇谢家坝残损现状的因素可分为构筑材料自身的组成和结构缺陷，水、风、温度等物理因素，基础的不均匀沉降，管理不善和人为破坏等，具体残损原因分析如下。

A.构筑材料自身的组成和结构缺陷

夯土坝具有颗粒细、可塑性强、结合性好、收缩适宜等特点，但易受水、风、温度等因素的影响，在河流侵蚀、雨水侵蚀、冻融风化等作用下，均会失去内聚力，造成疏松、剥落。

B.水、风、温度等物理因素

水、风、温度等物理因素对谢家坝的影响，包括风力侵蚀、雨水冲蚀、冻融风化、河流侵蚀等。这类自然因素相互影响，共同作用于大运河遗产的本体，对坝体造成较大的破坏。（图5-3）

| 表面酥碱 | 局部脱落 | 河道侵蚀 | 垃圾污染 |

图5-3 沧州连镇谢家坝现状图

风力侵蚀：夯土层在河道迎风面，风力侵蚀加剧了该区域的破坏。整个夯土层垂直面都遭受风力侵蚀，尤其在冬、春、秋三个季节，夯土层凹嵌处受风力侵蚀更为严重，形成夯土坝表面剥蚀和多处孔洞。

雨水冲蚀：由于坝顶地面凸凹不平，雨水在地面凹处汇集，形成表面径流，坝体表面在水流的作用下，形成多条冲沟，对夯土层构成较大破坏。

冻融风化：沧州地区冬季温度可达 −10℃以下，且昼夜温差较大，在冻融作用下，夯土土体间的黏聚力降低，表层风化，使得夯土呈现层状剥落。

河流侵蚀：谢家坝位于大运河河流的凹岸，根据弯曲河道流水运动规律，河岸会出现"凹岸侵蚀、凸岸堆积"的现象，因此导致夯土层底部被河流侵蚀。

C. 基础不均匀沉降

由于谢家坝处于运河拐弯处，堤脚受到河水浸泡，导致坝体基础出现不均匀沉降，进而使坝体出现裂缝。

D. 管理不善

大运河申遗之前，沧州连镇谢家坝的遗产价值未能得到相关部门足够重视，加之此段大运河断流多年，保养维护不到位，造成谢家坝本体受到极大威胁。河道水利部门虽然管理制度健全，但各县级水利部门几乎没有专门的河道管理机构和管理人员，日常管理与维护效果较差。

E. 人为破坏

申遗之前，大运河遗产周边群众对于沧州连镇谢家坝的重要性没有充分认知，谢家坝及其周边区域存在随意倾倒生活垃圾和污水等现象，致使谢家坝及其周边环境重度污染。各种车辆从坝顶道路通行，影响坝体稳定，对坝体本身构成较大威胁。谢家坝保护范围内还存在违规建设，与谢家坝遗产及其历史环境风貌极不协调。另外，保护范围内还存在随意取土等破坏行为。

③本体保护措施

本体保护措施是在前期评估及病害分析的基础上，针对大运河遗产本体具体病害制定的修缮措施。例如，针对沧州连镇谢家坝的浆砌石护坡、灰土夯土坝和素土夯土坝等不同部位采取不同的保护措施。

A. 浆砌石护坡

浆砌石护坡主要存在的问题是表面淤积，部分区域出现毛石松动现象。针对此类问题，采取措施为：对浆砌石护坡进行清淤，察看淤积部位是否出现毛石松动等病害现象；对有毛石松动的浆砌石护坡进行加固，可采用M7.5水泥砂浆进行灌缝加固处理。

B. 灰土夯土坝

灰土夯土坝主要存在坝体表面风化剥落、坝底因河水侵蚀凹陷、局部不均匀沉降引起开裂、坝体因雨水冲刷形成冲沟、坝体表面被生活垃圾污染等病害。针对上述病害，采取针对性措施：清理坝体表面生活和建筑垃圾，恢复其原始面貌。

对出现裂缝部位用桃花浆（白灰加优质黏土，白灰：黏土＝4∶6）分层进行灌浆加固。（图5-4）灌浆做法为：先将裂缝中杂土清除，喷洒少量清水，泅湿表面；然后将裂缝外部用泥封堵，上部留有灌浆口；再用桃花浆从灌浆口灌注；浆灌满后，将口部用桃花浆封堵。

对于夯层被侵蚀成凹状部分，可采用3∶7灰土夯土块垒砌修补，垒砌后用桃花浆灌浆加固，夯土块修补时要注意与原夯层线保持一致。针对夯层坍塌且缺失较大的部位，必要时可采用原做法重新补夯。（图5-5）

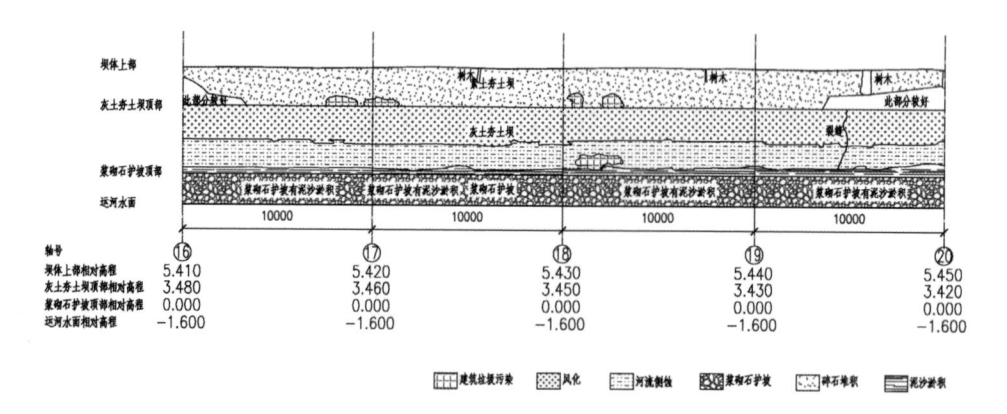

图5-4 谢家坝立面加固措施：局部轴立面图

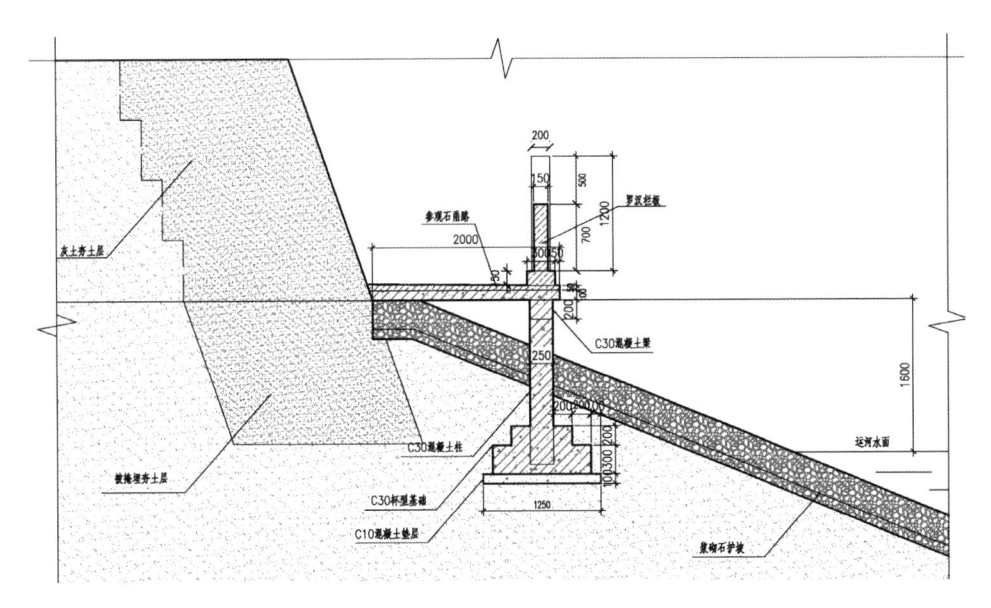

图5-5 夯土坝加固措施（1）

3∶7灰土制作方法：将生石灰经水泼灰后过筛（筛孔为5毫米），黄土过筛（筛孔为20毫米），泼灰与黄土按3∶7比例拌合均匀即可。

C.素土夯土坝

先清理素土夯土坝表层的垃圾、杂草杂树、浮土、碎石，拆除占压的建筑物和构筑物；然后采用原土夯实（夯实系数不低于0.90），夯至坝顶道路上皮，夯土每20厘米一步。由于素土夯土坝为后人所更改，其强度不如下层的灰土夯土坝，为确保夯土坝的强度，局部也可采用3∶7灰土夯筑，其夯土压实系数不低于0.93，夯土层宽度最小不小于1.2米，夯土收分按其下部原灰土夯土坝相应位置收分自然延伸至坝顶道路上皮（图5-6），夯筑过程中应注意对下层灰土夯土坝体的监测。

（2）遗址类遗产

遗址类遗产应注重河道与堤岸的真实性，需优先进行考古勘探，明确遗址范围和残损程度，既要保护文物本体，也应保护考古发掘现场。考古发掘现场往往是遗产真实性的重要证据，可针对河道或堤坝的考古切面，制定相应的保护措施。

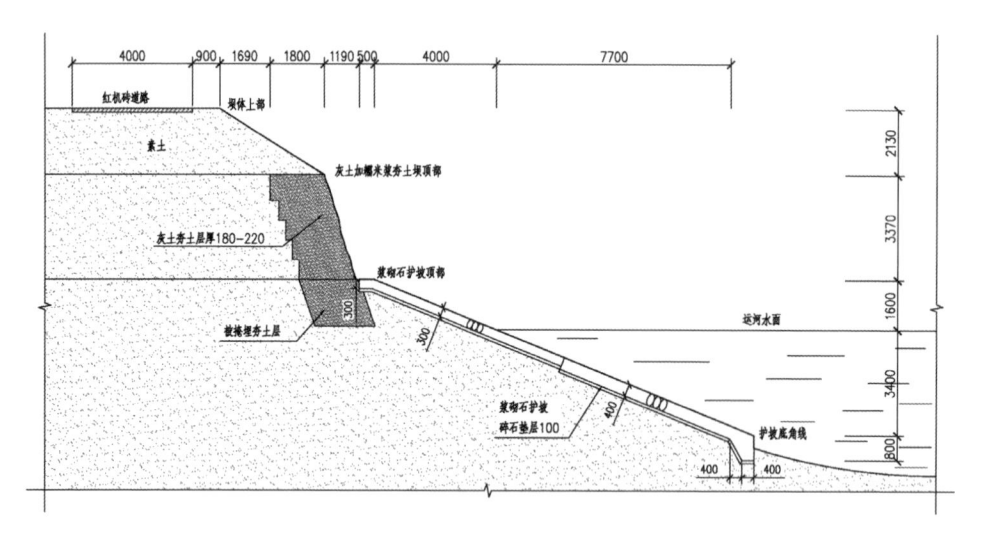

图5-6 夯土坝加固措施(2)

①考古勘探

针对遗址类大运河遗产,首先需组织考古、文物保护专业机构对遗产的保存现状进行调查、勘测和评估,明确文物位于地下或水下部分的结构、形制、材料和功能。考古勘探是遗址类遗产实施科学保护的先决条件,部分在用类遗产由于历史原因造成其位置、功能、形态等发生变化的,也应进行必要的考古勘探工作。(图5-7)

②施工现场清理

各项大运河遗产保护工程实施前,应对遗产本体保护范围进行清理,拆除占压河道、闸体闸台、河堤及河滩等遗产本体的房屋及临时建(构)筑物,清理周边植被、生活垃圾(图5-8、图5-9、图5-10);同时应注意收集散落的砖、石构件,并按所处位置分类存放,避免磕碰,以备再用。

③现状评估

大运河遗产现状评估是基于现状勘察,对文化遗产本体残损程度做出的判断与评价,现状评估结论与保护措施之间存在内在的因果关系。现状评估应有定性的评估结论,还应有定量的评估内容,包括残损位置、程度、范围等指标,应尽可能提供量化数据。残损程度决定修缮所应采取的方法,残损的范围决定修缮工

图5-7 华家口夯土坝考古勘探

图5-8 大运河河道整治前保存状况

图5-9 修缮之前寺前铺闸环境状况

图5-10 修缮之前柳林闸环境状况

程实施的范围。因此，现状评估内容极其重要，它是制定保护措施的直接依据。以华家口夯土坝现状评估为例，其现状评估状况如下：

A.该堤坝坝顶新铺红机砖道路，两侧长有树木，树木根系生长危及坝体安全。

B.局部堆积柴草、碎石、建筑垃圾、生活垃圾，导致坝顶排水不畅、污水下渗，对坝体有污染性破坏。

C.坝体外侧建有多座建筑物，占压坝体外侧堤脚，对遗产本体构成严重破坏。

D.灰土夯土坝在河流冲刷、冻融风化、雨水冲蚀、风力侵蚀的作用下，形成坝体表面风化、剥落、孔洞，进而造成坝体局部坍塌。

总之，华家口夯土坝及其赋存环境遭受到自然和人为因素影响，已形成严重破坏，应尽快制定必要的保护措施。

④制定保护措施

大运河遗产类型繁多，制定保护措施应基于保护并延续遗产价值之目的，根据不同遗产类型以及遗产残损程度，甄选亟需采取的保护措施。

保护措施不可千篇一律，不可盲目套用其他地方成熟的做法，应根据勘察结论，遵循"四原"原则实施修缮工程。因此，制定保护修缮措施前，应认真研究遗产的原形制、原结构、原材料和原工艺，尽量使用或还原传统工艺，确保文物本体的真实性与完整性。

⑤保护案例解析

下面以大运河水工设施利建闸为例，解析遗址类遗产的修缮设计方法。利建闸是大运河济宁段的重要水工设施，位于微山县南阳镇建闸村中部，北纬35°3′43″、东经116°44′31″，海拔33米。根据文献记载，船闸始建于元代，利建闸受黄河决溢淤积的影响，南阳至留城一段的运道被迫东移。明嘉靖四十五年（1566）修建，乾隆三十五年（1770）重修，自南阳经三河口过夏镇至留城，"建闸九，减水闸二十"。利建闸是九座节制闸之一，清代康熙、乾隆两位皇帝下江南时途经此处。

A.建筑形制研究

船闸呈八字形，由石块砌成，底部保存完好，船闸之间为木闸板。根据现场勘察，其形制与清工部《工程做法则例》中单孔闸的形制类似。（图5-11）利建闸为双闸台对称布置，每侧闸台由上迎水雁翅、由身、下分水雁翅、河堤或坝四部分构成，上迎水雁翅长13米，由身长7.2米，下分水雁翅长17.5米，金门宽7.4米。利建闸基础采用木质桩基，预防闸体沉降；桩基上夯槽底三合土（白灰与素土掺和夯打而成）；后铺墁条石或青砖作为底石；闸台外侧用石灰岩石质（青石）包砌（称为墙面石）；墙面石内侧砌筑300mm×150mm×70mm青砖（俗称为河砖）；河砖内侧夯打三合土，确保闸台稳定。闸台顶部铺墁压面石。闸台由身中部凿制闸板插口，用来放置闸板，起到节制水流的作用，闸板底部安置万年枋以连接闸台。

B. 残损状况分析

大运河遗产的残损状况分析是实施保护措施的依据，应针对遗址的保存状况，分部位记录其残存程度（表5-1），并分析造成残损的破坏因素。造成利建闸残损的主要因素可分为物理因素、化学因素、生物因素以及人为因素四大类。（表5-2）

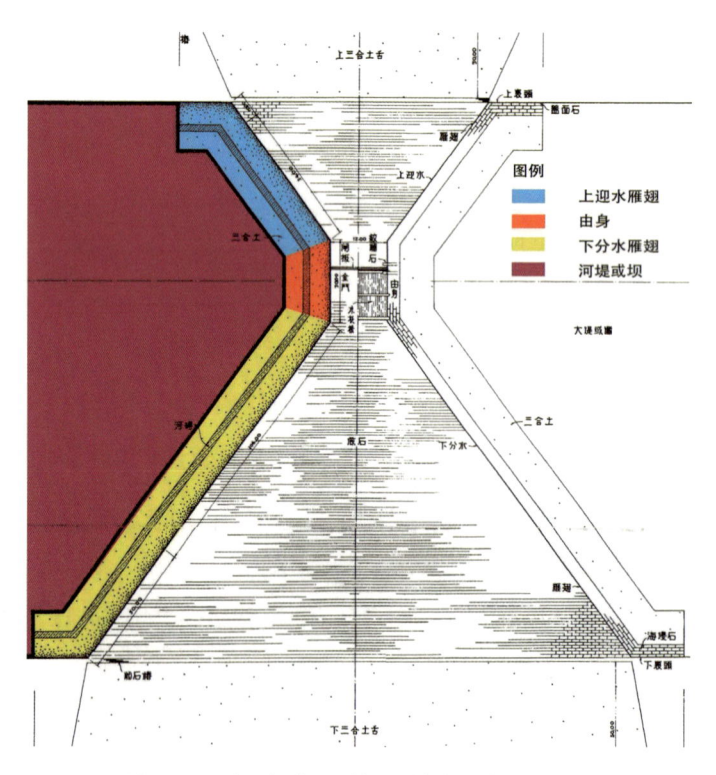

图5-11 清工部《工程做法则例》中单孔闸形制

表5-1 利建闸北闸台残损情况及破坏因素

勘察部位		现状和残损记录	破坏因素
底石		按清式河闸做法，两座闸台间有底石铺墁以抵抗水流，此闸处于微山湖湖水之间，将河水抽干后，经考古勘探发现，部分底石存在移位现象，整体保存状况较好	
压面石		闸台压面石全部缺失，现存闸体被湖水掩埋，生长杂草	Ⅲ类
墙面石	上迎水雁翅	40%的雁翅石坍塌、缺失，保留部分现被湖水泥浆掩埋，湖面生长杂草，将湖水抽干后发现，其下部保存相对完整，上部缺失严重	Ⅳ类
	由身	30%由身墙面石坍塌、缺失，保留部分现被湖水泥浆掩埋，将湖水抽干后发现，其下部保存相对完整	
	下分水雁翅	40%的雁翅石坍塌、缺失，保留部分现被湖水泥浆掩埋，湖面生长杂草，将湖水抽干后发现，其下部局部残缺	
河砖		40%河砖坍塌、缺失，保留部分现被湖水泥浆掩埋，清理后发现，河砖酥碱严重	Ⅳ类
三合土		树木及杂草丛生，多处被上部建筑物占压，经考古勘探，其残损毁坏严重	
河堤或坝		河堤上用闸体墙面石垒砌墙体，残损缺失严重，其中大量砖石被周边村民拆除，用于其自家房屋建筑基础或墙体	

C.现状评估

利建闸作为大运河遗产具有较高的真实性和实证价值，北侧闸台由身与雁翅主体被湖水泥浆掩埋，南侧闸台下分水雁翅高出运河水平面的结构仅保留着较完整的一小部分（图5-12），其余墙面石松散、坍塌严重。该闸周边后建民居侵占大量河堤（图5-13），生活垃圾随处倾倒，造成河道与周边区域污染严重，居民在湖中撒网捕鱼（图5-14），造成湖水污染严重，水质较差。

D.修缮措施

组织考古、文物保护专业机构对利建闸保存现状进行调查、勘测和评估，明确遗产本体位于水下部分的结构、形制、材料和功能。从清除石构件表面及勾缝处水泥砂浆、归安走闪变形石构件、防护风化酥碱石构件、加固酥裂石构件、修补残缺石构件、补配严重残损和缺失石构件、剔补和补砌河砖、修补三合土、剔

表5-2 利建闸破坏因素分类分析表

类型	破坏因素	破坏方式	破坏机理
Ⅰ类	物理因素	热胀冷缩导致的剥离现象	白天闸体在阳光下暴晒，温度快速升高，表面体积膨胀；夜间迅速降温，闸体冷却收缩。闸体内部由石块、砖体和夯土等不同结构组成，各部分膨胀系数不同，在长期胀缩作用下，致使闸体结构出现脱节
		冻结与融化导致的冰劈现象	浸入空隙中的水结冰时体积膨胀，产生强大的压力，超过了文物所能承受的压力，从而扩大原有空隙，在文物表面产生微裂隙，冰融化成水后，水填充微裂隙，并继续向文物内部浸入。在如此反复冻融作用下，文物本体出现裂纹及表面剥落
		结晶与潮解导致的晶胀现象	石孔内部存在的水分子和可溶性盐长期受到毛细作用的影响，在昼夜温度变化下，岩石孔隙中的水分不断吸入、蒸发，致使盐分析出产生结晶，进而导致石料酥碱变质
		风力剥蚀	风力可使石质文物表层已经疏松的颗粒剥蚀掉，暴露出新的表层，致使风化作用向深层发展
		机械损伤	外力扰动、受力不均、地基沉降、自身构造等引起的文物本体开裂现象，这类裂隙多深入文物内部，严重时会威胁到文物的整体稳定，裂隙交切、贯穿会导致文物整体断裂与局部脱落
		雨水侵蚀	大气降水随地势形成地面径流，对夯土形成冲刷作用，侵蚀坝体根基，对本体造成严重破坏。夯土表面在水分子作用下溶化，干燥后又形成一层脆弱的外壳，遇到震动、触碰或热胀冷缩时，则出现大面积剥落
Ⅱ类	化学因素	表面溶蚀	长期遭受雨水冲刷作用，在文物表面形成坑窝状的溶蚀坑与溶蚀沟槽，酸性降雨会加剧这一现象。如长期作用于石灰岩，会使之疏松，逐渐粉化
Ⅲ类	生物因素	树木、杂草的根劈作用	树木、杂草生长于文物本体裂隙之中，植物根系生长，对文物本体构成破坏，逐步造成本体开裂
		苔藓、地衣与藻类菌群、霉菌腐蚀作用	生物新陈代谢及其遗体腐烂后和文物本体发生化学反应，导致文物表面产生坑窝状风化
Ⅳ类	人为因素	人为破坏及人类活动	不适当的工程建设直接或者间接地对文物本体造成不良影响
		不恰当的修缮方式	没有按照原有的建筑性质进行修缮，以及在修缮过程中使用不恰当材料等

5 大运河遗产保护设计方法

图5-12 利建闸抽水后露出淤泥河道和闸槽

图5-13 后建建筑占压、破坏利建闸雁翅

119

补夯土和清理植被等方面完善主要技术措施和做法说明。(图5-15、图5-16)该工程难点问题是抽水围堰,河水与四面微山湖的湖水相连,四周向河道不间断地渗水,给施工带来极大难度。为防止抽水后,由身与雁翅侧向力压力过大导致坍塌,采取边抽水边施工的方式,主要河道部位采用了抛石做法以巩固雁翅基础。

5.2 环境整治措施

大运河环境整治要点包括河道水环境监测及水体生态治理、滨河景观整治等内容。

5.2.1 河道水环境监测及水体生态治理

(1)整治原则

①绿色环保原则

绿色环保原则是大运河遗产周边进行环境整治必须遵循的原则。应当严格控制大运河遗产保护区划范围内以及相邻区域的水污染、大气污染及其他污染排放。

秉承绿色发展的理念,全面治理大运河水污染,对水质实施监测,确保水质满足环保要求。严禁两岸污水排放、垃圾倾倒等行为,对此类行为应实施严格管控。大运河遗产核心区实施的水环境监测与水体生态治理工程应绿色环保。大气污染虽然对大运河遗产影响相对较小,但大气污染导致的酸雨对遗产本体影响较大,应当完善相关治理措施,控制污染源,严禁污染气体排放。

②长效原则

大运河河道水环境监测及水体生态治理应坚持长效原则,建立健全长期监测、长期治理的管理机制。大运河水体生态治理工作不可能一蹴而就,也不可仅仅停留在暂时性、阶段性成果之上,应坚持日常性监测和经常性治理。

(2)整治方式

针对大运河河道的整治方式包括水体生态整治、河道清淤、航道疏浚、湿地公园建设、水网建设等。

图5-14 利建闸河道环境

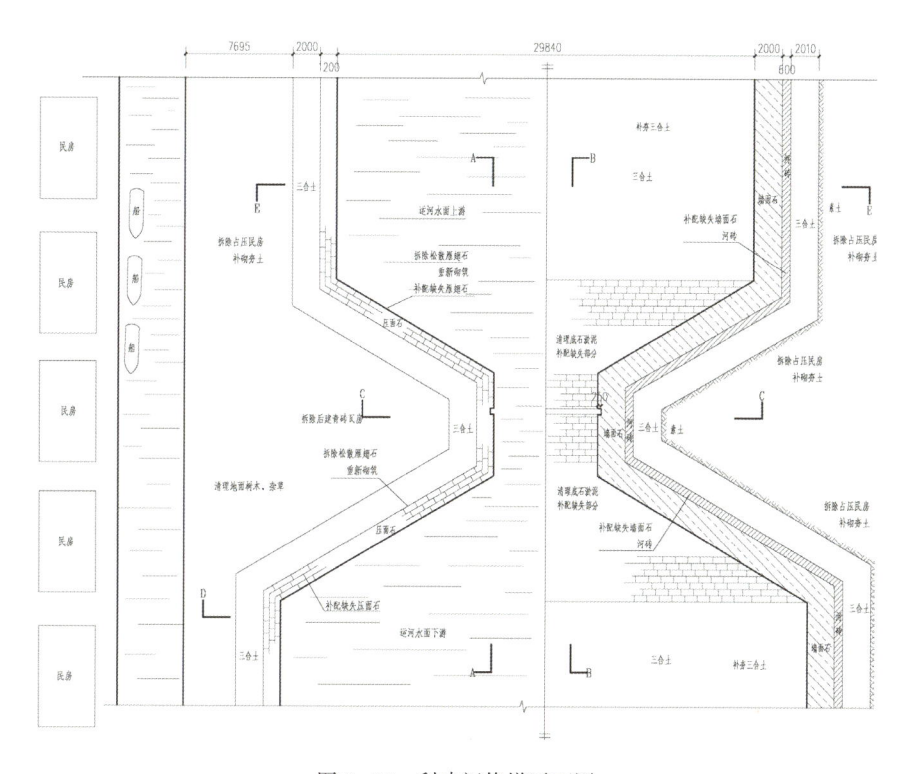

图5-15 利建闸修缮平面图

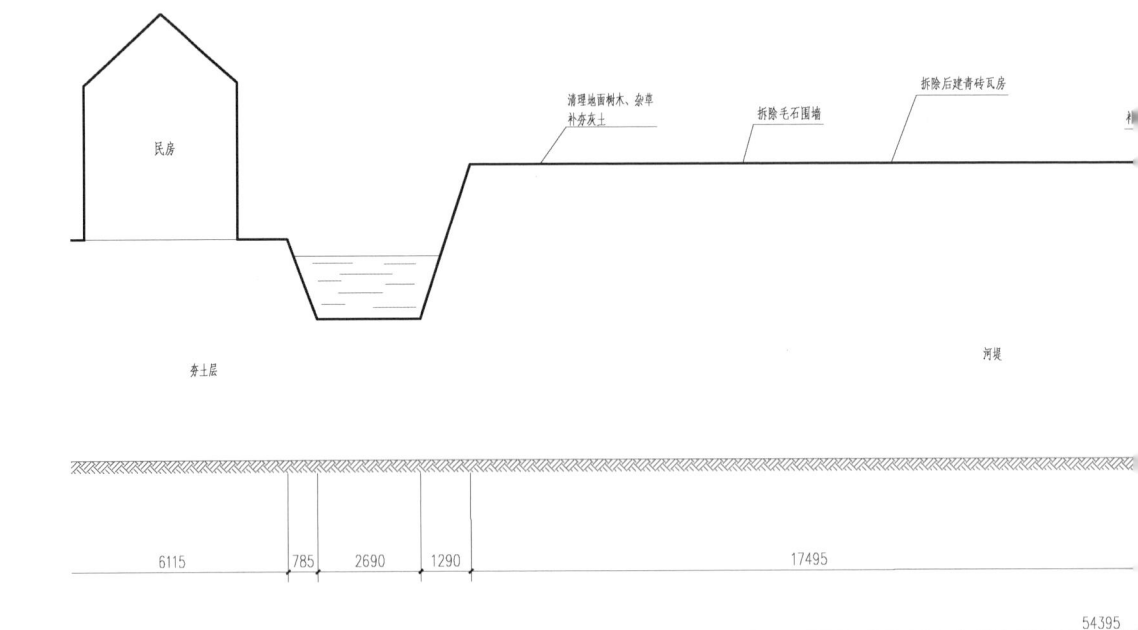

图5-16 利建闸修缮立面图

（3）整治要点

整治要点有以下几个方面：推动河道水体生态治理；定期实施河道清淤和航道疏浚工程；实施河道综合治理项目，有条件的河段可建设湿地公园。

针对我国北方部分大运河已经断流的河段，实施景观提升及生态修复工程；有条件的河段，可恢复通水通航。可推进城市内河道、自然河流与大运河连通，必要时可实施水网全面连通工程。合理利用雨水、洪水和城市再生水，补充河道生态用水，借助城市水网实现统一配置水资源。促进活水循环，逐步恢复河道水生态系统，提高运河水体的自净纳污能力，加快水质还清。

同时，应对水环境进行全面监测，摸清大运河水环境质量现状，排查沿线排污口和污染源；明确水质达标的标准以及奖惩机制；在沿线设置监测点位，实施定时监测制度，及时掌握大运河水质状况，完善沿岸垃圾处理，促进大运河水环境的保护与提升。（图5-17）

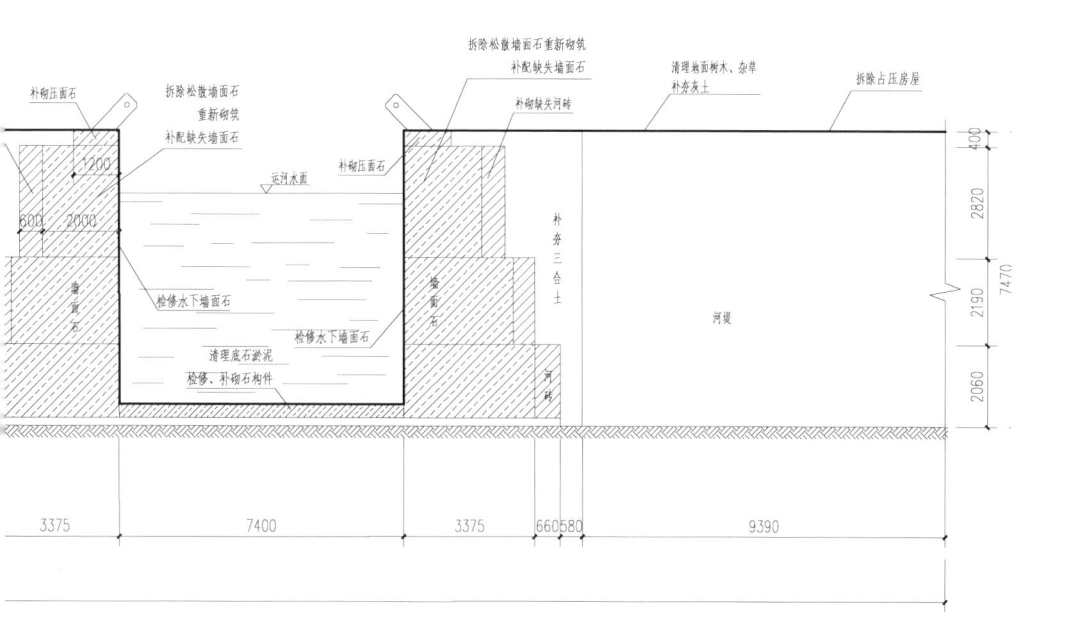

5.2.2 滨河景观整治

（1）整治原则

①风貌协调原则

大运河遗产周边建（构）筑物的整治应以风貌协调为主，通过对其建筑形制、风格、色彩、高度等因素进行控制，使之与大运河文化遗产本体及其所赋存的历史环境相协调。应保护大运河遗产历史环境要素以及现存优美的环境风貌；应适度恢复历史环境，切忌刻意打造新的景观环境。

②可持续发展原则

大运河滨河景观整治工程应符合可持续发展的原则，反对"大拆大建"式的改造。景观整治工作应在充分研究滨河景观历史环境的前提下，挖掘该历史环境的内涵，采用渐进式的改造措施，在建筑改造及空间营造中逐步呈现大运河所蕴含的历史文化，体现文化遗产的传承与发展。整治改造还应秉承可持续发展的理念，为后代发展留有空间。（图5-18）

◇ 大运河遗产保护理论与方法

图 5-17 大运河城镇段水环境提升

图 5-18 大运河德州码头遗产

124

（2）整治方法

大运河遗产周边滨河景观环境复杂多样，整治措施与方法也不尽相同，下面介绍拆除、恢复和改造三种常用的整治方法。

①拆除

拆除是对占压、侵占文化遗产本体的建（构）筑物进行解体与移除的措施。针对由于历史原因造成的占压或侵占和近期的非法侵占，其拆除措施应有所不同。历史上，部分紧邻大运河的城镇及村落，随着社会发展、人口增加而向四周延展，逐步占压了大运河河滩、河堤，尤其遗址类大运河河段，此类占压现象更为严重。在《中华人民共和国河道管理条例》出台之前就已经形成此类局面，建设人员甚至已经合法取得了宅基地证书或房产证，针对此类侵占，应视遗产本体的重要程度，评估建（构）筑物对大运河遗产本体及其赋存景观环境的破坏程度，分类分期确定整治措施：其中对遗产本体及环境影响较小、不存在因蓄水或清理河道需紧急拆除情况的建（构）筑物可暂且保持现状，对实施本体保护工程构成直接轻度影响的可采取远期逐步拆除的措施，对文物本体安全构成严重影响的应尽快予以拆除。而针对近期非法侵占遗产本体的建（构）筑物则应当尽快全部拆除。（图5-19）

②恢复

恢复是对已经灭失的历史建筑、环境要素等在有充分依据的前提下，科学予以修复的过程，是对历史建筑及环境的再造，包括对大运河周边建（构）筑物和历史景观环境的恢复。恢复的建筑并非文物建筑，其价值无法与大运河本体及相关附属文化遗产相提并论。恢复建（构）筑物等应当控制其形制、颜色、规模、风格等，避免对文化遗产本体及其赋存环境造成新的破坏。

③改造

改造是为使现有建筑与文化遗产本体及其赋存环境相协调而对其建筑形态实施的整治措施。被改造的建筑一般存在建筑超高、体量过大、建筑形式及色彩不协调等问题，可采取降低层数、减小体量、改造建筑外观形式、调整建筑色彩等改造方式。历史街区改造常用的建筑立面改造、增加仿古屋檐等做法也适用于大运河周边历史街区及普通房屋的改造。改造效果追求与遗产环境的整体协调，对

图 5-19 大运河沿岸近期新建的违章建筑

具体改造的工艺、做法等不做过细的要求。(图 5-20)

(3) 整治要点

大运河沿线滨河景观整治要点包括：对大运河沿线的景观环境进行先设计后改造；推动大运河沿线城市、乡镇和村庄等不同层级的整治改造，对城镇中沿岸棚户区进行全面拆改，对普通村庄进行升级改造，对郊野环境建（构）筑物进行梳理。可采取对超高超大建筑进行降层、缩小体量处理，调整建筑表皮做法，调整建筑整体外观形式，明确大运河两岸建筑主要色彩基调等措施。

5.3 景观环境营造

5.3.1 注入传统元素

营造景观环境离不开地方文化传统。历史上，大运河的漕运以及商业来往促进了沿岸城乡的发展，形成了不同特色的地域文化传统。但由于大运河长期不受重视，运河现象风貌变化较大，部分滨河城镇与乡村的历史风貌和传统元素已荡然无存，取而代之的是毫无价值的新建区、棚户区等。因此，适当注入传统元素对提升大运河整体景观质量是十分必要的。

5.3.2 塑造文化氛围

文化氛围的塑造应与大运河的历史文脉、地域文化相结合。脱离了地域文化和大运河文化，其文化氛围的塑造就将成为无源之水、无根之木，缺少生命力。大运河沿线保留了大量非物质文化遗产，非物质文化遗产元素的植入是营造文化氛围的重要手段。应当创造性地塑造大运河的文化氛围，可通过举办各类民俗活动、现代娱乐活动，增强民众的参与性，强化活态遗产的保护。

5.3.3 打造精品景观

塑造高品质精品滨水景观有两个要点：一是注重传承，不能凭空臆造，加强对大运河的历史、社会、人文、环境、植被等各种景观因素的研究与发掘；二是景观不在于多而在于精，应坚持精品意识，避免千篇一律的重复性建设，打造精品景观，塑造优美生态环境。

打造高品质精品滨水景观的具体手法包括萃取、物化和融合三种形式。（图5-21）

（1）萃取

从大运河沿线文化遗产、历史古迹等丰富的人文遗迹中挖掘其文化内涵，通过萃取的方法凝练精品内容，作为体现大运河文化的核心元素，并以此为基础，从观水、近水、滨水等多视角构筑新的设计理念，进而形成大运河文化景观的创新性建构方法。

（2）物化

将非物质文化遗产、历史典故等文化元素，通过传习所、展演空间等公共文化展示场所的营造，提供交流展示的平台；通过雕塑、景观小品等公共艺术形式，将大运河遗产所蕴含的文化内核予以物化，结合不同点段大运河遗产的特征和大

◇ 大运河遗产保护理论与方法

在建筑外立面上镶贴仿古面砖，用精美砖雕装饰山墙。或在建筑外立面下碱及边角镶贴仿古面砖，墙心抹平后用白色涂料进行喷涂

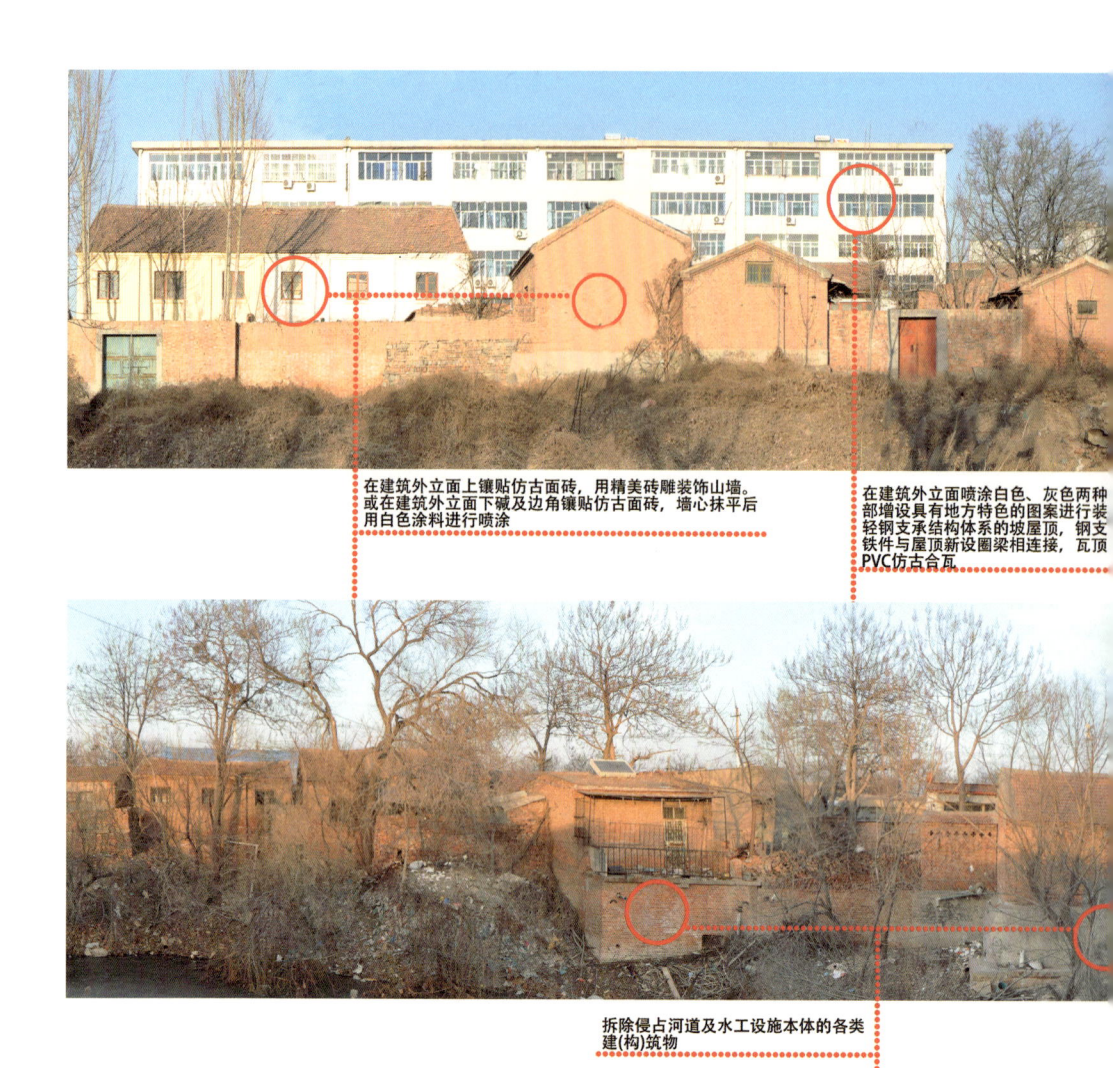

在建筑外立面喷涂白色、灰色两种部增设具有地方特色的图案进行装轻钢支承结构体系的坡屋顶，钢支铁件与屋顶新设圈梁相连接，瓦顶PVC仿古合瓦

拆除侵占河道及水工设施本体的各类建(构)筑物

图5-20　大运河临清沿岸建筑立面整治

128

5　大运河遗产保护设计方法　◇

瓦顶选用深灰色PVC仿古合瓦替换原有红瓦顶

院落大门宜选用黑色、深红色涂料进行喷涂

去除外立面上与传统风貌不协调的构件及装饰，选用深灰色PVC仿古合瓦替换原有红瓦顶

立面上与传统风貌不协调及装饰，选用深灰色PVC替换原有红瓦顶

清理整治范围内的垃圾，运送至垃圾处理厂统一处理，增设垃圾收集装置，禁止向运河河道、河岸倾倒垃圾

在建筑外立面上镶贴仿古面砖，用精美砖雕装饰山墙。或者在建筑外立面下碱及边角镶贴仿古面砖，墙心抹平后用白色涂料进行喷涂。瓦顶选用深灰色PVC仿古合瓦替换原有红瓦顶

129

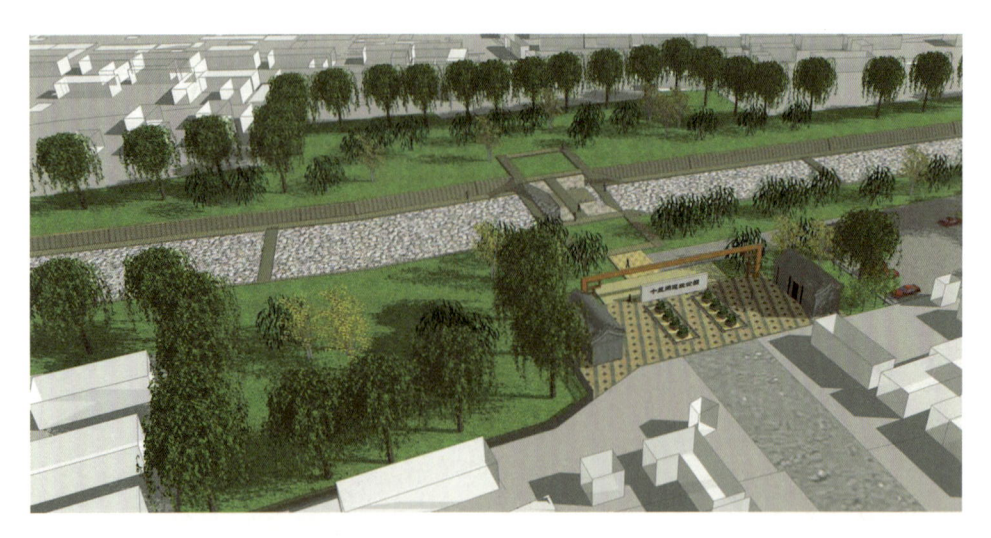

图 5-21　大运河十里闸周边整治效果图

运河两岸现有景观维护绿色生态空间、保护历史文化遗迹、完善大运河绿道系统，打造重要文化景观节点，提升大运河景观的文化氛围，使之成为"讲好运河故事"的集中载体。

（3）融合

人工营造的大运河景观应与自然景观有机融合，避免生硬植入。营造大运河的历史氛围和亲民环境，必要时可修建观水、近水等亲水设施。亲水栈道与观景平台建设应当考虑文物本体的安全，避让遗产核心区，不可破坏遗产的环境风貌。亲水设施应与大运河遗产环境有机融合，与周边环境共同构成优美的大运河景观线。例如，戴村坝是大运河南旺水利枢纽工程的重要组成部分，承担了截流大汶河河水，通过人工河道小汶河给南旺分水枢纽供水，在戴村坝的周边修建栈道与观景平台等滨水设施（图5-22、图5-23），对大运河遗产本体影响相对较小，却能起到提升游客参观体验的作用，这正是一种景观节点融合手法的有效运用。

5 大运河遗产保护设计方法

图 5-22 戴村坝滨水栈道设计

图 5-23 戴村坝观景平台设计

131

5.4 相关遗产保护方法

5.4.1 建筑类遗产

建筑类遗产是大运河遗产的重要构成。历史上，管理大运河的各级衙署、收取税银的钞关、商业会馆，以及与大运河水运有关的龙王庙、妈祖庙等，均是以建筑物的形式呈现。下面以建筑类遗产临清钞关为例，阐释此类遗产的修缮保护方法。

清代之前，大运河沿岸设置了八大钞关，作为大运河沿岸古代官府收税的场所，现仅存临清钞关一座，临清钞关是一组特殊类型的古建筑群。

（1）勘察报告

①临清运河钞关概况

临清运河钞关地处山东省临清市老城区南部，地理坐标为东经115°41′31.67″，北纬36°50′21.86″。钞关位于临清市后关街京杭运河西岸，东距京杭大运河（明代会通河）100米，西距漳卫运河400米，南为运河入卫处，北有元代会通河故道。钞关始建于明代宣德四年（1429），至清光绪二十七年（1901）运河漕运停止，钞关署治遂废。临清钞关不同于一般官府建筑采用坐北朝南的布局方式，为便于靠岸船主上岸缴纳税银，钞关主建筑群采用坐西朝东的布局。钞关占地面积3633平方米，是明、清两代中央政府设于运河上督理漕运税收的直属机构，也是目前仅存的一处运河钞关。

临清运河钞关院落格局基本保留，院内有仪门、南穿厅、南衙皂房、北穿厅、北衙皂房等建筑物。（图5-24）

②历史沿革

明代宣德四年（1429）临清运河钞关建成。明代宣德十年（1435）临清运河钞关升为户部榷税分司，由户部直控督理关税，下设五处分关。明代万历二十七年（1599）税监马堂横征暴敛，激起民变，临清手工业者以编筐工人王朝佐为首，焚烧了马堂署，即临清运河钞关。清乾隆十一年（1746）重修了临清运河钞关公署。清光绪二十七年（1901）运河漕运停止，临清运河钞关署治遂废。

1931年临清运河钞关署治改为国民党鲁北民团军总指挥部。1945年临清解放后，临清运河钞关署治变为中共临清市委市政府机关所在地。20世纪60年代后为临清市二轻局使用管理，1997年临清市二轻局迁出，交由临清市博物馆保护管理，2000年重修临清运河钞关仪门，并对南、北穿厅进行了维修，2001年被公布为全国重点文物保护单位。

③平面布局及单体建筑形制

临清运河钞关坐西朝东，建筑面积439.26平方米。主要建筑以仪门为中轴线沿两侧布局。仪门北侧由南至北为北穿厅、北衙皂房，仪门南侧由西至东为南穿厅、南衙皂房，仪门以西院落为遗址展示区，北穿厅和北衙皂房之间院落用砖铺墁。

A.南穿厅

坐南朝北，面阔三间，进深两间，前出廊。（图5-25）通面阔10.28米，通进深7.83米，建筑面积80.49平方米，为单层筒瓦屋面木结构硬山式建筑。（图5-26、图5-27）

建筑四周以390mm×290mm×125mm青砖压面，台帮为青砖砌筑。用295mm×245mm×80mm青砖做一顺出糙墁散水，外侧栽240mm×120mm×60mm青砖牙子一道。

明间前檐柱和抱厦柱子下为鼓镜式方形柱顶石，其余为素面方平柱顶石。廊步地面为420mm×420mm×70mm方砖十字错缝铺墁，室内为木地板铺墁。

前檐柱为直径240毫米的木柱，抱厦柱子为直径200毫米的木柱。前檐柱与金柱之间用抱头梁进行连接，抱头梁下有随梁枋；前檐柱、前金柱、后金柱上承托承重梁，后檐柱和后金柱承托承重梁（图5-28），两承重梁搭交在后金柱上，前后承重梁上置四根瓜柱，南北两根瓜柱上承托下金檩，中间两根瓜柱承托三架梁，三架梁上置瓜柱承托脊檩（图5-29）；檩部结构，前檐为檩、垫板、枋子三件，其余为檩、枋两件。

历史上进行过多次维修，导致墙体砌筑方式存在多种样式。前檐室外下碱为240mm×120mm×60mm青砖淌白十字错缝砌筑，上身抹灰刷白；室内墙体抹

◇ 大运河遗产保护理论与方法

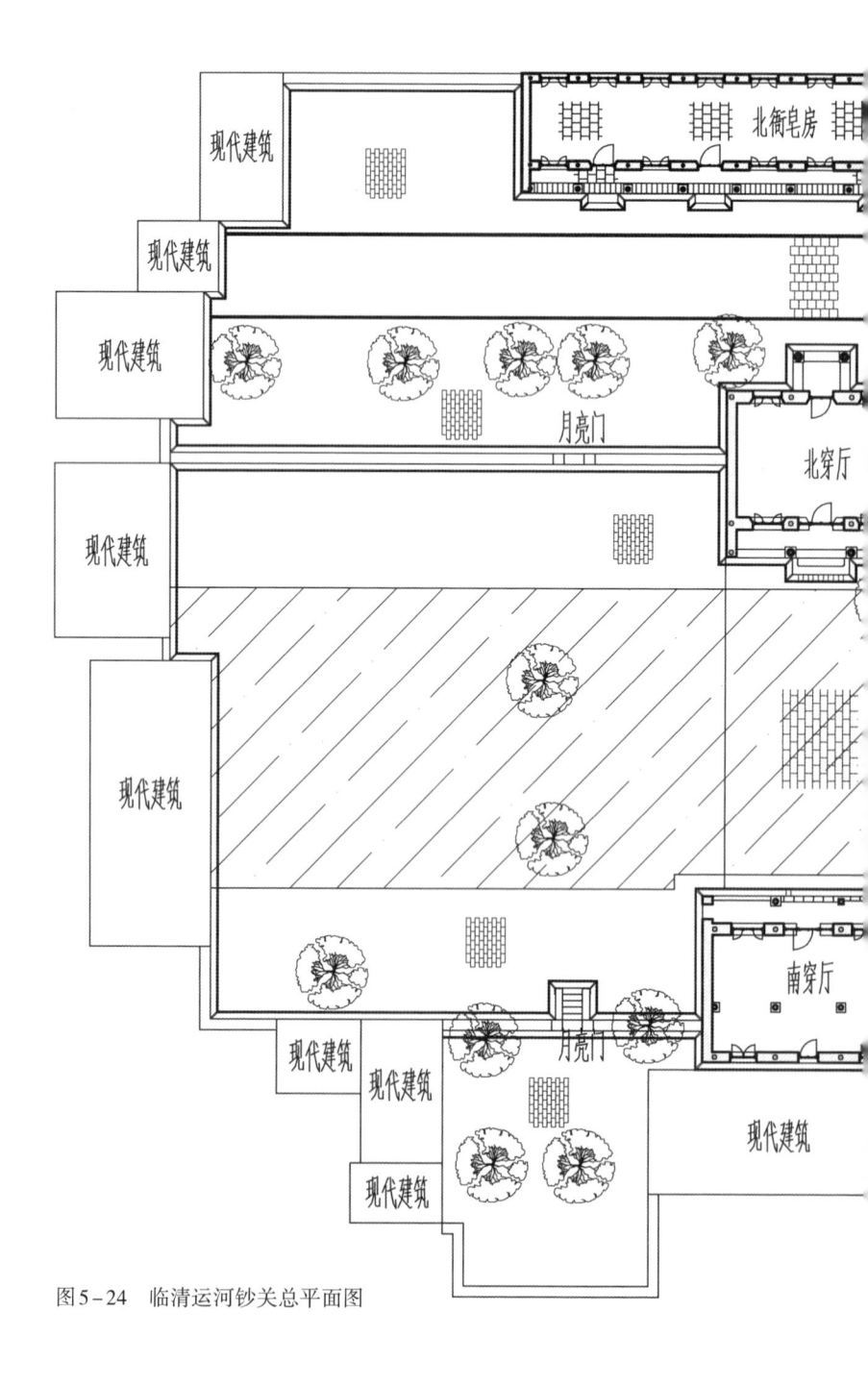

图5-24 临清运河钞关总平面图

5　大运河遗产保护设计方法

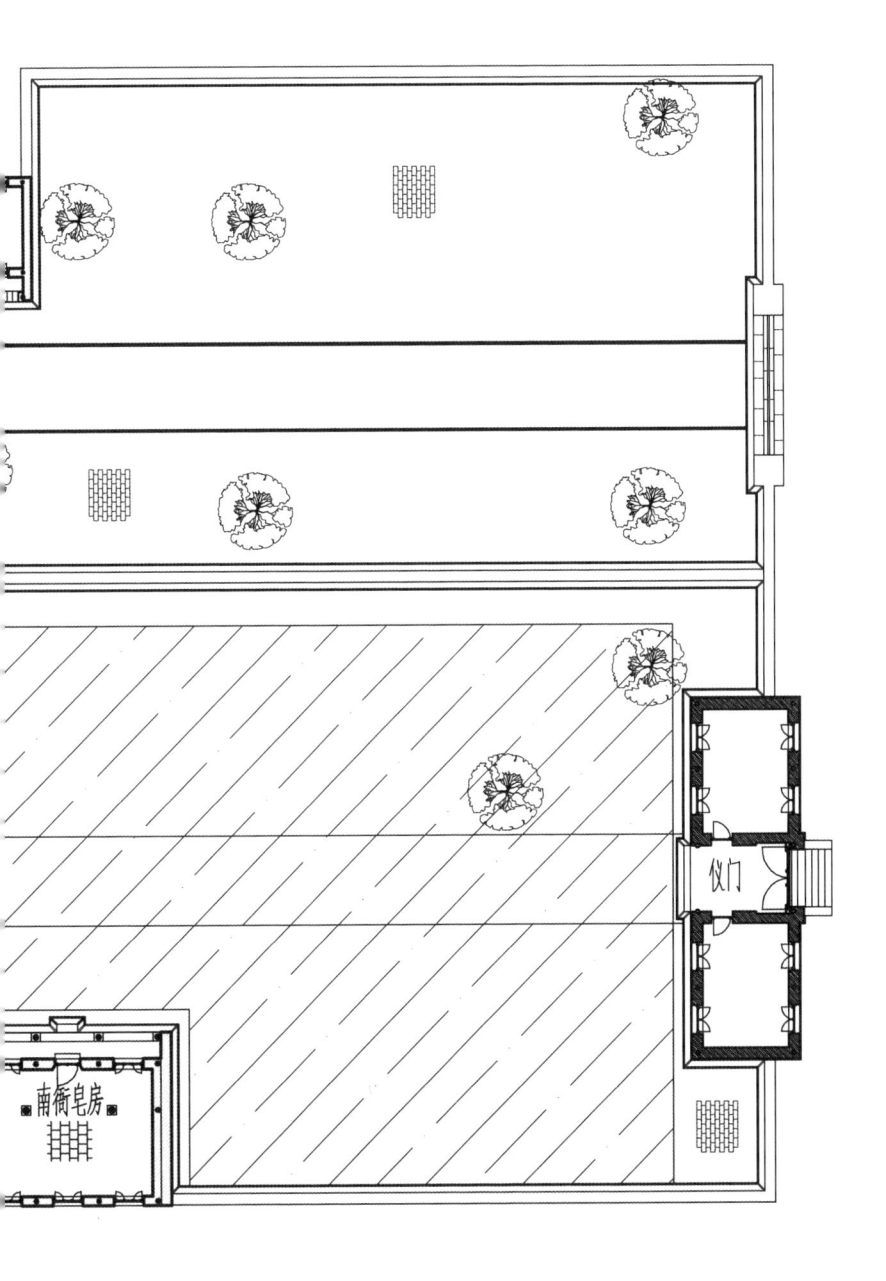

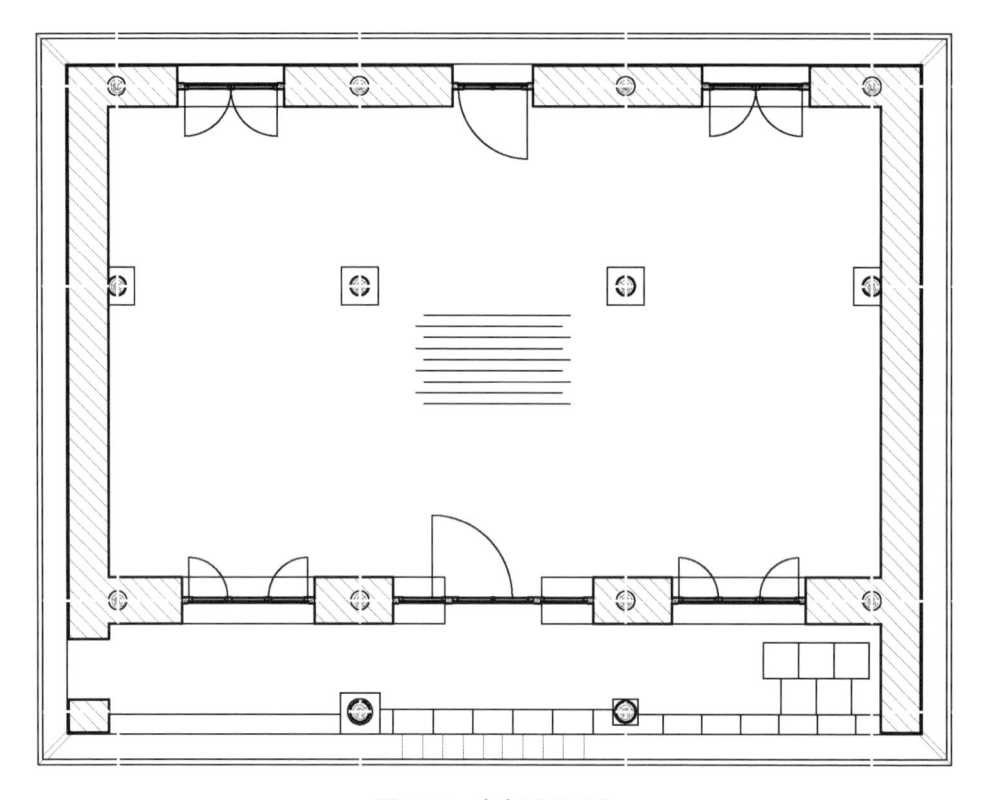

图 5-25　南穿厅平面图

灰刷白，墙体上有发券门洞和窗洞。后檐室外为 240 mm × 120 mm × 60 mm 青砖淌白砌筑，上出三层冰盘檐；室内为抹灰刷白，墙体上有发券门洞和窗洞。两山墙室外为 240 mm × 120 mm × 60 mm 青砖淌白三顺一丁砌筑，室内抹灰刷白，前檐砖砌墀头，墀头部分为青砖淌白陡砌，西山墙廊步有券门。

前檐木装修安装在前金柱轴线上，明间中为一扇三抹四块玻璃心屉门，上为三块玻璃心屉固定窗，门两侧各为一扇两抹三块玻璃心屉槛窗，上为一块玻璃心屉固定窗；次间为三扇两抹五块玻璃心屉槛窗，上为三块玻璃心屉固定窗。后檐木装修安装在后檐柱轴线上，明间为一扇三抹四块玻璃心屉门；次间为两扇两抹三块玻璃心屉槛窗，上为三块玻璃心屉固定窗。

檩上铺钉方椽，室内方椽上为望砖，檐头附件由连檐、瓦口构成。采用布瓦与筒瓦屋面，两山为铃铛排山，施正脊、垂脊，施望兽和仙人；瓦件尺寸为

图5-26 南穿厅南立面实景图

图5-27 南穿厅立面图

图5-28　南穿厅室内梁架

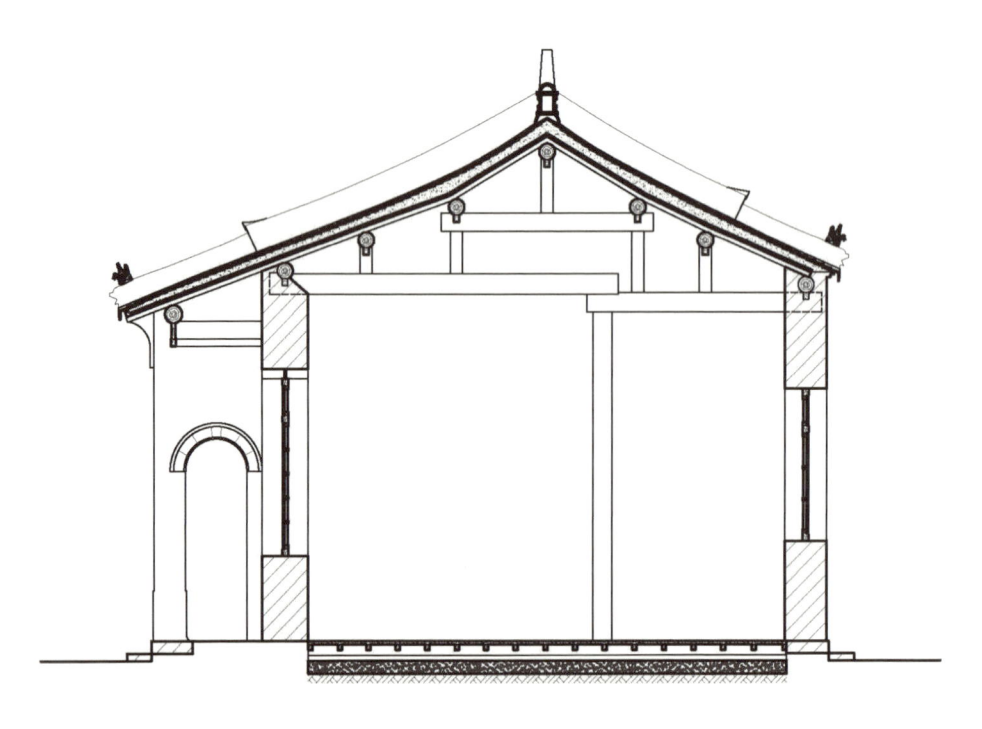

图5-29　南穿厅剖面图

145mm×195mm。上下架大木、木基层及装修均用单皮灰地仗,大木构件均用铁红断白。

B. 南衙皂房

坐北朝南,面阔三间,进深两间,前出廊。(图5-30)通面阔9.2米,通进深7.81米,建筑面积为71.85平方米,为一层木结构合瓦屋面硬山式建筑。(图5-31、图5-32)台明四周以420mm×120mm阶条石压面,前檐明间置一步如意踏跺,台帮用青砖砌筑。用295mm×245mm×80mm青砖做一顺出糙墁散水,外侧栽240mm×120mm×60mm青砖牙子一道。柱顶石为素面方平柱顶石。廊步和室内地面为220mm×190mm×40mm青砖十字错缝铺墁。

前檐柱直径为210毫米,后金柱子直径为240毫米。前檐柱与前金柱之间用抱头梁进行连接;前后金柱之间用双步梁进行连接(图5-33),双步梁上承托两根瓜柱,两根瓜柱上分别承托檩条;后金柱和后檐柱上承托承重梁(图5-34),承重梁上置四根瓜柱,南北两根瓜柱上承托檩条,中间两根瓜柱承托顶梁,顶梁上承托脊檩(图5-35),纵向脊瓜柱之间有枋子进行拉结;檩部结构,前檐为檩、枋子两件,其余为檩一件。

前后檐墙和两山墙室外为240mm×120mm×60mm青砖淌白三顺一丁砌筑;室内下碱为240mm×120mm×60mm青砖淌白三顺一丁砌筑,上身为墙面抹灰刷白;前檐墙体上有发券门洞和窗洞;后檐为封后檐,出五层带砖椽冰盘檐,墙体上有发券窗洞;山墙前檐砖砌墀头。

前檐木装修安装在前金柱轴线上,明间为一扇三抹四块玻璃心屉门,上为三块玻璃心屉固定窗;次间为三扇两抹三块玻璃心屉槛窗,上为三块玻璃心屉固定窗。(图5-36)后檐木装修安装在后檐柱轴线上,每间为三扇两抹四块玻璃心屉槛窗,上为三块玻璃心屉固定窗。

檩上铺钉方椽,室内方椽上为望砖,椽头有挂檐板,檐头附件由连檐、瓦口构成。为布瓦与筒瓦硬山屋面,两山用铃铛排山,施垂脊,筒瓦尺寸为145mm×195mm。上下架大木、木基层及装修均为单皮灰地仗,大木构件用铁红断白。

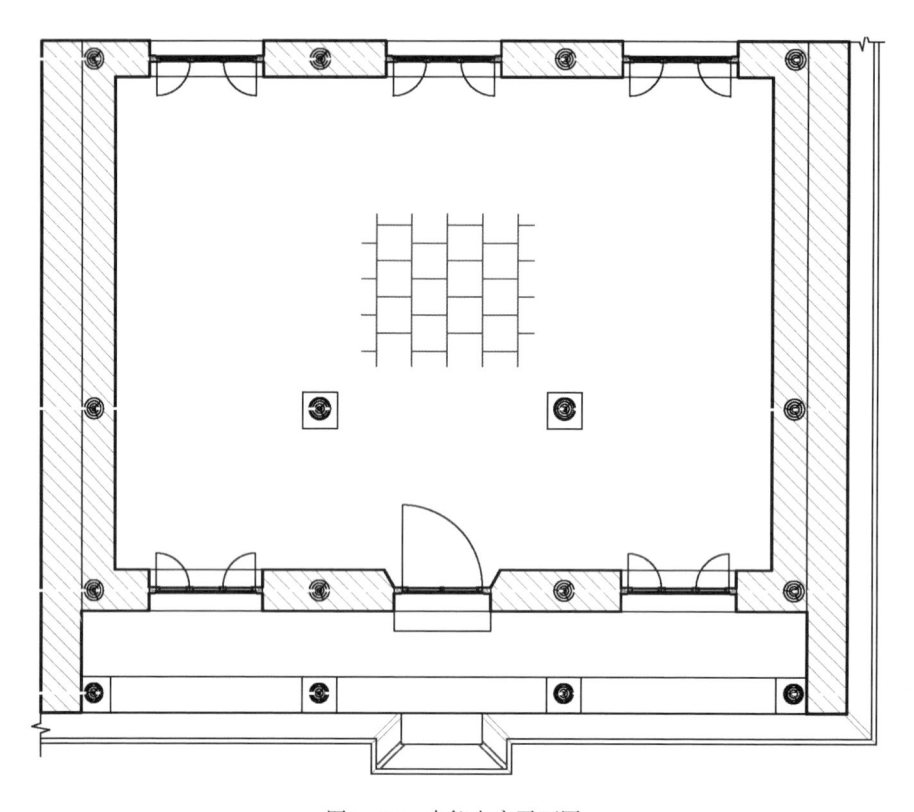

图 5-30　南衙皂房平面图

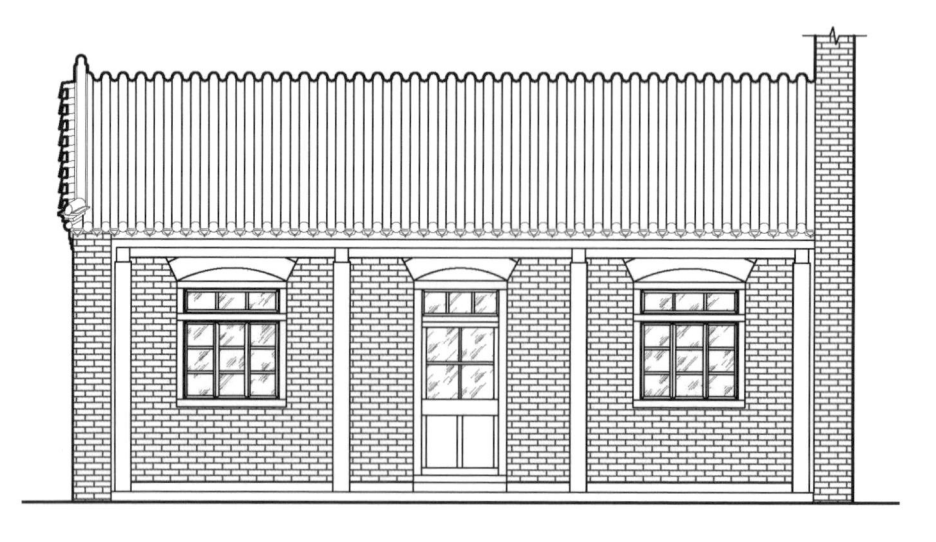

图 5-31　南衙皂房立面图

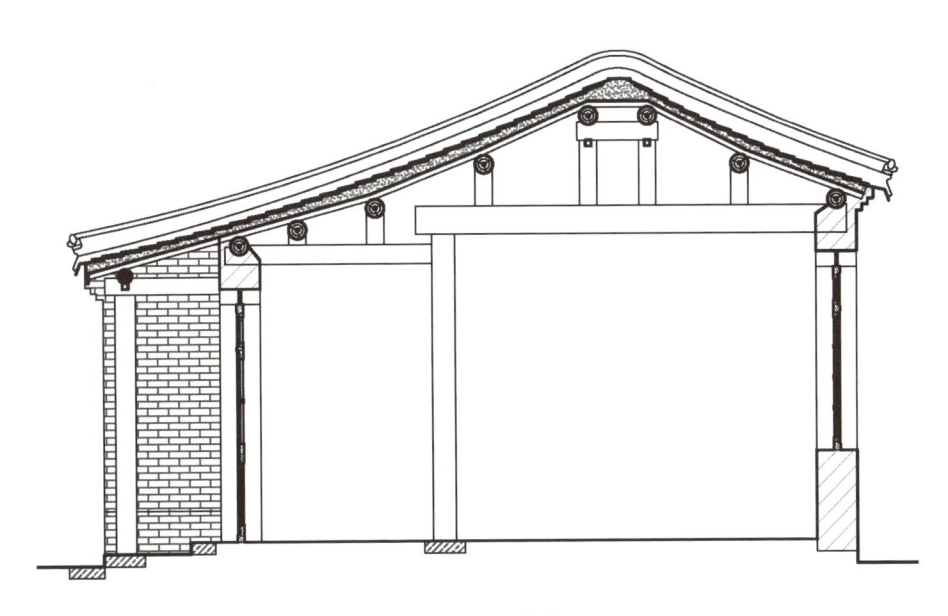

图 5-32　南衙皂房剖面图

图 5-33　南衙皂房前廊

◇ 大运河遗产保护理论与方法

图5-34 南衙皂房立面实景图

图5-35 南衙皂房梁架

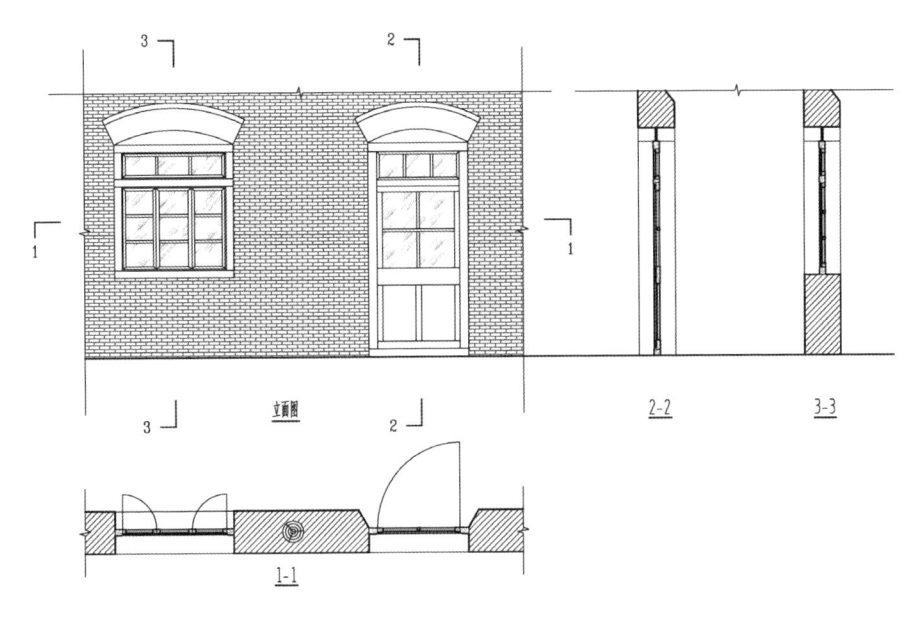

图5-36　南衙皂房前檐装修详图

④残破现状及原因分析(表5-3、表5-4)

临清运河钞关残破原因可分为自然原因和人为原因两大类。

水、风、温度等自然因素对临清运河钞关遗产本体产生了破坏作用，造成砖料和石材风化酥碱、木构件糟朽变形、灰浆老化脱落和性能下降、油饰起皮脱落等现象，影响建筑遗产的使用功能和外观质量，造成一定安全隐患。

人为原因主要包括管理维护缺乏、年久失修、后期人为拆改破坏等。对建筑遗产的人为拆改破坏，不仅改变建筑物的外观，与建筑遗产原有规制不协调，而且破坏建筑遗产的结构稳定性，影响了建筑遗产的使用寿命。

⑤评估

A.价值评估

a.历史价值

临清运河钞关是明清两代中央政府设在运河上督理漕运税收的直属机构，在研究明清运河历史、封建社会税收制度与经济变迁、商业形态及运河城镇形成方面有重要的作用。

表5-3 南穿厅残破现状及原因

部位	残破现状	残破原因
台明	压面青砖:青砖50%风化酥碱,存在断裂、损坏现象,水泥砂浆勾缝。台帮:青砖45%风化酥碱,存在断裂、损坏现象,水泥砂浆勾缝	物理风化、风力侵蚀、雨水侵蚀、冻融风化、年久失修、人为拆改
散水	青砖散水存在缺失、酥碱、断裂、损坏现象,散水牙子缺失	物理风化、风力侵蚀、雨水侵蚀、冻融风化、年久失修
柱顶石	柱顶石残损、缺失	物理风化、风力侵蚀、人为拆改
地面	廊步地面方砖缺失,现为后改条砖地面;室内地面木地板缺失,现为后改条砖地面;廊步地面水泥砂浆抹面	人为拆改
柱	前檐柱和后金柱木柱根部糟朽,出现劈裂现象	物理风化
梁架	明间和次间存在歪闪、劈裂、糟朽、拔榫、变形现象	物理风化
墙体	前檐墙室外下碱局部水泥砂浆抹面,墙体45%灰缝脱落,墙面60%抹灰空鼓;东山墙室外下碱局部水泥砂浆抹面,墙体65%风化酥碱、灰缝脱落,墙面55%抹灰空鼓;西山墙室外下碱局部水泥砂浆抹面,墙体35%风化酥碱、灰缝脱落,墙面45%抹灰空鼓;后檐墙室外墙体75%灰缝脱落,墙面35%抹灰空鼓	物理风化、风力侵蚀、降雨侵蚀、冻融风化、年久失修、人为拆改
装修	木装修构件之间存在拔榫、开裂、变形现象	物理风化
木基层	望砖35%风化酥碱、灰缝脱落	物理风化、冻融风化
屋面	西侧望兽和仙人缺失,东侧后檐仙人缺失,正脊、垂脊灰缝脱落,30%檐头瓦件残损、松动,25%屋面瓦件残损、松动	物理风化、风力侵蚀、雨水侵蚀、冻融风化、年久失修
地仗、油饰	下架、上架、木基层、木装修基本完好	

临清运河钞关是明清运河500多年历史的见证。它在明清运河的七个钞关中,设关时间最早,撤关时间最晚,跨越历史最长,而且是现存唯一的一处运河钞关。它为研究明清漕运史、关税史、官署建筑史提供了不可多得的实物资料。

临清运河钞关还是明万历年间王朝佐反税监斗争的重要历史见证,是清代乾隆年间著名农民起义——王伦起义的历史见证,是运河文化的重要载体之一。

表5-4　南衙皂房残破现状及原因

部位	残破现状	残破原因
台明	阶条石风化酥碱，前檐存在断裂、棱角缺失、歪闪现象；踏跺风化酥碱，存在棱角残损现象	物理风化、风力侵蚀、雨水侵蚀、冻融风化、年久失修、人为拆改
散水	散水缺失，散水部位被现代地砖铺墁取代	人为拆改
柱顶石	柱顶石残损、缺失	物理风化、风力侵蚀、人为拆改
地面	廊步和室内地面方砖缺失，现为后改条砖地面	人为拆改
柱	前檐柱和后金柱木柱的柱根糟朽，出现劈裂现象	物理风化
梁架	廊步和室内明间梁架存在歪闪、劈裂、糟朽、拔榫、变形现象，檐檩下枋子缺失	物理风化
墙体	前檐墙为后改红机砖墙体；后檐墙墙体30%坍塌、开裂、歪闪，墙面45%抹灰脱落；东山墙墙体40%坍塌、开裂、酥碱风化，墙面65%抹灰脱落；室内后加隔断墙	物理风化、风力侵蚀、雨水侵蚀、冻融风化、年久失修、人为拆改
装修	前后檐木装修缺失，现为后期人为拆改木装修	人为拆改
木基层	椽子：25%糟朽、变形、残损。苇席：80%糟朽、缺失。望砖：20%风化酥碱、灰缝脱落。挂檐板：65%糟朽、变形。连檐、瓦口：缺失	物理风化、冻融风化
屋面	原屋面缺失，现为后期人为拆改现代瓦屋面	人为拆改
地仗、油饰	下架、上架：95%地仗、油饰脱落	物理风化

注：仪门、北穿厅、北衙皂房及院落整治工程略

b. 科学价值

临清运河钞关的空间布局及选址充分考虑与运河的地理环境关系，满足功能需求，提高办公效率。钞关形制、工艺充分考虑了当地气候环境，最大限度地延长了建筑的使用年限。临清运河钞关为研究当地建筑演变及其发展提供了重要的实物资料。

c. 艺术价值

临清运河钞关及其附属建筑物建造技艺精湛，内容丰富，生动精美，充分展

示了当地高超的技艺水平，体现了当地的审美标准，对研究地方营造技艺具有较高的价值。

d. 社会价值

临清运河钞关作为全国重点文物保护单位，已成为当地和京杭大运河重要的文化景观之一，具有游赏价值。该区域有着良好的人文环境、优美的自然风景、古老的街巷古迹，已成为临清文化旅游的重要组成部分。

B. 现状评估

临清运河钞关建筑群结构基本稳定，存在一些病害和后期拆改现象，如不及时整治和控制病害发展，会对建筑遗产的稳定性和外观造成严重的损害。其主要问题包括青砖和石材风化酥碱、地面人为拆改、上下架大木开裂变形、墙面风化酥碱开裂、木装修拆改、木基层糟朽、屋面瓦件残损、油饰起皮脱落等。针对上述问题应立即采取相应解决和控制措施，以免造成建筑遗产更严重的损坏。

（2）修缮设计方案

本维修工程设计方案旨在最大限度保护遗产本体及其所承载的历史信息，使临清运河钞关得到妥善保护，更好地呈现给世人。

①维修范围及目标

排除现有建筑遗产险情，消除安全隐患，有效保持临清运河钞关的安全性、真实性和完整性，全面保存并延续临清运河钞关的历史信息及文物价值。

②维修依据（略）

③维修设计方案原则

维修中应严格遵守"不改变文物原状"的文物保护维修原则。尽可能保留临清运河钞关的历史遗存和自身特点。必须尊重和尽量利用原有材料，严格遵守最小干预原则。为了增强文物本体的结构稳定性和持久性，可适当采用新材料、新工艺。凡新添加部分，原则上应具有可逆性，即必要时将添补部分拆除不影响原历史遗构。

④维修性质

维修性质为现状修整。

⑤维修工程设计方案

临清运河钞关维修工程主要包括室内外地面重新铺墁，大木构架检修及加固，墙体剔凿挖补、拆砌、勾缝、重新抹灰刷浆，木装修检修和补配，木基层检修和更换糟朽构件，屋面进行检修、更换残损瓦件、重新捉节夹垄，上下架大木、木基层、木装修油饰铲除重做，院落修整，更改后期人为拆改的不合理部分等，使临清运河钞关符合原有历史风貌。（表5-5、表5-6）

⑥主要施工工艺及技术

施工中必须严格遵守国家文物修缮工程的法律法规和文物修缮原则，要注意文物建筑的形式、特征、雕刻纹样、节点大样和材料做法，要保持原有文物建筑历史时代的特征和地方特点，保持文物建筑的历史感。

A. 剔凿挖补墙体

对酥碱部位进行剔凿挖补，应认真用扁铲錾子将留槎部位剔净，保证槎子砖的棱角完整，尽量剔成坡梯，保证挖补部位最上一皮砖为一个单块砖，达到灌浆饱满的目的，以增加墙壁体的耐久性。操作时对半成品砖轻拿轻放，以防碰坏棱角。墙面剔补时应严格按照设计要求，不能随意增加剔补数量。在施工时特别要注意相邻砖砌块的完整，剔凿时应逐渐扩大，不宜大块剔凿，以避免造成墙体损伤及对相邻砖块的破坏。

B. 木构件修补、铁箍加固

木构件加固用的铁箍应涂刷防锈漆两道，并用圆钉紧固。加固的铁箍与木构件紧箍密实。构件缺损部位采取挖补措施，朽烂部位用新木料嵌补并加胶，嵌接部位与整体构件保持平整，嵌补用的新木料应与原构件材质相同。

C. 地面铺墁

砖加工：选定合格方砖材料，施工时要轻拿轻放，砖的规格、品种、质量等必须符合传统建筑材料和设计的要求。砖的尺寸要一致，四角要格方，棱角必须齐全。

工序：抄平→周边弹线→冲趟→样趟→揭趟（注意编号）→浇浆（浇满实）→刹趟→打点活。主要工艺为细墁方砖地面。做好原有基层处理，将经检查合格进

表5-5 南穿厅修缮设计方案

部位	修缮设计方案
台明	压面青砖：剔除水泥砂浆抹面，更换断裂、损坏青砖（390mm×290mm×125mm），剔凿挖补风化酥碱青砖（390mm×290mm×125mm），用小麻刀灰补勾灰缝。台帮：剔除水泥砂浆抹面，剔凿挖补风化酥碱青砖（390mm×290mm×125mm），用小麻刀灰补勾灰缝
散水	拆除酥碱、断裂的散水青砖，用原规格青砖（295mm×245mm×80mm）进行补配，灰缝脱落部位用油灰重新勾灰缝，用同规格青砖补配青砖牙子一道，泛水2%，散水下部做3∶7灰土一步，下用素土夯实
柱顶石	检修柱顶石，更换、补配素面方平柱顶石
地面	拆除廊步后改现代地面，用方砖（420mm×420mm×70mm）重新十字错缝细墁地面，地面下部做3∶7灰土一步，下用素土夯实；拆除室内后改现代地面，改为横向错缝铺设厚40mm木地板，木地板下为纵向安装的120mm×100mm木龙骨，木龙骨横向间距650mm，纵向木龙骨之间用60mm×50mm木支条拉结，木支条间距290mm，每行木龙骨下方砌筑一层宽240mm的机砖，机砖下部为3∶7灰土一步，下用素土夯实
柱	对糟朽部分进行剔补，对于劈裂部分用环氧树脂加木条进行镶嵌
梁架	检修梁架，对歪闪、变形、拔榫部位进行打牮拨正，并用铁活固定；对糟朽部分进行剔补；对于劈裂部分用环氧树脂加木条进行镶嵌
墙体	前檐墙：剔除水泥砂浆抹面，用小麻刀灰补勾灰缝，墙面重新抹灰刷白。东山墙：剔除水泥砂浆抹面，剔凿挖补墙体风化酥碱青砖（240mm×120mm×60mm），用小麻刀灰补勾灰缝，墙面重新抹灰刷白。西山墙：剔除水泥砂浆抹面，剔凿挖补墙体风化酥碱青砖（240mm×120mm×60mm），用小麻刀灰补勾灰缝，墙面重新抹灰刷白。后檐墙：用小麻刀灰补勾灰缝，墙面重新抹灰刷白
木装修	对开裂、变形严重构件进行更换，对轻微变形构件进行校正，对开裂部位进行嵌补
木基层	对开裂、变形严重构件进行更换，对轻微变形构件进行校正，对开裂部位进行嵌补
屋面	补配缺失望兽和仙人。检修屋面，更换补配残损瓦件，对正脊和垂脊重新勾缝
地仗、油饰	对下架、上架、木基层、木装修中地仗、油饰起皮脱落的部分进行铲除，重做单皮灰，按原色调重新油饰

表5-6　南衙皂房修缮设计方案

部位	修缮设计方案
台明	阶条石：拆除断裂严重的阶条石，按原规格、原材质更换新的阶条石，新配的阶条石用桃花浆进行灌注，用大麻刀灰进行勾缝，归安歪闪阶条石。踏跺：检修踏跺
散水	拆除后改现代地面，用青砖（295mm×245mm×80mm）重新做一顺出糙墁散水，外侧栽（240mm×120mm×60mm）青砖牙子一道，泛水2%；散水下部做3∶7灰土一步；灰土下素土夯实
柱顶石	更换、补配素面方平柱顶石
地面	拆除后改现代地面，用方砖（420mm×420mm×70mm）重新十字错缝细墁地面；地面下部做3∶7灰土一步，灰土下素土夯实
柱	对糟朽部分进行剔补，对劈裂部分用环氧树脂加木条进行镶嵌
梁架	检修梁架，对于歪闪、变形、拔榫部位进行打牮拨正，并用铁活固定；对于糟朽部分进行剔补；对于劈裂部分用环氧树脂加木条进行镶嵌
墙体	前檐墙：拆除前檐墙后改红机砖墙体，重新淌白三顺一丁砌筑青砖（240mm×120mm×60mm）墙体，室内下碱为（240mm×120mm×60mm）青砖淌白三顺一丁砌筑，上身为墙面抹灰刷白。后檐墙和东山墙：拆除开裂墙体，重新砌筑，补砌坍塌缺失青砖，墙面重新抹灰刷白。隔断墙：拆除室内后加隔断墙
木装修	拆除前后檐后改木装修，按院内同时期建筑物恢复木装修。前檐木装修安装在前金柱轴线上，明间为一扇三抹四块玻璃心屉门，上为三块玻璃心屉固定窗，次间为三扇两抹三块玻璃心屉槛窗，上为三块玻璃心屉固定窗；后檐木装修安装在后檐柱轴线上，每间为三扇两抹四块玻璃心屉槛窗，上为三块玻璃心屉固定窗
木基层	对椽子、连檐、瓦口、挂檐板糟朽的部分进行修补；对望砖重新勾缝；拆除糟朽苇席，补配望砖
屋面	拆除后期人为拆改现代屋面，重新苫背、施布瓦筒瓦卷棚屋面，山面为铃铛排山，施垂脊，瓦件尺寸为145mm×195mm
地仗、油饰	对下架、上架、木基层、木装修中地仗、油饰起皮脱落的部分进行铲除，重做单皮灰，按原色调重新油饰；对新做木基层和木装修做单皮灰，按建筑物色调进行油饰

场的成砖码放整齐，做好半成品保护，施工中轻拿轻放，以防碰坏棱角。室内地面铺墁需在室内正中拴两道互为垂直的十字线，使砖与房屋轴线保持平行，趟数应为单数，破活应放在罩面或两端，门口必须整活。由技术熟练的技工沿两山各墁一趟砖，然后冲趟，拴好拽线一道卧线进行样趟，打成"鸡窝泥"进行样砖铺墁，保证方砖平直，每完成一趟进行揭趟。麻刷沾水将砖肋刷湿，用木宝剑在砖棱均匀挂油灰条，均匀浇浆，重新铺墁，再用磴锤将砖校平校实，砖缝严密。按卧线检查砖棱，进行刹趟。往复循环，地面完成后，铲尺缝后墁干活，并擦干净，做好成品保护。

成品保护：铺墁期间合理安排施工流向，尽量减少上人走动，不允许手推车直接碾压。内墙粉刷前必须将易造成污染的地面进行苫盖保护，其他工种作业时不得碰损和污染地面。为使地面尽快干燥，应加强通风，并不得将水遗洒在地面上。

D. 墙体砌筑

砖的规格、式样、品种、质量等遵守设计要求。砖的棱角必须整齐。墙体砌筑前先将基层清理干净，用墨线弹出墙体厚度，按设计要求砌筑形式进行试摆，试摆后进行拴线，每砌筑一层砖都要进行试摆、拴线，以保证墙体砌筑平直无凹凸。灌浆采用桃花浆，分三次灌注，灌浆前要先对墙面进行打点，防止浆液外溢，弄脏墙面。在第一次灌浆之后，要磨去砖上棱高出的部分，保证摆砌下层砖时能够严丝合缝。墙体砌筑完成要进行打点修理，将砖缝处高出部分磨平，用砖面灰填平砂眼。表面平整后用清水和软毛刷将整个墙面清扫、冲洗干净。

E. 油饰工程

为确保油饰施工质量，坚固、延年、耐久，配料前，准备工作应充分，并进行书面交底和对料房人员进行现场口头交底，防止不按要求进行配比。大缝塞缝，小缝捉缝，保证饱满严实，油饰三道。

⑦主要材料及质量要求

白灰：块状生石灰，灰块比例不得少于灰量的60%，各项指标执行《建筑生石灰》（JC/T 497-92）钙质生石灰优等品标准。

灰土：将生石灰经水泼灰后过筛（筛孔为5毫米），黄土过筛（筛孔为20毫米），泼灰与黄土按3∶7比例拌合均匀，用于3∶7灰土。

大麻刀灰：泼浆灰加水（或青浆）调匀后掺麻刀搅匀，灰∶麻刀＝100∶5—4。

油灰：细白灰粉（过箩）、面粉、烟子加桐油搅匀，白灰∶面粉∶烟子∶桐油＝1∶2∶0.5—1∶2—3。

砖：按各殿座设计方案采用优质青砖和方砖。

瓦：更换的瓦件按原规格做法，瓦件规格为145mm×195mm。

木材：选用一级松木，所有木材的含水率不大于20%，木料均应现场烘干。严格控制，不应选用有节疤、裂缝严重的木材，选用时参照《中国古建筑修建施工工艺》中的节疤、纹理缝隙标准。

5.4.2 非建筑类遗产

与大运河遗产相关的石刻、碑刻、镇水兽等非建筑类遗产的保护措施及其设计方法与建筑类遗产不尽相同。以碑刻为例（图5-37），其修缮设计同样包括现

图5-37 大运河相关遗产——碑刻

状勘察、法式特征分析、价值评估、残损状况与现状评估、病害原因分析、制定保护措施、绘制实测图和方案图，以及编制预算等内容。针对碑刻本体的保护措施一般包括构件归安、散落构件粘接、灌缝加固、铁箍加固、细部修复、清除微生物伤害，以及防潮处理等。针对碑刻周边环境则需要重点解决排水、污染等问题。

总而言之，本章通过分析大运河遗产本体构成、现状评估，明确保护原则，提出针对性保护措施，进而阐述大运河遗产本体保护的方法；从河道水体生态治理、水环境监测、滨河景观整治等方面阐述大运河环境整治的要点；最后从注入传统元素、塑造文化氛围、打造精品景观等方面阐述景观营造的方法。

6 大运河遗产保护管理体系

6.1 管理机制现状分析

2012年，文化部颁布了《大运河遗产保护管理办法》，对大运河保护管理工作起到了指导与引领的作用。2014年，大运河成功申报世界文化遗产，中国大运河遗产的保护与管理工作登上了新的台阶。随着各个层级大运河保护与管理规划的实施，大运河遗产规划体系初步建立，遗产保护与管控工作有了法定依据。随着大量大运河本体修缮工程实施，大运河遗产所面临的安全隐患逐步排除；随着大运河周边环境整治工程的实施，大运河周边景观环境得以快速提升；随着遗产标识设计的逐步完善以及多种展示利用模式的不断创新，大运河遗产整体系统性保护有了一定的基础。

中国大运河作为世界文化遗产的重要组成部分，国家文物局极为重视，在中国文化遗产研究院设立了专门遗产监测机构，并建立了遗产监测平台。该监测平台负责收集我国世界文化遗产的各类数据，针对世界文化遗产的保存状态进行定期监测，尤其是动态监测遗产的破坏情况，为国家文物局决策提供技术支撑，并定期向世界文化遗产组织汇报。该平台的建立有效地提高了我国大运河遗产保护的总体水平。与此同时，按照大运河保护规划要求，有的地区已经建立了大运河定期巡查制度。目前虽然该定期巡查制度尚未普及和形成长效机制，但其仍不失为是对我国大运河遗产保护制度的新探索。

尽管我国大运河遗产保护与管理工作取得了较好的成绩，但仍然存在大量问题，需要逐步发展完善，包括大运河遗产内涵与认定、大运河各级保护规划落实、保护措施实施、环境合理控制、展示利用模式创新，以及非物质文化遗产植入等诸多问题，尚未有效解决。

6.1.1 管理机构设置存在缺陷

我国大运河遗产管理存在管理机构设置上多头管理的缺陷：大运河遗产有的由水利河道部门纵向管理，有的归地方政府横向管理，职能相互交叉，存在保护与管理职责不明晰、主体责任不明确等现象，而文物行政主管部门往往有管理职责而无管理权限。虽然部分区域实施了"河长制"，但仍存诸多问题：一是其推广范围较小，二是未能充分发挥其应有的作用。管理机构设置的主要缺陷是缺乏专门的大运河遗产保护管理机构，致使大运河部分区域遗产本体及其赋存环境没有得到有效保护，周边环境没有得到有效控制。

（1）多方联系机制不健全

近年来，我国京杭大运河、长城、丝绸之路、茶马古道等大型线性遗产的管理问题逐步受到关注，这类遗产管理工作起步较晚，没有管理经验和与之相对应的管理体制。我国行政设置按照地域划分，不同行政区域的管理则服从于纵向管理，缺少横向联合协同机制。

大运河申报世界文化遗产的初期，国务院建立了大运河沿线部级联席会议制度，由文化、文物、水利、旅游、国土、住建等多部委会同大运河沿线8个省市参加。另外，大运河沿线33个地区还成立大运河申遗城市联盟，区域间相互协作的核心是建立有效的合作机制。在申遗阶段，上述两种合作机制对大运河遗产保护与管理起到较好的协调作用。2014年申遗成功后，受"重申报、轻管理"观念的影响，此两种联系机制的作用逐步减小，跨部门、跨地域的协调机制至今尚未健全。

大运河遗产保护及环境整治是长期管理的问题，需要建立长效管理机制，需明确大运河遗产保护的责任主体。为强化管理，浙江、山东、天津等部分省市引入了"河长制"的管理模式，由各级政府的党政负责人分管其辖区内的河道，强化相互间协调保护工作，力争实现联防联控。保护区划范围内的建设行为受到控制，大运河遗产周边的生态环境得到一定改善，该机制取得初步成效。但由于地方各级党政负责人的工作任务过于庞杂，很难兼顾大运河遗产保护工作，且大运河遗产保护工作未能列入党政负责人的强制性考核指标，因此，这种由党政负责人进行协调的机制，其协调效果也难免打折扣。在大运河沿线34个设区市和2个直辖市中，不足三分之一的城市设置了跨部门协调机制，而定期召开跨部门、跨地区协调会议的城市则不足五分之一。由于各地设置的协调机构不具备相应的管理协调能力，且其工作主动性差，大运河遗产保护管理城市联盟及其办事机构缺乏有效的运行机制，协调能力严重不足。由于这类跨部门、跨地域协调和协商机制或缺乏，或形同虚设，各管理部门之间相互推诿，甚至多处出现"三不管"地带，致使一些不当建设项目得以实施，严重威胁着大运河遗产本体的安全，破坏了遗产所赋存的环境风貌，有的已经造成了不可挽回的恶劣影响。

（2）管理机构体制性设置存在缺陷

我国大运河作为大型线性遗产，其管理存在体制性设计缺陷。因为大运河作为遗产的认知定位较晚，历史上，主要以其功能属性明确管理机构，当大运河的漕运功能甚至水运功能丧失后，就很难类似于黄河、长江等按照流域进行管理并设置相应的管理机构了。最终，只能按照地域分区进行切块管理。这种人为切块式管理模式存在机构体制性设置缺陷，在大运河申遗成功后这一问题显得尤为突出。

①遗产保护专业管理机构缺乏

目前，我国遗产保护行业缺乏大运河遗产专门保护管理机构，大运河遗产管理具有专业性强、管理难度大的特点，例如，大运河遗产监测预警、大运河遗产破坏程度管控等均具有极强专业难度，因此，就管理机构设置而言，在遗产保护行业内，设立和健全遗产保护专门管理机构，是实施有效管理的保障，也是最为理想的模式。但目前仅有河南安阳市、安徽宿州市、山东济宁市、江苏扬州市和浙江杭州市等5个城市设置了专门的遗产保护管理机构，大运河沿线其余29个地级市和2个直辖市均未设置。大运河遗产沿线部分区域之所以管理力度薄弱，出现多起违法建设行为，均与缺少专业管理机构有关。

②其他管理部门缺少专管机制

大运河遗产管理主体大多为非文化遗产保护部门，这类部门尚未设立专门管理机制，尚未明确专门管理人员，在其管辖职责范围内不能有效落实大运河遗产的相关保护职能，甚至存在多处遗产管理主体与权责分工不明确的现象。这类管理机构的体制性设置缺陷是大运河管理主体责权不清晰、长效协调机制不能有效落实的直接原因。

③遗产保护专业管理人员匮乏

文化遗产保护专业人员是对大运河遗产实施有效保护的保障。目前我国大运河遗产保护专业人员严重匮乏，大运河申遗后，从事大运河遗产保护专业的编制并未增加，有的地区不但未能增加相关文化遗产保护与管理人员，甚至还出现了保护管理人员严重流失的现象。管理人员的缺失是造成大运河遗产日常保养维护严重不足，多处大运河遗产点段出现遗产本体损坏，遗产赋存环境持续恶化、污染加重的直接原因，严重损害了大运河遗产作为世界文化遗产的形象，影响了其在广大人民群众心中的地位。

6.1.2 法律法规制度不完善

我国尚未出台《中国大运河遗产保护法》，缺乏系统性的保护立法和完善的保护机制，尚不能有效协调大运河文化遗产保护与大运河环境生态之间的关系，不能统筹不同地域、不同部门等各方面的利益关系，不能构建大运河遗产整体保护法规体系。目前已经出台的各种法规，主要是行业内的，或是地域性法规，尚未达到国家法律的层次。其立法层次不高，宏观统筹能力较差。相关法律制度分散在不同法规中，缺乏系统性，不利于查找。

在国民经济高速发展的前提下，大运河文化遗产的保护工作已经上升为国家战略，成为国家文化自信的重要组成部分，出台《中国大运河遗产保护法》的条件已趋于成熟。重新审视和梳理现有法律法规及各种地方行政规章及规范，重新设计文化遗产保护法规体系，解决由于立法滞后造成的系列问题，已成为当前亟待解决的重要问题。

6.1.3 管理责权不清晰

大运河遗产管理责权不清晰，普遍存在以下问题：管理权限不清晰，职责分工不够明确，责任落实不到位；部分遗产点段还存在多头管理、相互推诿等现象，致使管理效率低下；有的遗产点段甚至无人管理，多处污水排放、垃圾遍地无人问津，缺乏必要的管理机制和奖惩机制。这类管理责权不清晰的问题已经严重制约了大运河遗产保护管理工作的有序开展。

大运河遗产保护管理的行业指导工作应由各地文物行政主管部门承担，但由于缺乏专门的保护管理机构，地方文物行政主管部门在一定程度上承担了相关具体管理职责，由行业管理变为具体管理，无形中加重了地方文物行政管理部门的工作负担。这种管理权与监督权不清晰的现象是责权不清的重要体现。

6.1.4 遗产保护经费不足

大运河申报世界文化遗产成功后，部分遗产点段的地方管理部门出现了"重申报、轻管理"的现象。根据属地管辖原则，大运河遗产辖区内的地方政府有义务将大运河文化遗产保护经费纳入地方财政支持范围，但由于重视不够，或由于财政经费紧张等原因，地方政府对大运河遗产的保护经费投入严重不足，大运河遗产保护经费捉襟见肘。实际用于大运河遗产保护的经费投入量与大运河遗产保护所需经费总量相比存在巨大资金缺口。另外，国家文物专项经费则是以保护项目的形式予以支持，所涉及的大运河遗产规划、设计、重要点段遗产保护修缮及部分区域环境整治等各类经费，在大运河申遗前期阶段，国家文物局已经集中给予了支持，并取得了较好的成效。依照法律规定，大运河申遗成功后，大运河遗产的日常性养护经费应由地方政府负担。从国家资金支持的角度分析，确实存在专项经费支持力度减小的趋势。由于大运河遗产数量较多、规模较大，仅仅靠文物专项经费不能满足文化遗产保护的需求。地方经济发展良莠不齐，大多数地区财政状况捉襟见肘，针对大运河遗产的经费投入更是少之又少，严重制约了大运河遗产保护和利用工作的开展。

6.1.5 遗产监督体系不完善

大运河世界文化遗产的管理范围既包括世界文化遗产的核心区和缓冲区，又包括全国重点文物保护单位的保护范围和建设控制地带。其遗产构成复杂，且管理部门繁多。大运河遗产所处区域复杂，区域类型既包括城镇，又包括郊野乡村，不同区域内的管理控制要求各不相同。大运河遗产这种复杂的遗产类型和环境地貌特征，给管理监督造成了巨大困难。大运河遗产尚未有效建立三级监测制度和两级巡视制度。与世界文化遗产的保护监测要求相比，尚存在诸多需要完善的方面。比如，需尽快建立文化遗产日常监测制度、国家文物局或省市文物局等上级主管部门定期或不定期巡视制度、由专门机构实施的反应性监测制度，以及制定大运河遗产监测工作行业规范和管理制度等。

6.2 管理体系构建策略

从文化遗产的不可再生性而言，大运河遗产应从立法的视角，保护大运河的地域特色、环境风貌、文化遗产，挖掘非物质文化遗产内涵。有效保护运河遗产资源、维护生态环境、保持运河风貌、传承运河文明，增进民众的认识水平、提升民众的理解能力，因地制宜，分类保护，保障运河的输水功能和防洪通道功能，通过完善立法机制，实现水资源的合理配置。（图6-1）

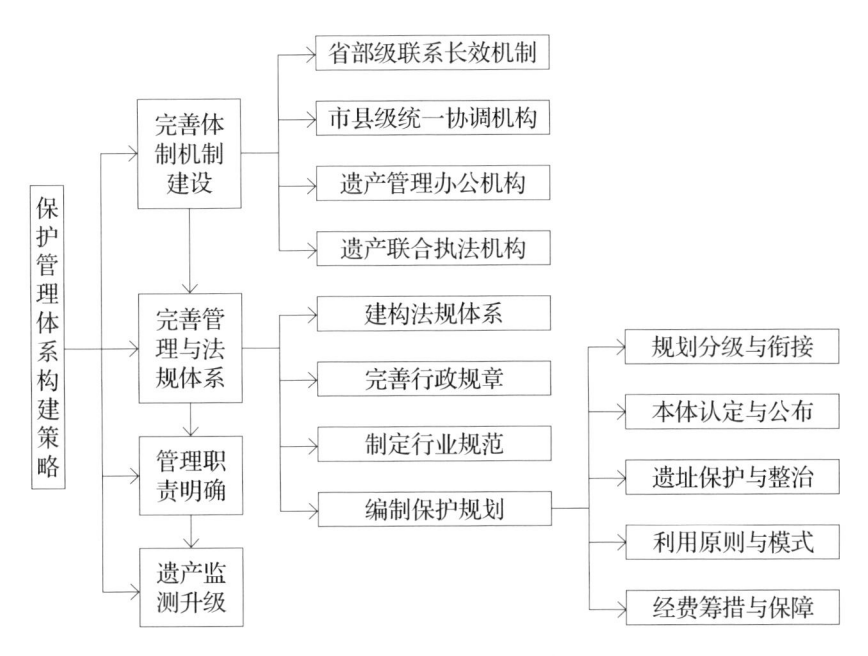

```
                    ┌→ 省部级联系长效机制
         ┌ 完善体 ─┼→ 市县级统一协调机构
         │ 制机制 │
         │ 建设   ├→ 遗产管理办公机构
         │        └→ 遗产联合执法机构
保护      │
管理      │        ┌→ 建构法规体系      ┌→ 规划分级与衔接
体系 ─────┼ 完善管 ├→ 完善行政规章      ├→ 本体认定与公布
构建      │ 理与法 │                    │
策略      │ 规体系 ├→ 制定行业规范      ├→ 遗址保护与整治
         │        └→ 编制保护规划 ─────┼→ 利用原则与模式
         ├ 管理职                       └→ 经费筹措与保障
         │ 责明确
         └ 遗产监
           测升级
```

图6-1 大运河遗产管理体系构建策略

6.2.1 完善体制机制建设

完善体制机制建设的具体举措包括建立省部级联系长效机制，设立市县级统一协调机构，成立遗产管理办公机构及联合执法机构等。

（1）建立省部级联系长效机制

大运河申遗过程中，成立了大运河保护与申遗省部级会商小组，该小组在申遗之前及申遗过程中发挥了良好的协调作用。但在申遗成功后，大运河遗产保护性质由一次性的申遗行动，改变为长期性遗产管理行为，该联系会议机制是否继续发挥协调作用，大运河遗产保护的省部级会商小组是否继续存在，其应具备何种职能等问题至今尚未明确，相关协调工作趋于停滞。大运河遗产保护管理中协调机制存在严重的缺环。无法统筹大运河遗产跨地域、跨部门、跨行业的交流与合作，无法统筹大运河遗产的各类保护管理工作。因此，成立省部级会商小组，建立省部级联系会议制度的长效运行机制，实践证明是必要的，也是可行的。

（2）设立市县级统一协调机构

针对跨行政区域边界的大运河遗产，其管理中遇到的问题可由相邻行政区域政府进行协调，分为以下几种情况：一是其毗邻两县隶属于同一设区城市的，可由市级人民政府文物行政主管部门组织协调会议，联系两县人民政府文物行政主管部门、河道部门及其他管理部门，定期来召开协调会议；二是其毗邻两县隶属于不同设区城市，但隶属于同一省份的，可由省级人民政府文物行政主管部门组织协调会议，联系两市人民政府文物行政主管部门、河道部门及其他管理部门，定期来召开协调会议；三是其毗邻两县隶属于不同省份的，可由省部级联系会议小组，定期来召开协调会议，研究解决大运河遗产保护中的重大问题。设区的市级遗产管理机构、联合办公机构或负责遗产巡查的上级机构，组织该区域内大运河遗产的定期或不定期巡视等工作。

6.2.2 完善管理与法规体系

（1）建构法规体系

基于对我国大运河遗产保护领域立法及法规体系的调研，得知《大运河遗产保护管理办法》（以下简称《办法》）是我国目前最具权威的大运河遗产保护法律文件，以该《办法》为中心已出台了一系列地方法律法规，包括地方条例，初步构建了我国的大运河遗产保护法律法规体系。

以《办法》为中心的保护体系，也存在自身的局限性，主要表现在以下几个方面。一是约束力偏弱，该《办法》在我国现有法律体系中的法律地位偏低，作为政府行政文件，其法律约束力相对较弱。二是我国各行各业均有各自的法律法规，该《办法》执行力低于其他行业法律法规，实际工作中，该《办法》基本能在文物行政管理部门内部得到执行，但对其他相关行业和相关部门的约束力较差。三是随着大运河申遗的成功以及文化与经济的发展，外部环境发生了较大变化，申遗成功之前制定的《办法》已经有过时之处，难以有效指导已经成为世界文化遗产的中国大运河的各类保护管理与实践。

就建立大运河法律法规体系而言，可以从以下几个方面进行完善。一是推动立法，但若想构建完备的法律体系，需要全面展开大运河保护管理现状调研，系统梳理我国现有大运河遗产相关管理法规，尝试探索出台《大运河遗产保护法》的途径，积极构建以《大运河遗产保护法》为核心的我国大运河遗产保护法律法规体系。二是出台条例，对现行《办法》进行修编。修正《办法》中存在的各类问题，细化相关条文，使之更具可操作性。以该《办法》为基础，出台《大运河遗产保护管理条例》（以下简称《条例》），并以该《条例》为上位法，全面梳理国务院各部委颁布的与大运河遗产相关的部门规章以及各地方法规和规章，构建以《条例》为核心的、涉及多地域、多部门、多层次的大运河遗产保护管理法律体系，使之成为大运河遗产保护管理的法律依据。在该《条例》的起草过程中，可借鉴《长城保护条例》等大型线性遗产法规的创编思路，同时也可借鉴已经出台的地方性法律法规。各地也可根据辖区内大运河遗产的保护状况与特点，结合实践情况，颁布地方性法规，并使之成为我国大运河遗产保护管理法律体系的重要组成部分。

（2）完善规章制度

行政规章是对法律法规的补充，是指导大运河遗产保护工作的具体指导性文件，与法律法规相比，更具灵活性和时效性。地方政府、行业主管部门以及具体管理单位都应根据自身的职责范围，出台相应的行政规章和制度性文件，进一步完善大运河世界文化遗产的行政规章与管理制度。行政规章和管理制度应当详细且具有可操作性。可明确具体岗位人员设置、管理人员职责等。例如，针对大运河世界文化遗产地管理机构的巡视巡查制度，除了需要说明巡查工作的重要性外，还应规定巡查人员构成、巡查工作流程、现场巡查要点、巡查报告、日志编写规范以及上级抽查制度等内容；行政规章与制度还应规定大运河遗产日常巡查工作的经费来源及使用规则等内容。

（3）制定行业规范

法律法规和规章制度能够确保大运河遗产保护工作的有效运行，但大运河遗产保护本身是专业性极强的工作，仅仅有法律法规和规章制度是不够的，需要针对大运河遗产的特点制定行业规范，例如，编制大运河遗产保护利用导则，出台大运河遗产管理系列规范等行业标准，为大运河文化遗产保护和发展提供技术性支撑。

（4）编制保护规划

各级大运河遗产保护规划是一种特殊类型的管理规范性文件，除了需要在相关法律法规中确定各级遗产保护规划的法律地位，保障保护区划及其管理规定的有效落实外，还应明确各级保护规划所应界定的内容，推进遗产规划保护与整治措施的落地。

①规划分级与衔接

我国的大运河保护规划体系包括中国大运河遗产管理规划、省级遗产保护规划、市县级遗产保护规划、重要点段遗产保护规划和各类详细规划。中国大运河遗产管理规划统领性规划，是其他各级大运河遗产保护规划的基础。大运河遗产的保护、整治、管理、开发与利用等措施分别由国家级、省级、市县级及各类详细规划予以界定。不同级别的保护规划，需由相应级别的人民政府公布。以政府文件的形式进行公布，是各级保护规划得以实施的先决条件，也是遗产保护区划范围内管理规定得以实施的前提。

上一级规划是下一级规划的上位规划，下一级规划是对上一级规划的落实与细化。大运河遗产省级保护规划应以中国大运河遗产管理规划（国家级规划）为依据，其规划原则、规划目标、保护区划、管理规定等，均应以中国大运河遗产保护范围和建设控制地带为基准，并对其上位规划的各项管理规定与措施进行细化。省级保护规划是统领本省内大运河遗产保护规划的纲领性文件，需由省级人民政府公布实施。

市县级保护规划应以省级遗产保护范围和建设控制地带为基准，并对省级遗产规划的各项管理规定和保护整治措施进行细化。市县级保护规划是统领本区域内大运河遗产保护规划的纲领性文件，需由市县级人民政府公布实施。

大运河遗产点段的详细规划，是在遵循各级上位规划的前提下，针对特殊遗产点段制定的规划要求与保护整治措施。该遗产点段是世界文化遗产的，或是全国重点文物保护单位的，需通过相应级别的文物行政部门批准，并由省级人民政府公布。

各级大运河遗产保护规划应相互衔接，共同构成统一的规划体系，上位规划做出调整时，下位规划应相应做出调整，避免出现不同规划之间的相互矛盾。

②本体认定与公布

各级大运河遗产保护规划编制的首要目的是认定大运河遗产、明确大运河遗产构成。不同级别的大运河遗产保护规划认定各自的遗产清单。原则上，上位规划应从下位规划认定清单中遴选其遗产构成，但也可不受其限制，当上位规划从下位规划遗产清单之外认定了新的遗产构成后，下位规划应及时调整，将该遗产纳入下位规划。

认定的标准，应以上位规划为依据，省级保护规划的认定标准、分类标准应参照中国大运河遗产管理规划（国家级规划），并在此基础上，根据该区域大运河遗产的特点，增加认定标准和遗产构成。大运河遗产构成认定还应该遵循动态规划的原则，随着大运河遗产考古、发掘、学术研究等新成果的出现，遗产的价值逐渐被揭示，难免有新的更具文物价值的遗产出现，因此应当及时将新发现的大运河遗产纳入大运河遗产的构成，及时将其公布为相应级别的文物保护单位，并纳入大运河遗产保护规划进行统一保护。

③遗产保护与整治

大运河遗产的本体保护措施与环境整治措施，是各级大运河遗产保护规划的核心内容。不同级别的文物保护规划所制定的保护措施或整治措施，侧重点可以有所不同，但其基本原则是一致的。同一遗产点段的保护与整治措施应当统一，不可相互矛盾。若下位规划与上位规划产生矛盾，应及时调整下位规划。

市县级或遗产点段等下位规划中的保护措施和环境整治措施应比较具体，其重点是落地实施，如通过修缮排除遗产本体的安全隐患；而上位规划的保护与整治措施则应更为宏观，其重点是控制目标与基本原则，如对区域性的灾害防治和文物安全防范工程提出整治要求等。

④利用原则与模式

各级大运河遗产保护规划均应包括大运河遗产的利用原则与模式等内容，科学适度、合理利用文化遗产，是文物保护工作的基本方针，应当鼓励采用多种模式利用大运河遗产，科学阐释其所承载的文化价值。正确把握大运河遗产利用的基本原则，是各级大运河遗产保护规划均应具备的统一内容；遗产利用应以文物本体与环境安全为原则；通过展示利用或其他方式的利用，确保文化遗产价值的提升而非降低。

大运河遗产展示利用方式或其他利用模式的选取不可拘泥教条，应根据遗产本体及所处环境的特色，结合地域文化的特征，采用适宜的内容、主题和方式。应对大运河遗产展示利用模式进行深入研究，对大运河遗产进行深度、科学解读，通过实物展示、非遗展演等多种形式向公众传达大运河遗产核心价值、文化内涵及其所蕴含的精神内核。展示布局、展陈主题应与大运河遗产的文化特质相吻合。

⑤经费筹措与保障

大运河遗产的保护经费更多依赖于文物行业的专项经费和地方财政经费。大运河遗产保护经费筹集渠道比较单一，应当引入多元化渠道筹措资金。目前，我国在调动社会力量参与大运河遗产保护工作方面，尚处于初级阶段，没有形成大运河遗产保护管理专项资金筹集制度，没有形成经费保障机制，社会资金投入缺乏必要的途径；另外在遗产保护经费管理以及如何提高公开透明度等方面尚存在诸多问题需要解决，这也影响了社会资金主动投入大运河遗产保护工作的积极性。因此，大运河遗产资金管理体制机制创新是今后亟待解决的重点问题。建立科学的大运河遗产专项保护经费筹措与管理机制是缓解地方大运河保护管理经费短缺的主要方法。应充分调动社会多方力量，使之参与大运河文化遗产保护工作，通过参与大运河遗产经费使用监督工作，确保大运河经费的合理使用。

6.2.3 管理职责明晰

大运河遗产管理应当职责明确，各尽其职。国家文物行政主管部门、省级文物行政主管部门以及设区的市级文物行政主管部门负责辖区内大运河遗产的保护指导、行业管理、协调等工作；县级文物行政主管部门除负责辖区内大运河遗产的保护指导、行业管理、协调等工作外，还负责其直接管辖的大运河遗产的保护管理工作，并承担相应的管辖责任。大运河遗产的直接管理部门、企事业单位及其他机构负责其产权、使用权等权属范围内的大运河遗产保护管理工作，并承担相应的管辖责任。

各级文物行政管理部门负责辖区内大运河遗产的巡视监督,各个遗产责任单位应完善管理制度、明确职责分工以及建立奖惩机制。

6.2.4 遗产监测升级

近年来,我国初步对大运河遗产的监测工作进行了尝试,在大运河沿线已经建立了27个监测平台,中国文化遗产研究院建立了国家级遗产监测中心,经过多年的不间断的监测,积累了大量监测数据,取得了初步成效。根据我国大运河遗产特色提出的三级监测平台构想,符合我国的实际情况,有实施的必要性和可行性。可由国务院文物行政主管部门负责制定大运河世界文化遗产监测巡视工作的方针、政策、管理制度和技术规范,并组织或委托专业机构实施反应性监测。可由省级文物行政主管部门负责对本辖区内世界文化遗产进行定期监测、反应性监测,以及定期或不定期巡视;市县级保护管理机构负责辖区内世界文化遗产的日常监测。通过完善各种监测制度,加大资金投入,强化平台建设,将三级监测体系具体工作程序化、标准化、规范化,利用现代网络技术,将各类管理监测工作纳入智能平台进行管理,提高大运河遗产的运行、维护、监测和管理水平。

7 大运河遗产展示利用方法

7.1 展示现状分析

大运河申遗成功后,其沿线各个城市开始以多种方式开展大运河遗产展示利用工作,大运河本体及周边景观环境得到较大提升。但就整体而言,大运河遗产的展示利用体系尚未构建,标识系统不成体系;保护理念相对落后,展示与宣传手段较为单一、展示渠道相对落后,遗产价值阐释准确性差,所传播的信息完整性与可读性较差;相关领域的专题研究则更为薄弱,难以指导大运河遗产价值阐释、价值传承、展示利用等实际工作,大运河遗产的社会影响力未能得以充分体现。

7.1.1 保护理念相对落后

大运河遗产作为内涵复杂的巨型线性遗产,包括在用类遗产和遗址类遗产等不同的遗产类型,其保护理念也应与时俱进、创新发展,以适应这一新的遗产类型。但目前我国针对大运河遗产的保护理念仍停留在针对遗址类大运河遗产保护的阶段。

当针对在用类遗产实施保护与展示利用时，我们惯常使用的不改变原状原则、可逆性原则等均存在适用上的缺陷。创新保护理念是改变这一滞后局面的唯一途径。只有遗产保护理念更新与发展，大运河遗产展示利用的方式方法才能随之发展。

7.1.2 价值阐释准确性差

大运河遗产价值阐释的准确性，是基于对文化遗产价值的准确认知与把握，同时基于对中华传统文化的深刻认知。对大运河遗产价值的准确阐释是实施合理展示、向民众传达正确遗产信息、使大运河遗产所蕴含的优秀传统文化得以科学传承的前提。目前大运河遗产阐释存在系统性不足、准确性差等现象。（图7-1）特别是遗址类遗产，由于相关研究不充分，存在遗产价值阐释不准确，信息传播不准确，造成普通公众解读困难。另外，大运河遗产作为巨型线性遗产，其价值阐释与展示利用应作为一个整体通盘予以考虑，避免阐释解读内容上的相互矛盾。大运河作为世界文化遗产的突出普遍价值，也应从整体性视角进行阐述。其遗产

图7-1　分水龙王庙说明牌

之间的相互关联性决定了对大运河遗产的阐释应当统一，进而形成逻辑自洽的体系。

7.1.3 展示方式缺乏系统性

大运河遗产作为一个统一的宏观系统，其展示内容、展示方式也应统一考量，并以系统性的视角进行甄别与选择。目前，我国大运河遗产展示利用的方式主要包括运河博物馆、陈列馆、遗址公园、运河遗产小道、大运河标识解说和多媒体等。近年来，我国大运河展示利用工作取得了初步成效，同时也推动了大运河周边生态景观环境的提升。但大运河沿线各遗产点段的展示缺乏统一性规划，定位不明确，缺乏系统性。普遍存在展示方式单一、展示内容雷同的特点，鲜有能够结合本辖区大运河遗产的性质和特点进行展示的实例。其根源是大运河沿线各地区独自开展展示利用工作，缺乏全国层面系统性考量，缺少通盘性研究与总体性布局，展示措施的选取分散而不成体系。大运河沿线地方遗产管理部门各自为政，致使展示主题重复、展示措施缺乏地域特色，有的甚至存在逻辑混乱、彼此间关联性不强等问题。另外，就大运河遗产的科学阐释、有效传播而言，其方法则尤为匮乏。

7.1.4 展示相关研究薄弱

针对大运河遗产展示利用方面的研究比较薄弱，尤其是大运河遗产动态保护、活化利用、非遗元素植入等方面的研究更为薄弱，现有研究成果难以支撑并指导大运河遗产的保护、展示阐释与利用等方面的实际工作。这制约了大运河遗产的价值阐释、利用方法及传承方式等诸多方面的发展。

针对大运河沿线遗产资源的梳理、利用功能的调整、景观空间的利用、开放条件的分析、非遗元素的融入以及获取经费的途径等诸多方面的研究，是解决大运河遗产保护与延续的关键。

7.1.5 宣传推介方法单一

大运河遗产宣传推介是弘扬大运河文化、传承大运河遗产的重要方式，宣传推介是遗产展示利用的重要手段，也是对展示利用方式的重要补充与拓展。文化遗产的保护理念、价值阐释、展示方式等均需要宣传推介做辅助。科学有效的宣传推介方法是大运河文化遗产与民众之间的有益桥梁。但目前针对我国大运河遗产的宣传推介方法较单一，缺乏理念上的更新和方式上的创新，宣传方式落后，工作手段单一，与大运河文化遗产应有的地位严重不符，直接导致了公众对大运河遗产的关注度不高、认知度不足。中国大运河遗产没有发挥其应有的社会与文化价值。

7.2 展示内容界定

7.2.1 本体展示遴选

大运河遗产类型丰富，遗产不同点段的价值与重要程度差距巨大，且其保存状况也不尽相同。由于客观条件所限，大运河遗产不可能实施全面展示，需针对不同遗产类型，分重点、分层次予以遴选。大运河遗产展示点段的遴选是评估遗产价值、明确展示目的和划定展示范围的过程。展示遴选的结果是后续进行展示内容界定、展示效果达成的关键。

7.2.2 环境要素提炼

环境要素是大运河遗产展示的重要内容。大运河遗产历史环境要素是大运河遗产的保护对象之一，环境要素与遗产本体相结合构成完整展示空间环境，遗产展示除了尊重本体外，还需要恢复历史环境风貌、营造和谐的环境氛围。

大运河沿岸的历史城市、乡镇、村落及其他建（构）筑物等人文景观以及山水、林木、原始地形地貌等自然景观，均可以构成大运河的历史环境要素。历史环境要素应体现大运河本体及周边历史环境的真实性；同时，历史环境要素还应体现与美学、艺术、社会、文化等多方面价值的相关性。

7.2.3 展示内容解读

文化遗产本体是客观存在的，遗产的文物属性决定了其外观不可轻易改变，因此，大运河遗产的可观赏性已经固化在文物本体中，不管你是否喜欢，它就在那里，不可随意改变，而我们只能看到其外在的表现形式，这就需要通过内容的解读，拓展展示思路，为人们提供适度的精神想象空间。有时候，同样的外在形式，由于内容解读的不同，给人的感观也将发生不同的变化。展示内容解读是通过研究大运河遗产本体的历史、艺术、科学、社会和文化五大价值，分析文化遗产的结构特点及构造特征，结合相关历史资料的梳理，运用科学严谨的逻辑推理，试图寻求正确阐释大运河遗产所蕴含的内在价值的方法。

7.3 展示措施选择

7.3.1 展示利用原则

大运河展示项目应遵循本体安全原则、协调相融原则和适度阐释原则三大原则，下面分别予以阐述。

（1）本体安全原则

展示利用文物本体的前提是要确保文物本体的安全，这是第一要务，因为文化遗产资源是不可再生的，因展示利用而导致文化遗产的破坏将是不可逆的。因此确保文化遗产本体安全原则是展示利用的核心。

（2）协调相融原则

协调相融原则是指展示内容应与文化遗产本体内涵相协调，展示内容彼此之间相融合，既是表现形式与内容的协调，又是表象与内涵之间的协调。植入非物质文化遗产、组织创意活动等均需要与大运河的母题相融合，因此，需要认真甄选展示内容与展示主题，以确保其与大运河遗产内涵的协调相融。

（3）适度阐释原则

适度阐释原则是指对大运河文化遗产内涵的恰当阐述与解释。阐释内容应适度合理：当阐释程度不足时，则不能达到使人充分了解文化遗产内涵的目的；当阐释过度时，则有可能与文化遗产内涵不符，甚至曲解文化遗产的内涵。因此，应避免过度阐释、过度解读。适度阐释原则还要求阐释内容高雅而不媚俗。2009年6月第33届世界遗产大会于西班牙塞维利亚召开，提出了系列申报的方法，运用此方法可强化对遗产价值的表述，但同时也增加了阐释的复杂性和难度。正确理解大运河文化遗产所蕴含的多种价值，用规范语言进行准确表述，是破解阐释解读复杂性的关键。

7.3.2 展示利用方法

（1）现状展示

大运河遗产现状展示是最为常用的展示方法，是将文化遗产的真实现状准确地予以呈现。但现状展示并不是不采取任何干预措施，而将遗产现状予以简单直接的呈现。大运河遗产的现状展示是经过保护修缮后，将文化遗产的安全稳定状态予以科学呈现，展示该文化遗产所蕴含的历史、艺术、科学、社会与文化价值，展示文化遗产的真实性和完整性。遭到破坏的脏乱差状态不是文化遗产应有的状态，也不是展示应有的内容，因此，展示前应当实施大运河遗产本体保护与环境整治工程，呈现大运河遗产应有的真实面貌。

为便于引导游客参观，大运河遗产展示工程中可增加导览系统、游览步道、休憩场所及相关设施，这类设施的设计应在不破坏文化遗产本体及环境风貌的基础上，满足功能的需求。例如，南旺枢纽分水龙王庙遗址清理发掘后，其建筑基址没有实施回填保护，而采用了遗址现状展示的方式。（图7-2）

（2）覆罩展示

覆罩展示是指由于文化遗产存在一定的脆弱性，为了展示利用的需要，在对文化遗产本体实施保护措施之外，对文化遗产本体实施的物理性防护措施。覆罩的类型包括修建保护棚，加盖金属、玻璃及其他材质的保护罩等。覆罩展示应给游客预留出游览空间或观展视角。通过物理性防护措施达到防止风沙、雨雪以及温湿度变化等目的，从而有效延长文化遗产的寿命。

覆罩展示需要根据文化遗产自身的特点实施，一般情况下，其实施的范围包

图7-2 南旺分水龙王庙遗址清理现状

括具有特殊文物价值的建筑物遗址、构筑物遗址、大运河河道与堤坝遗址局部剖面、沉船点等。覆罩展示应针对大运河遗产中最精华的部分，其实施范围不宜过大。例如，柳孜运河遗址修建了保护大棚（图7-3），全面展示遗址考古发掘状况；淮安清口水利枢纽局部则采用加盖玻璃罩的展示方式（图7-4），在确保文物本体安全的同时，最大限度地呈现了遗址的真实状态。覆罩展示使用于文化遗存相对集中且范围相对较小的区块，大范围的大运河河道、堤岸则不适用于覆罩展示。

（3）复制展示

所谓复制展示是指将遗址本体进行回填保护后，在其上部按照原遗址的形制、式样、规格等比例原样予以复制。由于遗址本体的脆弱性，有的遗址不适宜进行现状展示，为呈现遗址的真实结构，给人以视觉的冲击和感观的刺激，可采用原址等比例复制展示的方式，从而让游客得到身临其境的真实体验。复制展示具有可重复性的特征，不必担心展示部位遭到破坏。该方法一般用于遗址保护展示项目，不适用于完整的文物建筑。若将该方法应用于文物建筑，则不免涉及文物建筑复原的问题。文物建筑复原在当前遗产保护领域颇受争议，因此，近年来鲜有

图7-3　柳孜运河遗址保护棚
（图片来源：中国遗产研究院）

图7-4　遗址覆罩保护
（图片来源：中国遗产研究院）

文物建筑复原的案例。例如，应县木塔由于其高超精美的建筑成就广为世人称道，由于年久失修，塔体残损严重，为此，相关研究单位制定了多轮设计方案，但均不尽如人意，于是，有专家提出在原塔旁边复制一座新木塔，用于展示参观。该方式类似于本书提到的复制展示的方法，其优点是既利于展示参观，又利于技艺传承。在面对应县木塔修缮"无计可施"的情况下，这也不失为权宜之计。

（4）标识展示

标识展示是采用与遗址本体不同材质的材料，以示意的形式展示遗址本体的位置、形态及范围等信息。由于遗址本体的脆弱性、工艺的复杂性以及价值的稀缺性，不适合采用裸露的方式进行展示，而采用回填的方式，并在地表与其对应位置采用砖、石、植被或其他材质进行示意性展示。展示效果可与环境风貌相协调，也可适度形成视觉反差。标识展示是一种对遗址的解读方式，解读中应采用多种方式比较研究，从中选择最适宜的方式。例如，河南洛阳回洛仓遗址就采用了标识展示的方式，展示遗址整体格局。隋朝回洛仓城遗址区东西长1000米，南北宽355米，仓窖内径10米，东西成行，南北成列，现存700余座。没有必要将其全部予以裸露展示，因此大多数粮仓采用了地表标识的展示方法，用圆形绿篱标注各个仓窖的位置信息及尺度关系，呈现遗址区气势恢宏的格局。（图7-5）

图7-5 河南洛阳回洛仓遗址标识展示(图片来源:河南省文物局)

(5)虚拟展示

虚拟展示是一种特殊类型的展示,是利用VR、AR、MR等现代媒体技术进行的展示。大运河遗产的历史场景在现实世界中无法再现,有的也没有必要再现。

采用VR虚拟现实技术,利用3D建模技术在虚拟空间予以重构,利用电脑、VR眼镜等设备进行参观,这种虚拟展示方法,可以真实地、形象化地再现历史时间线上大运河遗产及周边景观的历史风貌。

采用AR增强现实技术,可以将虚拟的信息,如讲解词、建筑遗址部位名称、构件材质、艺术性深度分析等各类网络中的虚拟信息增强到遗址实物上,通过带有屏幕属性的特殊设备予以呈现,如谷歌眼镜、PAD、手机等,让游客参观真实遗址时,通过终端设备叠加虚拟的网络信息,增强遗址信息量,帮助游客更好地理解大运河遗产。

采用MR混合现实技术,将遗址建模后叠加到虚拟空间,游客可以在网络终端的虚拟空间中全方位、多视角地观赏文化遗产,观赏大运河遗址的保护修缮过程,甚至可以自行操作进行虚拟修复、虚拟考古,以增加游客参观体验的深度。

7.4 展示场所营造

7.4.1 遵循原则

（1）文物安全原则

此处展示场所是指在遗址之上或之外修建的，满足于保护文物本体、展示可移动文物等需求的保护棚、陈列馆、博物馆等建筑物。这类建筑的营造，需要满足确保文物本体安全的原则。在遗址上部修建保护棚等建筑物的，其墙体和柱网应避让遗址本体，并留有适当安全距离。施工过程中应优先对文物本体进行防护，用防护性设施确保文物本体的安全；同时应监控整个施工过程，做好应急预案。

（2）文脉传承原则

文脉传承原则是指在建设保护棚、陈列馆、博物馆等保护性设施时，应注重大运河文化与地方文脉的结合，要体现文脉传承，其建筑形式的选择与遗产类型、遗产价值、遗产形态呈正相关。文脉传承不能理解为历史的符号堆砌和简单的形式模仿，而是从文化基因的深层次理解转化为建筑师的语言，以空间营造技法予以创造性表达。

（3）景观协调原则

所谓景观协调原则是指建设保护棚、陈列馆、博物馆等保护性设施，应当注重该保护性设施与大运河本体及历史环境要素的协调，注重新建建筑与现存环境的有机融合，不过分凸显新建建筑，不追求成为地标性建筑。提倡采用消隐的手法，将保护棚、陈列馆、博物馆等保护性建筑消隐于环境中。可采用下沉式手法，也可堆砌地形、种植植物进行遮挡，以达到消隐建筑的效果。汉阳陵遗址即采用了地下陈列馆的方式，地面以上采用自然植被铺装，与周边环境高度协调。

（4）绿色环保原则

保护棚、陈列馆、博物馆等保护性设施工程应遵循绿色、环保、可持续发展的原则，包括材料选择应节能环保，采用可再生、可降解的新材料；加强太阳能等光伏产品的应用；增加绿化种植范围，减少绿化维护成本等。

7.4.2 设计手法

（1）规模与色彩控制

建筑设计受遗产本体及周边自然环境的限制，对其建筑规模与色彩也应根据遗产本体及周边自然环境的实际情况予以控制。保护棚的建筑规模直接受到遗产本体范围的影响，应当涵盖拟进行展示的遗址范围，与之匹配，而不宜过大。建筑的色彩同样受文化遗产环境色彩基调的影响，因此，应当对文化遗产的环境进行色彩分析，提炼文化遗产周边环境的主色调，明确色域，以此作为保护棚建筑色彩控制的依据。

（2）形体服从功能

大运河文化遗产中建设的保护棚、陈列馆、博物馆等保护性设施工程，其建设形体应服从于建筑功能的需求，建筑设计受文化遗产及其周边环境的限制，其功能需求应合理配置。例如，在遗址上修建保护棚，则不宜过多设置办公、服务功能以及可移动文物的展示空间。再如，陈列馆、博物馆设计应根据馆藏文物的数量及类型，合理配置各类功能。（图7-6）展品的尺度是馆藏空间设计的依据，

图7-6 南旺枢纽遗址陈列馆室内

实际设计案例中经常出现先设计场馆建筑，再做室内展陈设计，致使许多内部空间运用不合理，或空间太大、缺少展品，或展品过大、空间局促等。建筑形体设计应与功能需求紧密结合，形体设计服从于功能需求，才能避免内外脱节、"两张皮"的现象。在满足上述建筑功能需求的前提下，还应综合考虑展示空间、工作空间、休憩空间等多种空间布局的合理需求，以合理性为前提控制建筑的整体体量。

（3）遗产元素提炼

大运河文化遗产中建设保护棚、陈列馆、博物馆等保护性设施工程之前需对文化遗产的内涵进行深入研究，对遗产元素进行提炼。遗产元素包括文化符号、遗产形体特征、遗产工艺技术等多方面。提炼体现遗产价值内涵的遗产元素，将之应用于建筑设计之中，使之符合美学需求，进行适度创新，延伸文化遗产的表达内涵。（图7-7）遗产元素的运用或夸张或收敛，均应根据不同类型的遗产特征、民众对遗产的理解程度，以及设计师的审美表达，予以再创造、再凝练、再升华。

（4）有机自然生长

大运河文化遗产中保护棚、陈列馆、博物馆等保护性设施工程设计追求有机自然生长的法则。通过提取设计元素、构建建筑空间有机单元，再向外、向上、

图7-7 东平陵宫殿区保护棚设计（邢晨燕绘）

向四周自发扩展、有机生长，达到"虽由人作、宛自天开"的理想效果。通过有机的自然生长，追求自内而外的生长脉络，追求蓬勃发展的生命气息，追求内外统一的设计逻辑。

7.4.3 项目实施

（1）精品工程要求

文化遗产展示利用精品工程是指在文化遗产展示利用工程项目实施及后期管理全过程中，对工程质量、工程实施、工程管理等做出的高水平要求，包括优质的工程质量、严谨的施工工序、规范的工程队伍，以及精细的工程管理等。除了专注于工程质量的精品性，还需工匠精神的引领、工程时序的把控，以及管理环节的可追溯。

（2）节能环保理念

大运河遗产展示利用项目实施过程应贯彻节能环保的理念，包括节能的长效机制、材料的可再生与可降解、材料的可逆性与可重复再利用等。

大运河遗产展示利用项目实施之前，应对已有的优秀文化遗产建造方式进行调研，总结可借鉴的内容，结合该大运河文化遗产的环境特征，遴选节能材料、节能方式，使之与大运河本体及环境协调统一乃至高度融合。大运河遗产保护展示项目实施过程应始终坚持生态环保的理念，生态的理念、生态的形体、生态的构造、生态的营造和生态的管理等诸多方面均值得借鉴。

（3）展示模式创新

文化遗产展示利用模式不能故步自封，应不断发展、不断迭代、不断创新，集中表现为展示场景真实性再现、虚拟展示模式创新、群众参与性互动展示、实体与虚拟展示相结合、线下与线上展示相结合、展示全过程可追溯等。

①展示场景真实性再现

大运河文化遗产展示工程最理想的状态是展示场景的真实性再现，这涉及建筑遗产修复与复原工程，按照当前文物保护管理模式，原则上不支持复原工程。另外，受文化遗产的残损程度、文献资料的完整度等多种条件所限，即使实施了复原工程，也无法确保文化遗产的真实性。因此，我们追求的目标是展示场景尽可能真实，而不奢求于展示场景的完整再现。

②虚拟展示模式创新

虚拟展示模式包括虚拟参观、虚拟考古、虚拟修复等。VR 技术更适用于虚拟参观，通过计算机软件三维建模生成大运河遗产虚拟历史场景，游客通过 VR 设备实现虚拟参观，此种模式在部分遗址展示中已经开始应用。而虚拟考古、虚拟修复尚没有实施案例。利用 MR 技术将遗址考古现场或遗产本体进行三维扫描建模，以模型为基础，将考古背景知识、考古操作流程、文化遗产修复技术方法等内容编入计算机程序，建立可操作的虚拟操作场景，作为虚拟考古及虚拟修复的工具。游客利用这些虚拟工具，对遗址考古现场或遗产本体的三维模型进行操作。这种虚拟考古和虚拟修复技术是展示模式创新发展的重要方向。

③群众参与性互动展示

目前，群众除了简单的参观外，很难与遗产展示进行参与性互动。群众的参与性一直以来是遗产展示利用的薄弱环节。这与大运河遗产展示设计与展示利用方式有密切的关系。利用文化遗产所提供的特殊空间组织必要的文化活动，植入非物质文化遗产展演功能、讲好文化遗产故事等，是加强群众参与、互动的重要方式。

④实体与虚拟展示相结合

文化遗产的实体是实施展示项目的物质载体，实体展示是展示利用的基本方式。离开了实体展示，展示内容的真实性将受到质疑。虚拟展示是展示方式的拓展，当残缺的遗产本体不能充分体现文化遗产所承载的价值时，采用虚拟的形式，将文化遗产精美的构成予以虚拟再现，达到超出预期的展示效果，成为实体展示的重要补充。虚拟展示将虚拟的三维模型准确地与残损实物本体有机契合，共同构成丰富而完美的展示方式。

⑤线下与线上展示相结合

线下展示方式需要游客亲临文化遗产现场，其优点是能够让游客与文化遗产近距离接触，全方位地感知文化遗产所特有的文化内涵、实体空间以及美学意境等，其缺点是受到时间、空间的限制；而线上展示的优点是不受物理空间限制，也不受参观时间的限制，具有更多的自由度，其缺点是游客的感知度不如线下展示。采用线下与线上相结合的方式，将线下活动同时在网上直播，线下与线上互动，是展示利用模式发展的方向。

⑥展示全过程可追溯

随着现代科学技术的发展，展示形式逐渐丰富，遗产展示的方式逐渐由静态展示向动态展示发展。对遗产本体及周边环境四季变化进行记录，对遗产考古过程、保护修缮过程进行记录，对大运河遗产空间内展演与文化娱乐活动进行记录，做到文化遗产保护与利用的全过程可追溯，这本身就是活态展示利用的重要方式，同时也体现了我们面对文化遗产时所应具有的历史感及对历史负责的态度。

7.5 标识导览系统设计

7.5.1 标识导览内容界定

标识系统、导览系统是展示利用工程的重要分项工程。

标识系统包括阐释文化遗产的建筑构造、修建年代、文物价值以及所涉及的历史人物、历史事件等各类信息，应当以清晰简明的方式来表达。

导览系统主要用于指定游客所在的位置，文化遗产及重要景观，厕所、游客服务中心及配套服务设施等各种位置信息，以及出入口、游览线路、安全警戒等各类信息，还包括承载这些信息的说明牌、指示牌、导引牌及其他视听设备。

7.5.2 展览路径选择

展示区域内可设置主参观路径和辅助参观路径。展示路径设计应当确保路径经过重要文化遗产本体区、重要自然景观节点、人文互动区域，还应避让消防、安防设施、文物库房及办公区域，确保游览参观与日常办公互不干扰。条件允许的文化遗产展示区，应为游客留有自主选择的线路，增强游客的主动参与性。

7.5.3 展示标牌设计

展示标牌设计应注重统一性和协调性，同时注重展示内容表达的准确性。

（1）展示标牌设计的统一性

位于同一区域的大运河文化遗产，其展示工程标牌设计应当风格统一、内容清晰。风格统一设计既便于识别，又有利于将其形象在游客大脑中固化，不会给游客传达错误的信息。优秀的展示标牌设计可给游客留下深刻的印象，有利于该文化遗产品牌的营造。（图7-8）

（2）展示标牌风格的协调性

展示标牌的整体风格应与文化遗产本体及周边环境风貌相协调。可深入研究文化遗产的时代特征，从文化遗产的时代风格中提取可借鉴的素材；也可深入研究文化遗产建（构）筑物以及艺术构件等形态特征与纹理特色，从中汲取灵感。

展示标牌（图7-9）放置在文化遗产背景环境中不宜过于醒目，应恰当地融合在文化遗产的环境中。

（3）展示内容表达的准确性

大运河文化遗产展示标牌中表达的内容应当准确，语言精练，表达清晰，字体与背板色差较大，易于识别。

标牌内容可包含文字或示意图，其中示意图可不按照建筑的原始比例进行绘制，但示意图纸所标注的建筑间位置关系应当准确。另外，为准确表达文化遗产展示信息，局部可合理放大，可做夸张化设计，例如，为提高展示标牌的观赏性和生动性，可采用卡通式的设计方式。

7.6 展示景观营造

人们已不仅仅把景观环境作为遗产的外部背景，而是将遗产的文化价值、遗产地的精神延伸到景观环境当中，因此，景观环境已经成为文化遗产不可分割的组成部分，是文化遗产完整性的重要构成。大运河文化遗产是独具特色的遗产类型，其展示景观的营造原则、设计手法以及营造实施过程均应有独特之处。（图7-10）

7.6.1 景观营造原则

（1）避免城市园林化原则

大运河遗产周边景观营造应避免城市景观园林化。大运河遗产分为郊野环境和城镇环境两种类型。其中，在郊野环境中进行景观营造，应以现存景观环境为主，适当改造提升，保持自然的郊野风貌，不宜采用城市园林化的方式。大运河穿过城镇区域，其周边环境营造应结合城镇的发展特点，借助微环境、微地形的处理方式，大量种植适宜的植被，对周边高大建筑物进行遮挡，营造舒适的、亲近自然的场所，应体现大运河恢宏的特色，避免城市花园式的改造。

（2）彰显遗产历史文化原则

景观营造应基于对文化遗产的深度认知，遵循彰显遗产历史文化原则。不同的历史文化，配合不同的景观环境氛围，两者相互协调、相得益彰。景观营造的过程是对历史文化深入挖掘、学习、再创造的过程，好的景观营造可提升文化遗产的形象，相反则降低文化遗产的吸引力。

优秀的景观营造是批判地吸收，而不是盲目地照搬。通过景观的精心营造，吸引游客、凝聚人心，彰显文化遗产的历史内涵，传承文化遗产的精神内核。

（3）分类营造原则

由于大运河文化遗产类型丰富，采用单一的营造方法，不能满足不同类型文化遗产的营造需求，因此，需要遵循分类营造的原则。

针对空旷的郊野环境可采用相对粗糙的大尺度营造，以顺应自然地形地貌的特点；针对河道两侧密集的人工环境，则应以整治现有建筑为主，在适当区域增加留白处理，并配以简单绿化景观，不宜进行大规模整治性营造。

7.6.2 营造设计方法

大运河遗产的景观营造设计可采用残缺修补法、微地形营造法和景观写仿复原法等方法。

（1）残缺修补法

针对大运河遗产的景观进行勘察，对残损、破坏的景观环境进行残缺修补，

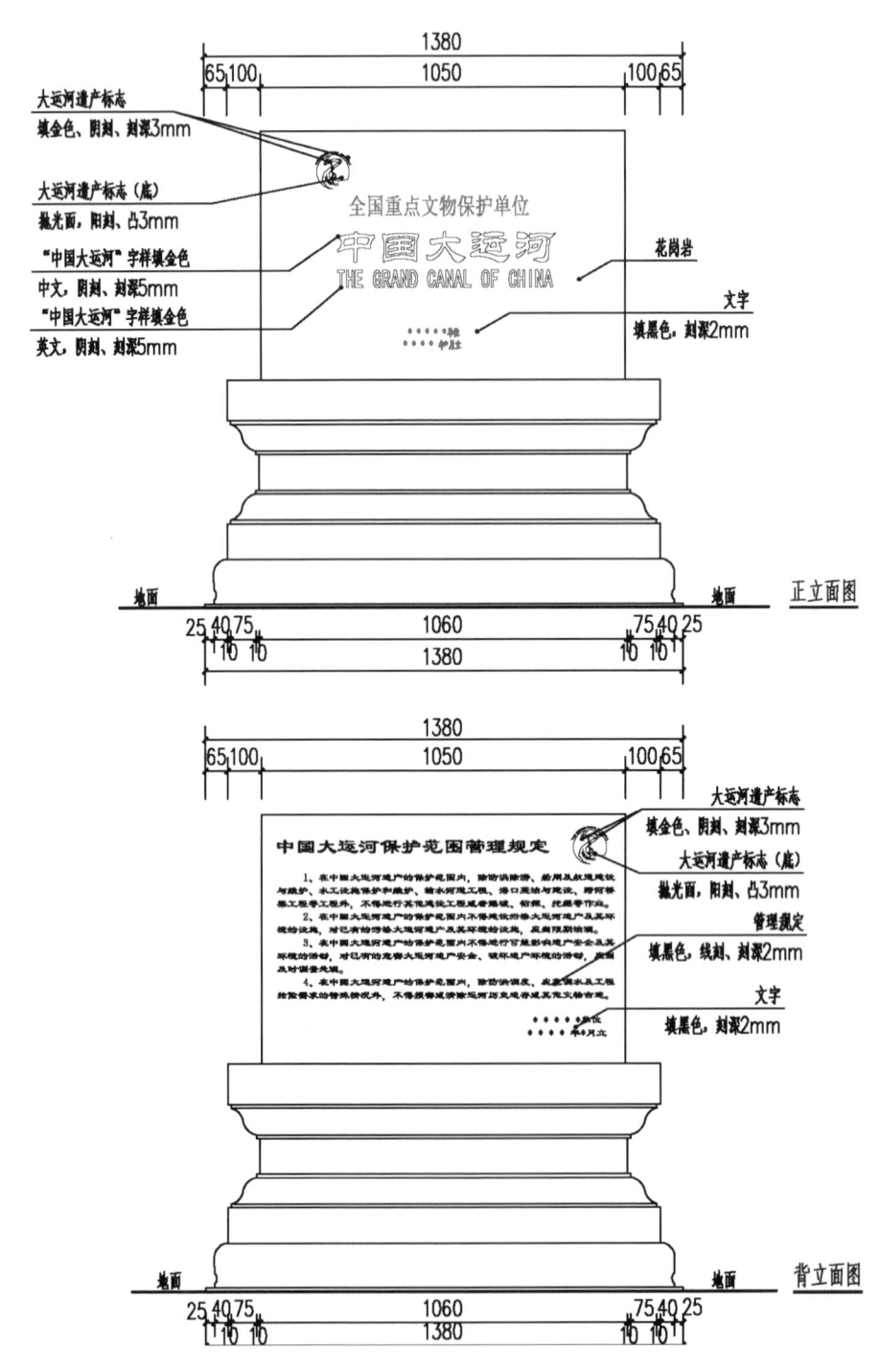

图7-8 大运河展示标牌统一性设计：文保标志碑大样图

7 大运河遗产展示利用方法

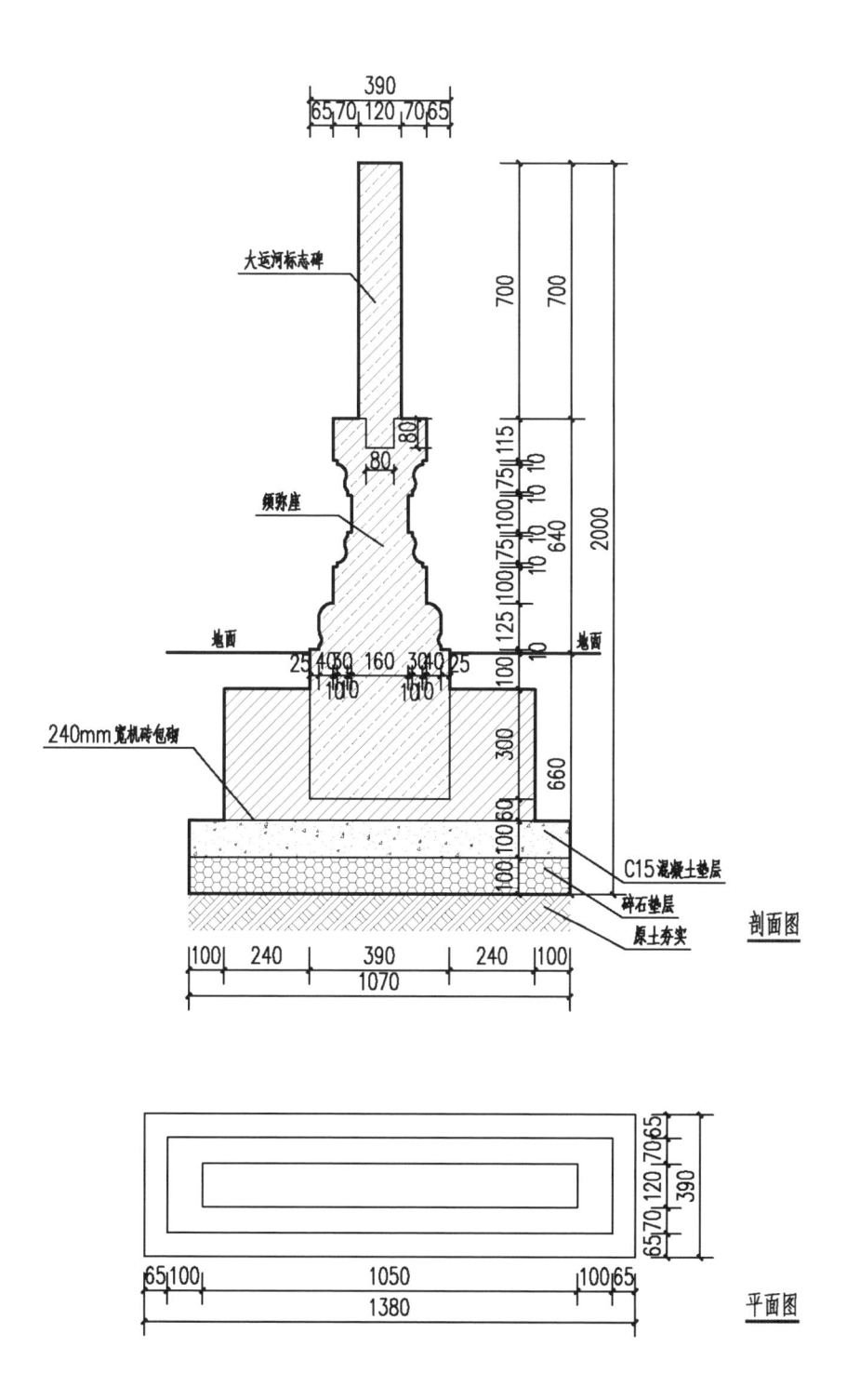

大运河标志碑

须弥座

地面

240mm宽机砖包砌

C15混凝土垫层
碎石垫层
原土夯实

剖面图

平面图

◇ 大运河遗产保护理论与方法

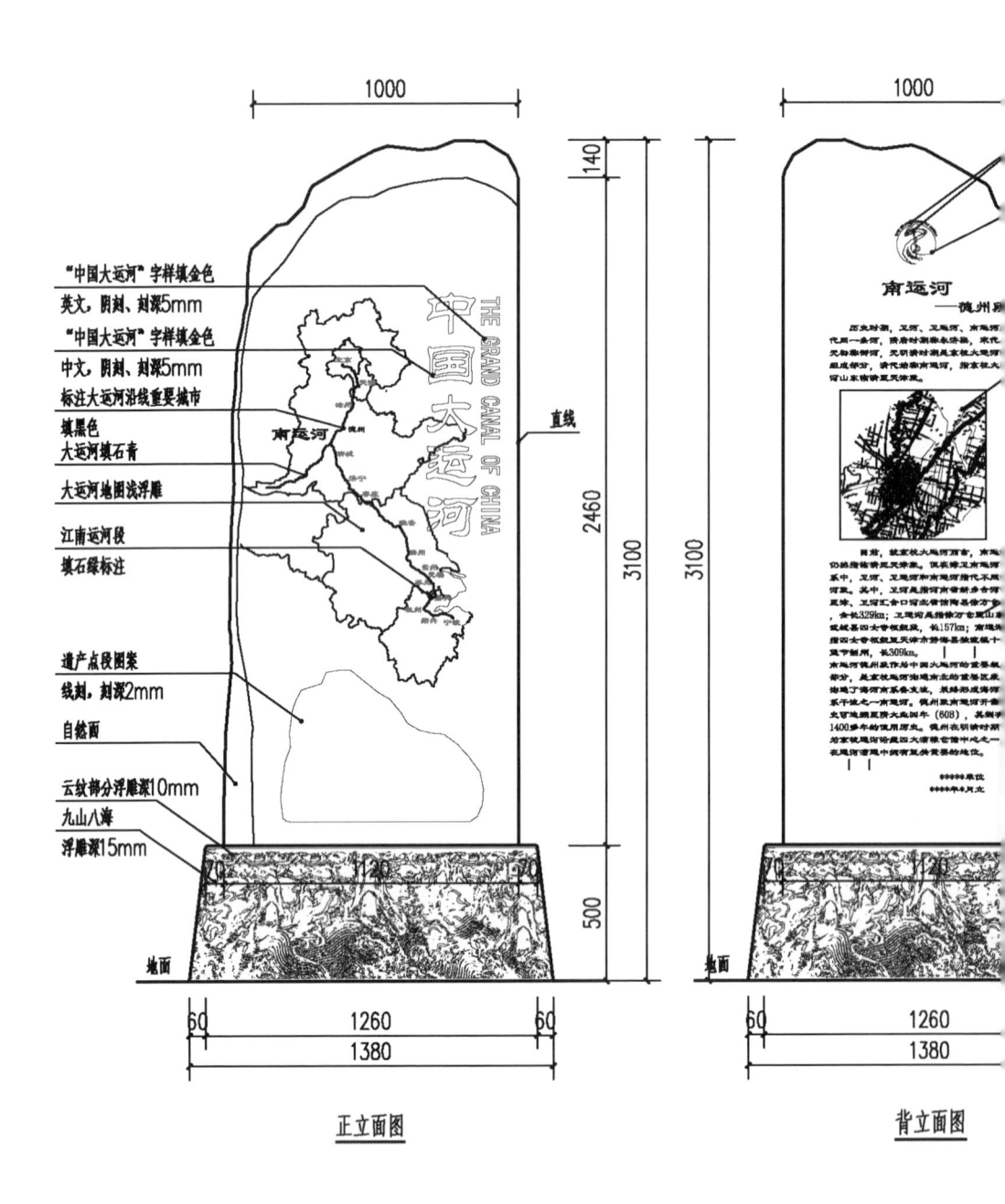

图7-9 大运河展示标牌协调性设计：河道标志碑大样图

186

7　大运河遗产展示利用方法

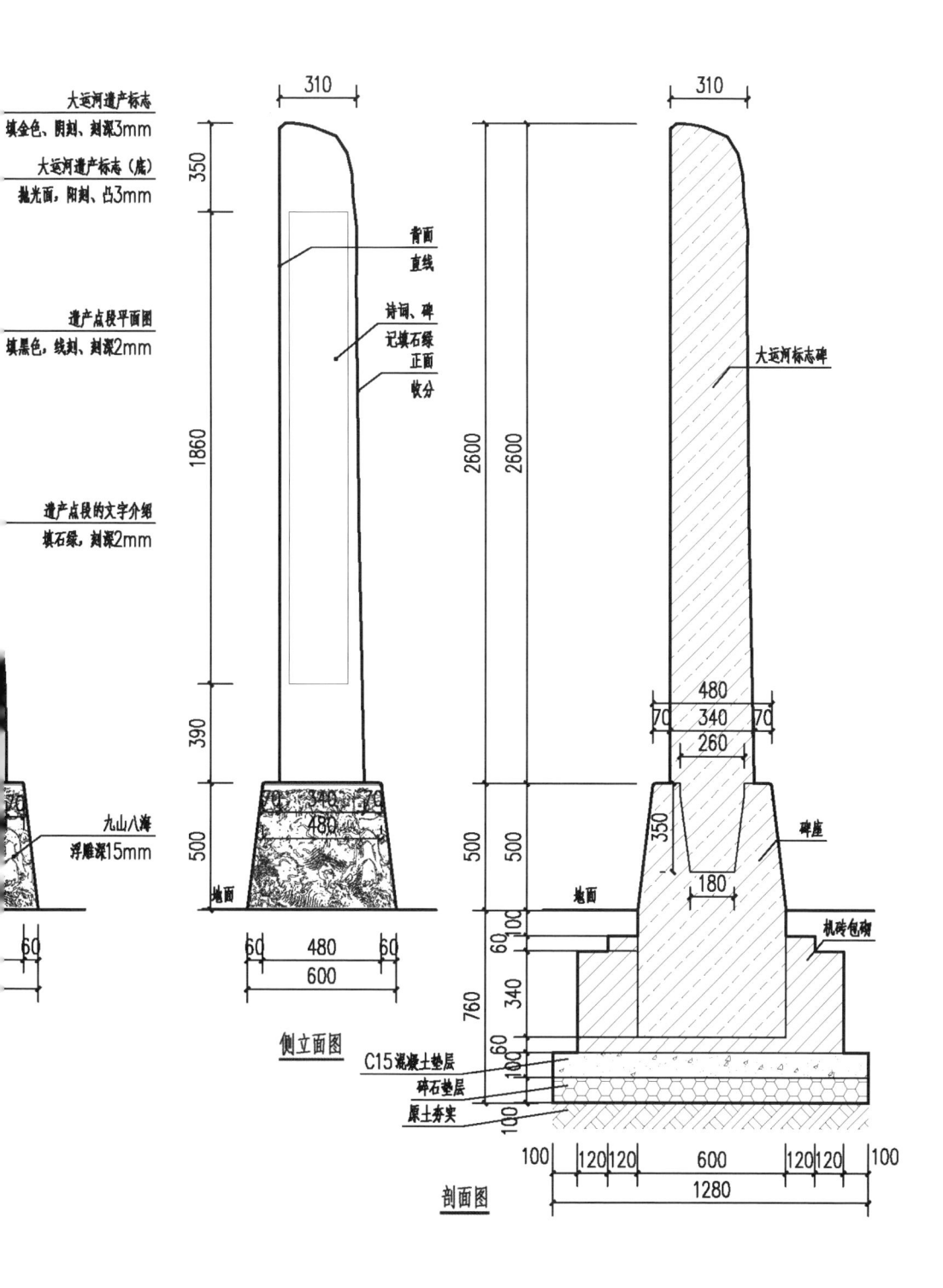

大运河遗产标志
填金色、阴刻、刻深3mm

大运河遗产标志（底）
抛光面，阳刻、凸3mm

遗产点段平面图
填黑色、线刻、刻深2mm

遗产点段的文字介绍
填石绿、刻深2mm

九山八海
浮雕深15mm

背面
直线

诗词、碑
记填石绿
正面
收分

大运河标志碑

碑座

机砖包砌

C15混凝土垫层
碎石垫层
原土夯实

侧立面图

剖面图

187

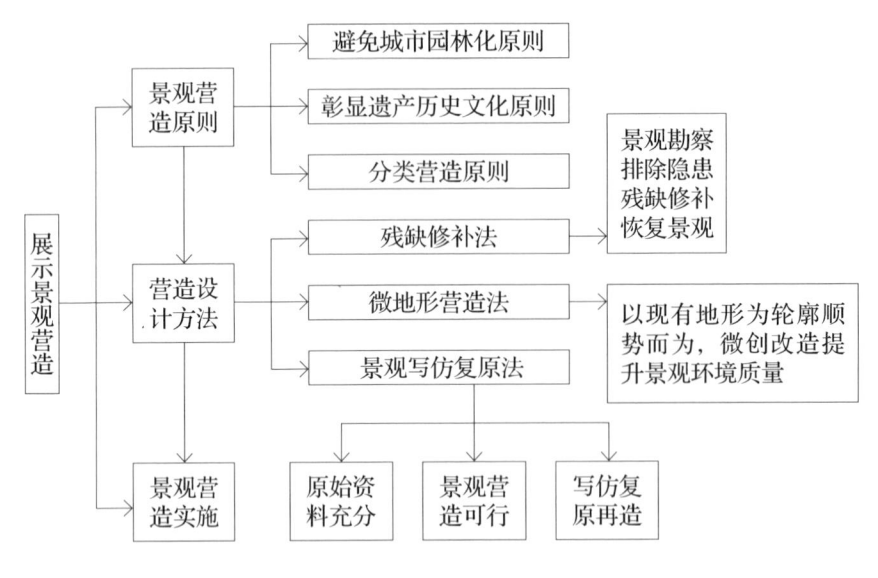

图7-10 展示景观营造方法

是大运河遗产景观环境营造的主要方法。其核心是修补，而不是再造，因此，对原始景观环境的调查成为景观修补的关键。对开挖取土、人工破坏、自然侵蚀等各种病害进行调查，排除安全隐患，对残缺部分进行修补，恢复文化遗产应有的景观环境，即所谓的残缺修补法。

（2）微地形营造法

针对大运河遗产中遭到严重破坏的景观环境，原始环境已无从探查，现有环境又极为混乱、破败，与文化遗产内涵严重不符，可采用微地形营造法改善文化遗产的景观环境。微地形营造法属于景观再造的过程，实施时应慎之又慎，避免干预过度，适得其反。因而需要以现有地形地貌为基本轮廓，顺势而为，实施微创式改造，切忌采取移山填海式的改造方法。微地形改造目的是提升文化遗产的景观环境质量。

（3）景观写仿复原法

针对大运河遗产中遭到严重破坏，原始环境已无从探查，现有环境又极为混乱、破败，与文化遗产内涵严重不符的景观环境，经过勘察，原景观环境脉络尚清晰,有照片、文献记载、采访记录等充分佐证材料,能够绘制完整的原始景观环境图纸,且文化遗产环境的现有条件具备复原的可能性,可采用景观写仿复原法进行营造。写仿是园林造景的手法,复原是建筑遗产修复的方法,景观写仿复原法是指借鉴建筑遗产复原的方法,将之应用于大运河环境景观的营造,并结合园林造景中写仿的手法,提炼适用于大运河遗产景观营造的方法。景观写仿复原法不是简单的模仿与重复,而是有依据的恢复与再造。

7.6.3 景观营造实施

大运河南旺水利枢纽位于京杭大运河的制高点,其复杂的给水、储水、分流等工程技术,体现了古代劳动人民高超的智慧和伟大的创造力。大运河南旺水利枢纽景观营造,是在考古挖掘并获得充分依据的基础上,对大运河南旺水利枢纽区域的河道进行清理恢复,对周边占压房屋进行拆除,并逐步对分水龙王庙周边的景观进行改造,从而营造出较为协调的环境氛围。(图7-11、图7-12)

图7-11 南旺遗址展示平台

图7-12 南旺分水枢纽河道展示

8 大运河遗产保护利用拓展

8.1 国内外国家公园建设的启示

8.1.1 国外国家公园建设管窥

美国、日本等国家较早地将大型考古文化遗址建设成公园,建立了专门的管理机构,其保护策略及管理模式存在值得借鉴之处。

(1)美国遗址公园

将大型考古文化遗址作为"公园"的做法最早始于美国的卡萨格兰德遗址(Casa Grande Ruins),14世纪从北部移居此地的萨拉多印第安人所建遗迹主体为一座高12米的四层砖坯塔,这里还有萨拉多印第安人继续使用、年代更为久远的霍霍坎印第安农民建造的灌溉系统。

1892年,美国总统本杰明·哈里森在考古学家、人类学家以及波士顿马萨诸塞州参议员的保护要求下,为亚利桑那州南部的史前印第安人建筑群遗址——卡萨格兰德遗址,拨出周围1平方英里(约2.6平方千米)的领土作为美国的第一个史前文化储备进行保护,并于1901年开始由政府进行现场监护。(图8-1)

1918年8月3日，威尔逊总统宣布卡萨格兰德遗址作为国家公园，移交给国家公园管理处。这是第一个被纳入国家公园管理体系的美国最大的史前建筑遗址。迄今为止，被纳入美国国家公园管理局管理的纪念地和公园已有大约7万处。

（2）日本遗址公园

20世纪60年代中叶，日本在对建设活动带来环境破坏的反思中、在追寻民族历史的精神需求下，兴起了建造遗址公园的热潮，如静冈登吕弥生文化遗址、奈良平城京遗址公园、佐贺县吉野里遗址（图8-2）、福冈县板付遗址、佐贺县久保泉町丸山遗迹等。

图8-1　亚利桑那州南部的史前印第安人建筑群遗址

图8-2　佐贺县吉野里遗址（图片来源：吉野里遗址官网）

佐贺县吉野里遗址位于日本九州地区佐贺县东南部，是20世纪80年代中期发现并挖掘的弥生时代遗址。吉野里遗址作为记录日本自进入农耕社会至原始国家形成发展过程的重要遗址，具有极为重要的学术价值。其持续不断的考古发掘，在日本引起极大的轰动，每天前往发掘现场参观的人络绎不绝。

1991年，吉野里遗址被指定为特别史迹，同时日本内阁会议决定以吉野里遗址为中心，建设面积达117公顷的国立吉野里历史公园，并成立了管理机构。

8.1.2 国外国家公园制度借鉴

国家公园制度起源于美国。1872年，美国成立的黄石国家公园是世界上第一座国家公园。1916年，美国国会颁布《国家公园管理局组织法》(*National Park Service Organic Act*)，并设立国家公园管理局(National Park Service)，开启了国家公园规范化、系统化管理的新时代。经过100多年的发展，以国家公园为核心的美国国家公园制度积累了一些重要经验。（图8-3）

（1）保护第一的理念

美国创建第一个国家公园时，正值西进运动留下的"后遗症"，野蛮的工业开发对西部生态、文明大肆破坏。建设国家公园是"为了当代和未来世代的利益，

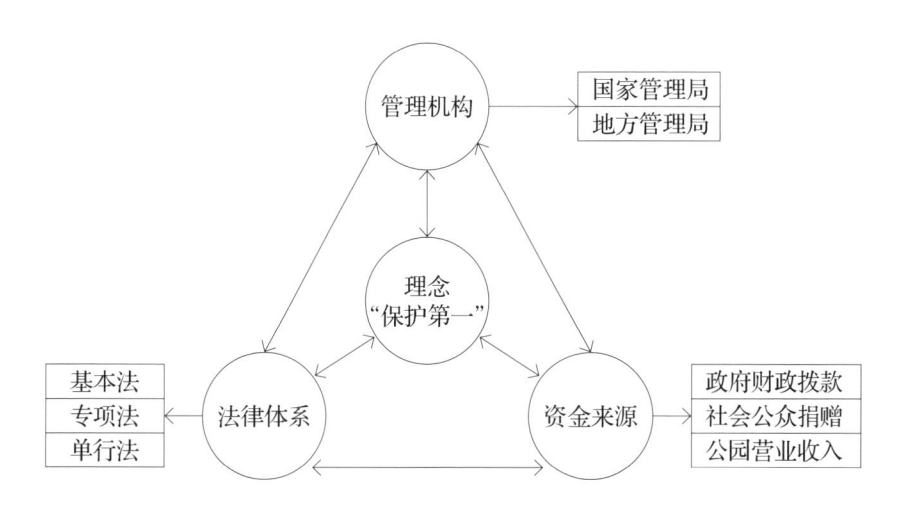

图8-3　美国国家公园制度（王谦绘制）

保护风景、自然、历史、文化遗迹和野生生物，使其维持未受损害的状态"，《国家公园管理局组织法》以及后来颁布的一系列法案明确规定"生态保护第一"的理念。这与我国文物保护工作十六字方针"保护为主、抢救第一、合理利用、加强管理"有共同之处。

建设大运河国家文化公园，也应当坚持"保护第一"的理念，坚持文物保护十六字方针，突出保护文化遗产及其周边环境的真实性和完整性，保护生态环境，避免过度开发利用文化遗产，让文化遗产得以自然展现。

（2）完善的法律体系

美国国家公园管理有完善的法律体系作保障。管理立法分多个层级：国家公园基本法，适用于全国的国家公园系统，如《国家公园管理局组织法》和《国家公园综合管理法》（*National Parks Omnibus Management Act*）；针对某个国家公园的专项立法，如《优胜美地国家公园法案》（*Yosemite National Park Act*）和《伊利运河国家遗产廊道法案》；对国家公园管理产生影响的单行法，如《荒野法》（*The Wildness Act*）、《国家自然与风景河流法》（*Wild and Scenic Rivers Act*）、《清洁水法》（*The Clean Water Act*）、《公园内采矿法》（*Mining in the Parks Act*）和《国家环境政策法案》（*National Environmental Policy Act*）等。

建设大运河国家文化公园，也应建立完善的法律体系。首先建立适用于所有国家文化公园的基本法，其次建立针对大运河国家文化公园的单项法，再次完善与国家文化公园配套的相关法规。将多层次法律法规结合在一起，形成一个完整的法律保障机制。

（3）统一的管理机构

美国国家公园实行自上而下的集权式垂直管理体制，设置单一的机构统一管理国家公园，其他相关部门以及民间机构进行合作、辅助，以避免多方利益的冲突。美国国会于1916年立法设立国家公园管理局，下设地方分局，管理的主要对象是国家公园系统、管理局项目和管理局自身，地方政府及其他部门没有权力干涉。这种垂直管理体制避免了国家公园管理的碎片化，提高了管理的工作效率。

建设大运河国家文化公园，可借鉴美国的管理机构设置经验，并结合我国的国情做出适当调整。在国务院下发的《国家文化公园建设方案》中有"构建中央统筹、省负总责、分级管理、分段负责的工作格局"的具体思路，但结合我国实际情况，建立不受地方政府约束的自上而下统一的管理机构是困难的，可以重新梳理大运河遗产保护的工作机制，由中央和各省市设工作组，设立省部级联系会议制度，在沿线城市设管理办公室，负责各市级联系、协调并指导工作，各部门及产权单位负责具体辖区的管理工作。

（4）多元化资金来源

美国国家公园的资金来源主要包括政府财政拨款、社会公众捐赠、公园营业收入三种。其中政府财政拨款是最主要来源，从2009年开始，每年美国对国家公园系统的财政拨款都超过29亿美元，占资金总额的80％以上。社会公众捐赠数额具有很强的不确定性，大部分年份低于资金总额的2％。公园营业收入主要由公园门票、交通系统和特许经营费（商业服务项目）构成，占资金总额的10％以上。

建设大运河国家文化公园，立足于我国的国情，也可建立以政府财政拨款为主的多元化资金保障机制。首先，统筹生态文明建设专项投资在内的各级财政资金，保障国家文化公园能够按规划建设、管理、运营。其次，支持地方企业发展以国家文化公园为依托的生态旅游产业，吸纳社会资本成立国家文化公园基金会，作为国家文化公园建设的资金保障。再次，借鉴美国特许经营模式，为国家文化公园适度提供满足自然舒适性需求的丰富多样的商业服务。

大运河传承千年文化，贯通古今，是祖先留下的珍贵遗产，是中华民族优秀传统文化的重要标志。建设大运河国家文化公园，深入挖掘运河文化内涵，打造中华文化重要标志，对"宣传中国形象、展示中华文明、彰显文化自信"具有重要意义。借鉴美国国家公园制度，坚持"保护第一"的理念，建立统一、规范、高效的大运河国家文化公园管理体制，构建完善的国家文化公园法律体系，整合组建国家文化公园管理机构，建立多元化资金保障机制，确保大运河国家文化公园得以按规划建设、管理、运营。

8.1.3 我国国家考古遗址公园发展

部分遗址类大运河遗产适宜修建考古遗址公园，例如，隋唐大运河河南段和安徽段多处仅存遗址，可选择考古价值丰富的重要点段建造考古遗址公园。已经建成的圆明园考古遗址公园（图8-4）、良渚考古遗址公园等，均对大运河国家文化公园建设有重要的借鉴价值。

图8-4 圆明园考古遗址公园（包佳良摄）

（1）考古遗址公园价值认定与现实意义

我国考古遗址公园是在遗址保护的基础上，对于遗址展示和利用的一种新的探索。遗址展示应在科学考古、精心保护的基础上，利用现代科技手段，充分展现理解力、想象力和创造力。考古遗址公园立足于遗址本体及其赋存环境的保护、展示与利用，同时兼顾教育、科研、游览、休闲等多项功能。考古遗址公园是中国大遗址保护实践与国际文化遗产保护理念相结合的产物，是加强遗址保护、深化遗址展示与利用的有效途径，符合现阶段大遗址保护的实际需要，具有鲜明的中国文化遗产保护特色。

考古遗址公园一方面可以为遗址保护与研究提供必要的空间，能够促进考古研究、遗址保护的可持续发展（图8-5）；另一方面可以借助系统化、人性化的展示设计，为社会公众提供开放和直观的考古教材，引导公众走近遗址、热爱遗址，有助于大遗址保护成果的全民共享。

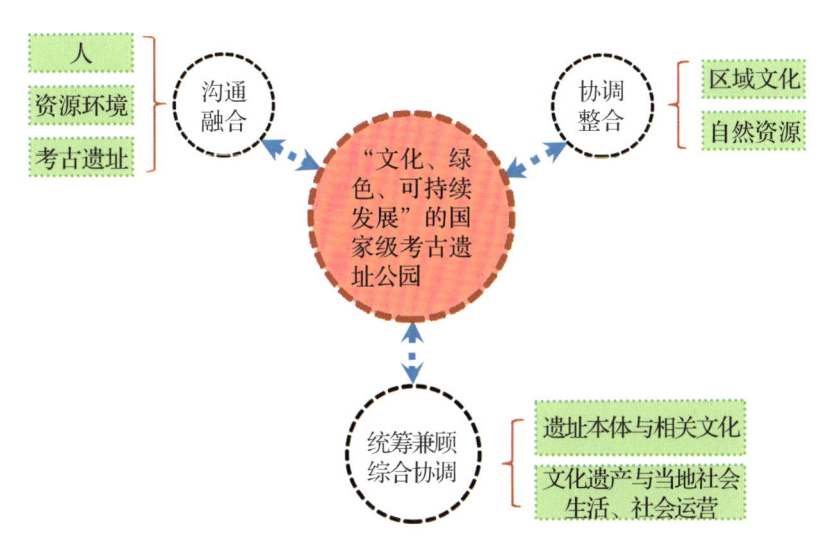

图8-5　考古遗址公园可持续发展内涵框架

考古遗址公园建设能够有效缓解文化遗产保护与城市化进程之间的矛盾，优化土地资源的利用，带动相关产业发展，从而进一步改善人居环境，扩展和丰富城市文化内涵。

考古遗址公园建设还有助于进一步深化大遗址保护理论研究，完善文化遗产管理体制，是科学发展和求实创新精神的体现。

考古遗址公园建设应准确把握定位，以保护和展示遗址本体及其内涵和价值为根本目的，根据各自的特点，采取有针对性的保护和展示方式，形成独特的风格和魅力。因此，考古遗址公园建设行为应确保遗址的完整保存，各类设施及景观设计应以遗址内涵及价值展示为前提。

考古遗址公园建设应以持续开展的考古、研究与保护工作为基础（图8-6），做好可行性研究和调查论证工作，秉承科学、严谨和实事求是的态度，循序渐进，统筹规划，合理布局。

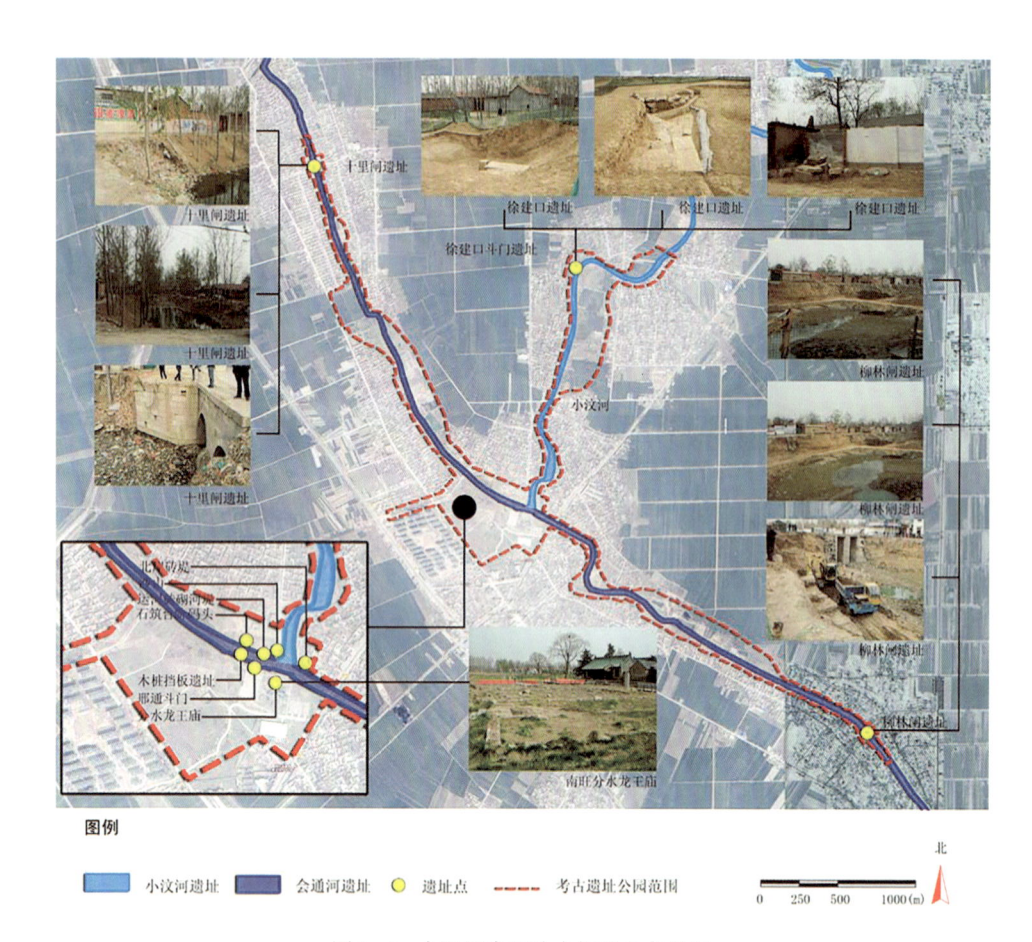

图8-6 大运河南旺分水枢纽考古规划

(2)考古遗址公园类型分析与建设历程

目前,我国已经设立了多处考古遗址公园:就性质而言,有的是考古发掘现场或遗址保护与展示园区,有的是重大自然灾害的典型遗迹保存地,有的是围绕某一历史题材策划实施的新建旅游项目;就规模而言,有的整体展示古代城市或宫殿、园林遗址,有的仅展示了遗址的一个部分,甚至是一项建筑单元。从严格意义上来说,它们当中只有符合文化遗产保护理念和要求的部分,才是真正意义上的考古遗址公园。

下面简要梳理我国考古遗址公园的建设历程与发展态势。

1983年,国务院批准了《北京城市建设总体规划》,将圆明园遗址确立为遗址公园。

1985年，北京市大兴区修建了团河行宫遗址公园。之后相继修建了元大都城垣遗址公园、明城墙遗址公园、皇城根遗址公园等，至今，北京市已命名的遗址公园已多达10处。

遗址公园这一概念正式进入文化遗产保护领域，始于2000年国家文物局批复的《圆明园遗址公园规划》，之后又相继批准了秦始皇陵遗址公园和大明宫遗址公园等建设项目。

2003年，安徽省合肥市启建了三国遗址公园（图8-7）。

2008年11月，我国设立了首个地震遗址公园——四川广元市青川县东河口地震遗址公园。

在《"十一五"国家重要大遗址保护规划纲要》中，遗址公园建设被明确提出，并得到了各地的积极响应。2010年国家文物局组织开展了首批国家考古遗址公园评定工作，评选出12处国家考古遗址公园（表8-1）和23个国家考古遗址公园立项单位。

图8-7 安徽三国遗址公园

表8-1 第一批国家考古遗址公园名单

序号	遗址公园名称	地址
1	圆明园国家考古遗址公园	北京
2	周口店国家考古遗址公园	北京
3	高句丽国家考古遗址公园	吉林
4	鸿山国家考古遗址公园	江苏
5	良渚国家考古遗址公园	浙江
6	殷墟国家考古遗址公园	河南
7	隋唐洛阳城国家考古遗址公园	河南
8	三星堆国家考古遗址公园	四川
9	金沙国家考古遗址公园	四川
10	阳陵国家考古遗址公园	陕西
11	秦始皇陵国家考古遗址公园	陕西
12	大明宫国家考古遗址公园	陕西

（3）考古遗址公园优秀案例与构建模式

①良渚国家考古遗址公园

良渚文化首次发现于1936年的浙江省余杭县良渚镇，它是我国新石器时代长江下游地区重要的考古学文化之一，尤以玉器文化享誉世界。因其"缔造了迄今所知中国最早的国家形态"，于2019年7月被列为世界遗产。

经过多年的建设，2010年良渚考古遗址公园获批第一批国家考古遗址公园（图8-8），园区总面积约42平方千米，包括新石器时期（距今5300—4300年）良渚古城遗址、良渚博物院、良渚文化的祭坛遗址——瑶山遗址、汇观山遗址等。该考古遗址公园集文化遗产保护、文物展示、文化交流、生态旅游等功能为一体。

②高句丽国家考古遗址公园

2004年7月，经第28届世界遗产委员会的会议决议，将我国高句丽王城、王

图8-8 良渚考古遗址公园（卢远征提供）

陵及贵族墓葬列入《世界遗产名录》。集安市高句丽王城、王陵及贵族墓葬是我国奴隶制时期高句丽王朝的重要遗迹，高句丽国家考古遗址公园基于该遗迹群进行建设。遗址考古公园园区占地面积约140万平方千米，由遗址核心区和遗址展示区两部分组成，其中遗址核心区包括高句丽国内城、丸都山城、将军坟、高句丽遗址公园、禹山贵族墓地、好太王碑、高句丽采石场等7处，遗址展示区包括麻线626号墓、西大墓、千秋墓、麻线2100号墓、麻线2378号墓、七星山211号墓、七星山871号墓、王字墓、临江墓、角觝墓、舞踊墓、马槽墓、散莲花墓、禹山992号墓等10余处。考古遗址公园规模庞大、环境优美、设施全面。在该考古遗址公园内，既能研究古代高句丽古城的政治与文化，又可以了解规模宏大且砌筑精良的石材构造技术，还能欣赏精美的古墓壁画。

③阳陵国家考古遗址公园

阳陵是汉景帝刘启及其皇后王氏同茔异穴的合葬陵园，位于今陕西省咸阳市渭城区正阳镇张家湾后沟村北的咸阳原上，地跨咸阳市渭城区、泾阳县、高陵县三县区。汉阳陵博物馆于2010年10月入选首批国家考古遗址公园。该园区由帝、后陵园，南、北区从葬坑，陵庙等礼制建筑遗址，陪葬墓园，刑徒墓地，以及阳陵邑遗址等部分组成，面积约20平方千米。

公园格局完整、规模宏大，地面以上环境优美（图8-9），营造出帝陵应有的环境氛围；大量出土的精美彩绘陶俑在阳陵博物馆内采用地下陈列的方式进行展

图8-9 阳陵国家考古遗址公园（笔者改绘）

陈，既解决了室内展陈问题，又使之与文物的整体环境相协调，这种地下陈列馆展陈方式是近年来涌现出的创新型展陈模式；同时，该公园专业人员配备齐全，管理制度全面、规范，也可为大运河国家文化公园建设提供良好的管理经验。因此，阳陵国家考古遗址公园不失为一个优秀的考古遗址公园范例。

④大运河南旺分水枢纽国家考古遗址公园

大运河南旺分水枢纽是京杭大运河的关键工程，代表了中国古代水利工程规划与管理、水工建筑的最高技术成就。在中国大运河的工程技术史上，南旺分水枢纽工程具有独特的历史文化价值和自然遗产价值。

明永乐九年（1411）重开会通河，为解决水源不足的问题而兴建该枢纽工程，南旺枢纽位于大运河地形的最高处。于东平修戴村坝截大汶河水，开挖小汶河，引水至南旺入大运河。该枢纽现仅存遗址，包括分水口河道、运河砖堤、分水驳岸、节制闸、水柜、斗门、分水龙王庙建筑群等遗址。（图8-10）

大运河南旺分水枢纽为第二批国家考古遗址公园，该公园设计中结合了南旺的地形地貌特征，依据考古发掘资料、地方管理条例及遗产展示利用的需求，制定了"一核、两轴、七区"的空间结构。"一核"是指南旺枢纽文化综合展示核，"两

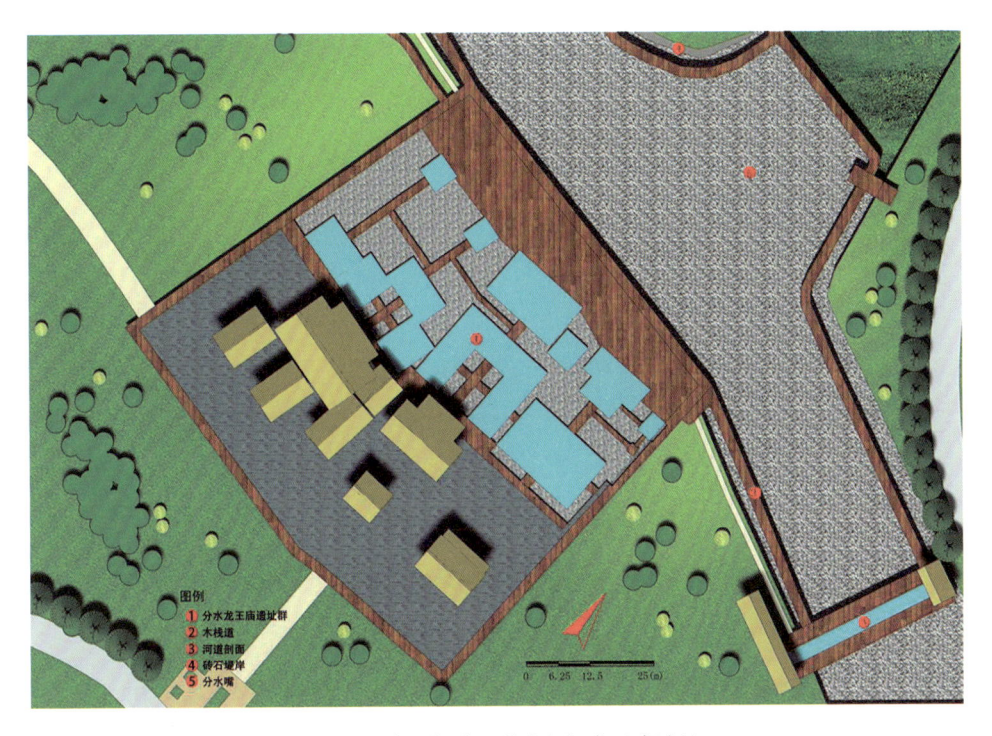

图 8-10　大运河南旺分水枢纽龙王庙遗址

轴"是指会通河(大运河故道)风貌展示轴和小汶河(小汶河故道)风貌展示轴,"七区"为分水口遗址展示区(图8-11、图8-12)、徐建口斗门遗址展示区、十里闸遗址展示区、柳林闸遗址展示区、南旺文化展示区(图8-13)、大运河文化展示区和考古文化展示区等。

8.1.4 我国国家森林公园建设

1982年,我国建立了最早的国家森林公园——张家界国家森林公园,公园以自然山水、森林景观为主体,将其纳入保护管理范围。2006年2月出台了《中国国家森林公园专用标志使用暂行办法》,由国家林业行政主管部门负责,对中国国家森林公园专用标志的使用进行界定。此后,我国陆续划定了2000余处国家级森林公园,在管理方式、人才队伍培养、政策制定出台等方面积累了丰富的经验。尤其是针对森林公园风景资源质量而建立的质量评估体系,对大运河国家文化公

◇ 大运河遗产保护理论与方法

图8-11 大运河南旺分水口遗址展示区(一)

图8-12 大运河南旺分水口遗址展示区(二)

图8-13 南旺文化展示区

园中文化资源利用评估有较好的借鉴作用。可借鉴风景资源评价因子的选定方法确定文化资源的评价因子，采用评分值加权计算，获得文化资源基本质量分值，结合文化资源组合状况评分值和特色附加分评分值，获得大运河文化资源评分值。可根据文化资源的评定分值，确定资源等级，进而明确不同等级的大运河国家文化公园文化资源所需采取的措施。一般而言，国家森林公园常采用优化树种、增加植被、整治环境、梳理道路等多种措施提升景观质量。下面就大运河森林公园（图8-14）环境优化措施进行阐述。

图8-14 大运河森林公园入口标志（包佳良摄）

（1）景观提升举措

在结合大运河历史环境及周边植被情况建设森林公园的过程中，对大运河本体景观环境造成最小影响是森林公园景观环境设计、改造、提升的重要前提。大运河遗产周边森林公园的建设应当综合考虑以下因素：景观与文化遗产的关系、整体景观与具体景点的关系、滨河设施与遗产本体的关系等。

①景观与文化遗产的关系

森林公园景观营造应处理好景观与文化遗产本体之间的关系，两者之间应和谐统一，不应过分偏重营造手法的运用，而忽视遗产内涵的阐释。应当选择当地适宜的植被类型，通过植被种植的类型选择、位置确定以及密度控制，还原大运河应有的历史风貌。例如，针对处于郊野环境的森林公园景观营造，应避免过度城市园林化，可采用复层种植、群落种植等方式，避免种植方式过度单一；还应考虑植被成材后，春夏秋冬四时的整体效果。

②整体景观与具体景点的关系

森林公园建设应将整体景观与具体景点结合考虑。首先，需明确大运河遗产环境整治和森林公园建设的整体目标，明确景观整治原则；其次，具体景点营造应符合整体景观建设的目标，同时应彰显自身的特色；最后，具体景点建设应结合大运河遗产点段的具体构造特征及价值内涵展开。

③滨河设施与遗产本体的关系

在大运河遗产沿岸营造森林公园，应当明确道路、堤岸、河滩、码头等滨河设施与遗产本体的关系。涉及大运河遗产本体的，应按照文物保护修缮原则，遵循原结构、原形制、原材料和原工艺等"四原"原则进行修缮。因此，大运河堤岸改造应先判断该堤岸是否为遗产本体。公园整治工程仅能针对非遗产本体的堤岸进行修整，但仍不可为满足公园交通需求而过度修整，应尽量采用仿古做法，必要时可参照文物修缮工程，如地面铺装采取条砖、条石铺墁等可逆方式进行，避免采用水泥路面、柏油路面等方式。为满足旅游的需要，堤顶可适当增加石质或木质栏板望柱，其雕饰应古朴，不宜过新。

在不破坏堤岸遗产本体的前提下，在非遗产核心区，可适当设置木质栈道等亲水设施，其设计应古朴大方且新颖实用。可选适当位置作为最佳景观观测点，观测点宜少不宜多，且应避免简单重复的设计，并综合考虑与大运河景观的融合。另外，码头等滨河设施的建设，应与历史考证相吻合，不宜凭空臆造。

（2）实例借鉴分析

北京通州城市副中心修建的通州大运河森林公园可以作为范例借鉴。通州大运河森林公园位于北京通州新城北运河两侧，北起六环路潞阳桥，南至武窑桥，河道全长约8.6千米，左堤长8191米，右堤长3639米，总建设面积713公顷。该公园初步构建了"一河、两岸、六园、十八景"。2014年大运河森林公园中的绿岛乐园建成并对外开放。"一河"是以北运河为中心展开规划，结合旅游观光的需要，沿岸修建五个功能各异的码头，作为水上游览的停靠地，便于游人上岸观赏。"两岸"是利用两岸堤顶建设交通路，同时也是景观路，满足旅游的需求。路程大约10千米，路面设计起伏变化，并与大运河沿岸景观形成互动。改变植物群落单一状态，融入复层种植、群落种植、混交林等种植方式，使沿岸景致富有变化，满足穿行、赏花、观景等多种需求。"六园"是在大运河河道两侧，利用现有的地形地貌，结合该区域的文化特色，打造潞河桃柳景区、月岛闻莺景区、银枫秋实景区、丛林活力景区、明镜移舟景区、高台平林景区六个子公园功能区。还有"十八景"点的营造，此处不再赘述。

北京通州城市副中心修建的大运河森林公园在景观营造、堤岸整治等方面有可取之处，为大运河国家文化公园建设提供了可以借鉴的经验。

8.2 国家文化公园建设方法研究

8.2.1 缘起与背景

2019年12月5日，中共中央办公厅、国务院办公厅印发了《长城、大运河、长征国家文化公园建设方案》（以下简称《方案》），提出了建设首批国家文化公园——长城、大运河和长征三个国家文化公园。此三大国家文化公园建设是我国国家公园制度的一项重大创新。国家文化公园作为新生事物尚没有法律法规、标准规范、理论支撑和实践经验可循。大运河国家文化公园作为首批建设的国家文化公园之一，"要结合国土空间规划，坚持保护第一、传承优先，对各类文物本体及环境实施严格保护和管控，合理保存传统文化生态，适度发展文化旅游、特色生态产业"。

（1）国家文化公园建设的背景

①从国家公园到国家文化公园

"国家公园"（National Park）的概念和理念起源于美国，目前，欧洲各国均建立了自身的国家公园体系。

国家公园属保护区的范畴，以保护自然为主要目标，以适度旅游开发为基本策略，在严格保护的条件下，有限制地开展科研、教育、旅游等开发利用方式，是一种有效的合理解决生态保护与开发利用关系的保护管理模式。国家公园是由国家批准、设立、主导、管理，保护具有国家代表性的大面积典型自然生态系统，为科研、旅游提供场所，而划定的需特殊保护、管理的特定自然区域。

2013年11月，中国共产党第十八届三中全会通过的《中共中央关于全面深化改革若干重大问题的决定》明确提出："严格按照主体功能区定位推动发展，建立国家公园体制。"2017年1月，中央颁布的《关于实施中华优秀传统文化传承发展工程的意见》中指出，"规划建设一批国家文化公园，成为中华文化重要标识"，该意见首次提出了"国家文化公园"一词，此概念为我国首创。国家文化公园由国家公园衍生而来，是国家公园的一个新的发展形式，也是国家公园的一个新的分支，两者之间既相互联系，又相互区别。

国家文化公园的核心内涵是由国家认定、建立、扶持、管理，保护、传承、弘扬具有国家或国际意义的文化资源、文化精神或价值观，兼具爱国教育、科研实践、国际交流、娱乐游憩等文化服务功能，而划定的特殊区域。国家文化公园除了具有国家公园最重要的生态保护、科研、旅游功能外，还包括文化遗产保护、传承利用、教育科普功能，且更具全民公益性。

②大运河国家文化公园建设背景

大运河是祖辈留下的珍贵的物质遗产和精神财富，具有独特的历史、艺术、科学、社会和文化价值，是中华民族优秀传统文化的重要载体。2006年5月，国务院将大运河公布为第六批全国重点文物保护单位，全国政协文史委员会组织大运河申报世界遗产考察活动。2014年6月，中国大运河被列入《世界遗产名录》，成为世界文化遗产。

2017年2月，习近平总书记指出，"保护大运河是运河沿线所有地区的共同责任"，之后又多次对"保护好、传承好、利用好"大运河做出重要指示。2019年2月，中共中央办公厅、国务院办公厅印发了《大运河文化保护传承利用规划纲要》，刻画出当代保护、传承、利用大运河文化的宏伟蓝图。而之后不久《方案》的出台，进一步推进了大运河文化的保护、传承与利用。依托大运河文化，推进大运河国家文化公园建设是贯彻习近平总书记重要指示精神和落实党中央、国务院重大决策部署的具体行动。

（2）国家文化公园建设的意义

①国家文化公园是国家战略的举措

建设国家文化公园是深入贯彻落实习近平总书记关于发掘好、利用好丰富文物和文化资源，让文物说话、让历史说话、让文化说话，推动中华优秀传统文化创造性转化、创新性发展，传承革命文化，发展先进文化等一系列重要指示精神的重要举措。《方案》指出，建设国家文化公园对"坚定文化自信，充分彰显中华优秀传统文化持久影响力、社会主义先进文化强大生命力"具有重要意义。

②国家文化公园是文化自信的标志

文化是国家和民族的灵魂，文化的概念既抽象又具体。每一种具象的文化形式，譬如一座建筑、一处遗址、一部书籍、一件手工艺品、一首歌曲、一段舞蹈等均可体现一种文化，但又都不能全面代表或阐述文化的内涵。同时，文化对受众也有较高的要求，受众需有一定的基础知识，才能理解文化存在的意义与价值。国家文化公园是将文化具象化发展，人们在国家文化公园中参观、欣赏、休闲、娱乐之余，于不自觉中体会感悟，进而提升文化的影响力，增强文化的存在感。

③国家文化公园是传播文化的渠道

国家文化公园应担当起与世界对话的重任，从创新的视角构建中外文化交流与融合的平台。建设国家文化公园不但能够传承中华传统文化、彰显中华文明魅力、展示中国人民智慧，还能推动古老中华文明的现代化与国际化。国家文化公园是传播中华文化的新渠道，在吸纳国际游客旅游交流中，宣传我国文化遗产的价值，推动世界人民更好地认识中国，进而提高中华文化的整体辨识度。

④国家文化公园是保护和传承的手段

文化之所以生生不息，原因在于世代的传承与发展。建设国家文化公园正是传承与发展文化的直接手段。建设国家文化公园能够有效保护文化遗产、传承遗产文化，发挥遗产文化在教育、旅游、科研、娱乐等方面的重要作用。在国家文化公园这一有限的空间内展示中华传统文化无限的生命力与创造力，使得"传统"这一抽象的文化属性变得可辨识、可传播，使得遗产保护、资源利用和文化传承三者之间达成高度的统一。

8.2.2 研究状况分析

尽管《方案》规定了国家文化公园建设的指导思想和建设原则，但并未针对大运河的具体点段提出详细的建设措施。（图8-15）大运河文化带建设研究院副院长王健、世界运河历史文化城市合作组织主席朱民阳、江苏省文化和旅游厅副厅长龚良等国内部分学者对大运河国家文化公园建设进行了初步探索。王健提出大运河国家文化公园建设亟需明确其内涵与特质，并应协调好各种利益关系，建立完善的统筹机制。朱民阳借鉴美国、加拿大、日本等国家的成熟经验，就保护理念、法律制度、管理体制、财政体制、地域特色五个方面进行了有益探索。龚良对大运河国家文化公园如何建设进行了思考，他认为首先应深刻理解国家文化公园的内涵，其次应将统筹规划与试点实践相结合，再次应以创新形式重塑运河文化，最后应从点做起生动展现运河文化。尽管这些前期研究对大运河国家文化公园建设有一定指导意义，但现有的研究缺乏对大运河国家文化公园建设制度的系统性研究。美国首创了国家公园制度，至今已经历了上百年的发展演变，形成了一套较为成熟的国家公园体系，其管理体制、法律保障、机构设置等对我国国家文化公园建设具有一定的启示作用。

8.2.3 要点和难点分析

世界文化遗产大运河包括京杭、隋唐、浙东三条运河，分为十个河段，涉及八个省市。《方案》中确定的大运河国家文化公园建设应限定在此范围内。三大公

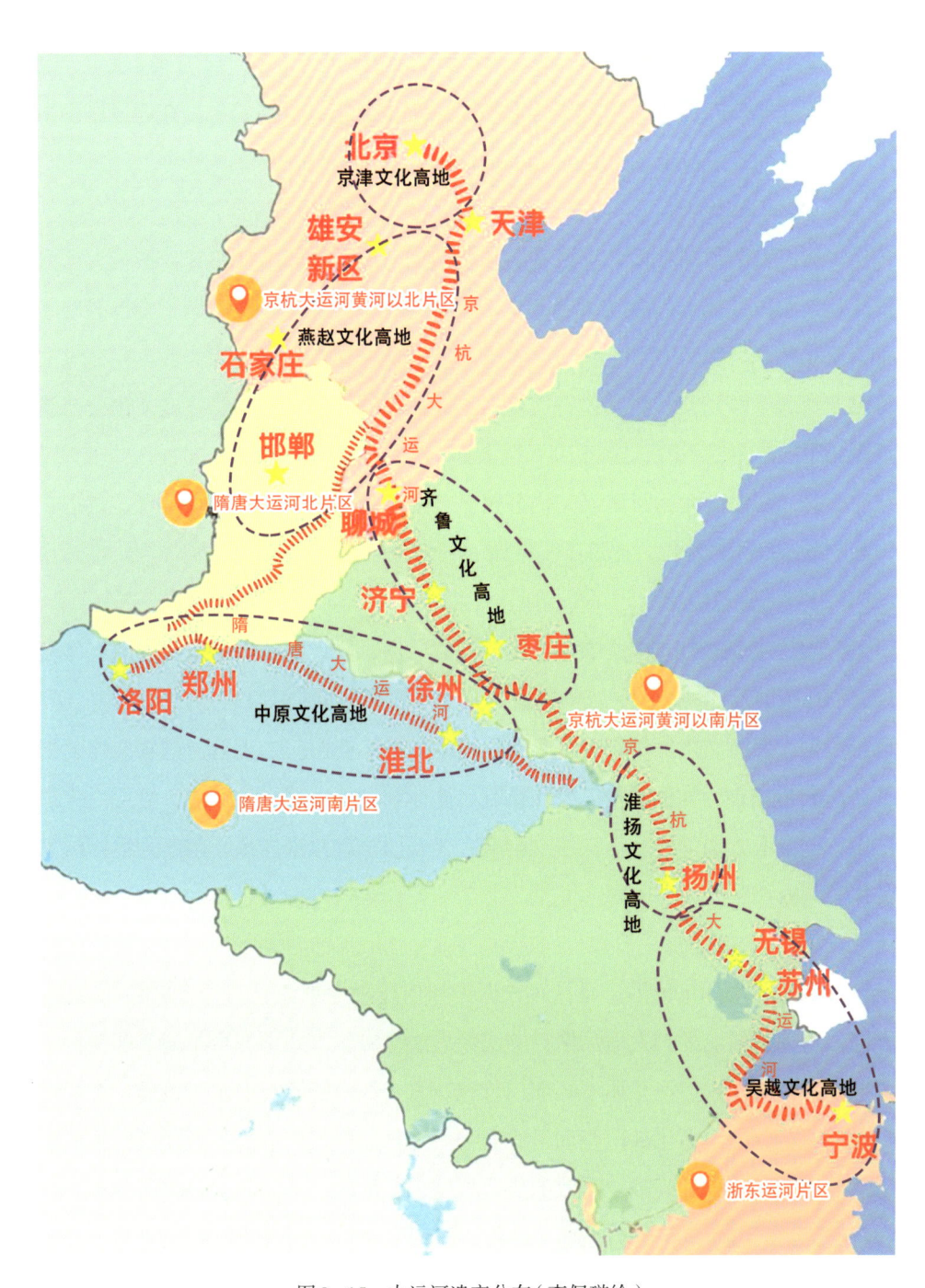

图 8-15 大运河遗产分布（李佩璇绘）

园文化遗产类型与数量繁多，所涉及的空间范围极其广泛。按照《方案》规定，大运河国家文化公园建设需在2023年底完成，时间紧迫，任务繁重，在建设过程中不可避免面临着诸多难点问题。

（1）凝练文化内涵

大运河流经不同地区，沉淀不同地域文化，形成不同风情韵味，造就大运河多样化文化符号——燕赵雄奇浑厚、齐鲁文风昌盛、汴梁市井情调、淮扬吴韵风雅、苏杭鱼米之乡。（图8-16）大运河文化内涵具有复杂性和特殊性，存在对文化遗产梳理不够充分、对文化特色认识不够清晰的情况，由此将导致文化公园建设定位不准、规划不清、导向不明等问题。

因此，要建设大运河国家文化公园，首先应凝练大运河文化的内涵，认清其内涵的复杂性和特殊性，提炼不同地域的文化特色。

（2）创新管理机制

《方案》明确提出"构建中央统筹、省负总责、分级管理、分段负责的工作格局，强化顶层设计、跨区域统筹协调，在政策、资金等方面为地方创造条件"。但现阶段，大运河文化保护管理仍分属不同地区、不同部门，大运河国家文化公园管理体制未完善，管理机构、公园机制、法律制度等不健全。因此，需要强化顶层设计与分级分层管理，尽快建立国家文化公园法律法规体系，创新大运河国家文化公园的管理机制。

（3）统筹协调运营

由于大运河分布范围广泛，其在保护利用过程中难免受到行政区划的限制，不同省市、不同地区对大运河保护的决策思路与实施方式不完全相同。即使位于同一地区，由于大运河分属不同部门管理，水利部门管理河道水工设施，交通部门管理水运航道，文化部门管理沿线非物质文化遗产，文物部门管理沿线物质文化遗产等，各部门之间缺少有效的协调机制，各地区、各部门统筹协调困难，存在各自为政、以经济利益为主导的现象，严重制约了大运河的统筹运行与管理利用。因此，需成立专门的协调机构，深化区域间、部门间的联系会议制度，创新协调机制，全面统筹解决运营中存在的各种困难。

图8-16　大运河风情（左上、左下：程霁摄。右上：周远摄）

8.2.4 建设内容探究

我国已经设立了文化景观公园（图8-17）、考古遗址公园等具有文化属性的国家公园，但国家文化公园是一种新型的国家公园，设立专门国家文化公园尚属首例。我们需要对国家文化公园概念的界定、保护原则的明确、建设措施的遴选等建设内容进行探究。

（1）界定公园概念

笔者认为，国家文化公园是指由国家或地方政府出资设立的，具有特殊文化属性的国家公园。首批设立的长城、大运河和长征三大国家文化公园，均是以具有超大规模属性的线性遗产为基础，并结合地方文化特点，植入非物质文化遗产内涵等内容而设立的。

（2）明确保护原则

明确国家文化公园建设所应遵循的基本原则，是确保大运河国家文化公园建

◇ 大运河遗产保护理论与方法

图 8-17 沧州运河沿岸公园

设思路正确、措施得当的前提。大运河国家文化公园建设应遵循保护第一原则、惠及民众原则以及公益性原则等。

所谓保护第一原则是指，应将对文化遗产的保护始终放在首位，这也是后续公园建设的前提与基础。

所谓惠及民众原则是指，就国家文化公园建设的目的和服务对象而言，国家文化公园建设、运营与管理应满足广大民众的需求，符合广大民众的利益。

所谓公益性原则是指，就国家文化公园建设的属性而言，国家文化公园属于公共管理区域，应具有公益性，不以营利为目的。

（3）遴选建设措施

大运河国家文化公园建设涉及大运河遗产本体及历史要素保护、周边环境整治、绿化植被种植、景观提升、配套设施建设、非遗展示空间营造等多种内容。大运河遗产不同点段，其建设措施也不尽相同，因此需要针对具体大运河点段的特征遴选不同的建设措施，需要创新大运河建设的方式方法。

总之，我国大运河国家文化公园建设具有重要的文化传承与传播价值，同时也是文化遗产惠及广大民众的重要举措，在当前形势下具有重要的现实意义。大运河国家文化公园建设是前所未有的新事物，在国家文化公园的概念界定、内涵凝练、原则确定、方法遴选，以及法律法规出台、体制机制建设等方面，均不能墨守成规，需要开拓创新，以创新促发展。

8.2.5 建设方法研究

（1）大运河国家文化公园的类型与定位

①大运河国家文化公园的概念

大运河国家文化公园是指以大运河文化属性为核心，结合地域文化特征，由国家或地方政府建造，用于民众休闲、参观、学习的具有特定文化属性的公共园林空间。

②大运河国家文化公园的类型

大运河遗产按照类型可分为：在用类遗产 Z 和遗址类遗产 Y。

大运河国家文化公园按照区位分为：城镇中心型Ⅰ、城镇近郊型Ⅱ、乡村郊野型Ⅲ。

大运河国家文化公园按照规模分为：大型 1、中型 2、小型 3。

基于以上三种模式最终构成 54 种大运河国家公园类型。如 YI3 为遗址类城市中心型小型国家文化公园。针对不同类型的文化公园，梳理有针对性的国家文化公园功能要素。

③大运河国家文化公园的功能定位

大运河国家文化公园的功能定位为具有文化属性的综合性公园，具体公园建设定位应具备准确性与合理性。大运河遗产本体及其赋存环境是公园展示利用、参观游览的核心内容，因此，传承和传播大运河遗产所承载的价值成为此类公园的共同目的，并成为此类公园功能定位的基础。

④大运河国家文化公园的分区方法

为避免同质化重复建设，不宜采用"一刀切"的方式，将大运河全线划定为统一的大运河国家文化公园管理区。针对大运河遗产复杂性的特点、不同点段重要性的区别以及景观环境的差异，并按其总体平面特征，可将大运河国家文化公园划定为展示园、展示带和展示点等三种类型。其中，展示园可分为核心展示园和主题展示园，展示带可分为重点展示带和一般展示带，展示点可分为中心展示点和特色展示点等。（图8-18）

（2）大运河国家文化公园功能与策略

大运河国家文化公园功能分区包括（但不限于以下内容）遗产本体保护与展示、非遗植入与传习、休闲与娱乐、游客服务与配套等，且需要针对上述不同的功能，提出不同的具体建设措施，制定不同的保护与发展策略。

针对遗产本体保护与展示功能，需强化保护措施、完善展示内涵、提升展示水平、规范导览设计等；针对非遗植入与传习功能，需梳理非遗内涵、探索植入模式、营造传习空间、讲好运河故事等；针对休闲与娱乐功能，需营造文娱空间、增设景观小品、丰富活动内容等；针对游客服务与配套功能，应建设游客中心、增加公厕数量、优化街道家具、完善基础设施等。

图8-18 大运河国家文化公园的分区方法

（3）大运河国家文化公园的营建与管控

①大运河国家文化公园营建措施

A. 整体景观提升

景观提升以文化遗产价值解读与阐释为出发点，挖掘大运河文化遗产的内涵，梳理大运河文化遗产的共性与个性特征，确定大运河国家文化公园景观提升目标，并依据该目标实施景观提升改造工程。

B. 重要节点营造

重要节点营造应以系统化思维为统领，基于顶层设计的理念，自上而下统一规划。需从文化遗产保护整体性的视角，分类、分级进行整治，以整体性的视角进行统筹，以全局观进行指导，对全过程实施监管。避免盲目性建设与千篇一律式的重复性建设。

重要节点营造应合理融入非物质文化遗产元素，摒弃普通公园营建的简单认知，以非物质文化遗产的视角，挖掘与阐释大运河文化及滨河地域文化的内涵。

重要节点营造考虑游客体验感，以全新的视角，综合考虑国家文化公园的便捷设施、服务品质以及发展态势等因素。

C. 服务设施配套

服务配套包括厕所、服务中心、休息场所等。由于大运河国家文化公园的规模不同，对配套服务设施要求程度也不尽相同，不可一刀切。郊野环境、城市中心区和城市郊区等不同区域的大运河国家文化公园，游客人群的类型也不相同，需要服务的程度也不统一，因此，大运河国家文化公园配套设施的内容与规模应根据大运河遗产点段的实际情况而确定。

②大运河国家文化公园管控方法初探

A. 本体安全

大运河国家文化公园的核心价值是大运河文化遗产本体，不能因为公园开放导致大运河遗产遭到破坏，应确保大运河遗产的本体安全，公园的建设行为、游客参观、园区管理等均应以确保文化遗产本体安全为底线。因此，本体安全是不可逾越的红线。

B. 风格控制

应当对大运河国家文化公园的整体风格予以合理控制，其整体风格应当与大运河国家文化公园所处的位置、环境风貌相协调，应当与大运河国家文化公园的内涵相协调。因此，风格协调原则是大运河国家文化公园评定的重要标准之一。同时大运河国家文化公园也应体现地域特色，在体现大运河文化遗产共性特征的同时也应彰显个性特点。大运河遗产体系复杂、类型丰富，梳理提炼其共性与个性特征难度较大，很难以客观性尺度把握，因此，应当引入游客体验的视角，科学保护文化遗产，合理利用，适度实施景观塑造和环境元素恢复，以期达到主、客观的高度统一。

大运河风格把控可采取问卷访谈和专家评议相结合的方法，结合计算机数学模型，进行定量评估，梳理出风格破坏因素，辅助管控决策。具体方法可借助 ROST Content Mining 软件，对各种问卷、访谈进行关键词提取，并采用二阶验证性因子分析法对各种变量进行分析，建立结构模型，构建大运河国家文化公园风格影响评估体系，进而提出大运河国家文化公园管控策略。

8.3 大运河遗产活态利用研究

习近平总书记指出："让文物说话、把历史智慧告诉人们，激发我们的民族自豪感和自信心，坚定全体人民振兴中华、实现中国梦的信心和决心。"该讲话为文化遗产保护与利用工作指明了方向。加强文化遗产的保护与传承是弘扬中华优秀传统文化、增强民族自信的重要手段。

文化和旅游部的成立为我国文化遗产的保护与利用创造了新的契机。目前我国文化遗产利用与旅游结合的方式生硬，开发利用模式单一，两者之间缺少内在的逻辑契合，且存在"或偏重保护忽视利用、或偏重利用忽视保护"的局面，需要对文化遗产的管理模式、保护利用方式、开放程度评价、开放绩效综合分析等诸多方面进行重新审视。我们需要探索保护与利用、资源和载体、内容与形式、休闲与体验的融合模式，实现文化遗产资源与旅游开发资源间的高度融合。我们需要探索在采用5G技术、大数据与人工智能背景下，文化遗产管理开放利用模式的更新途径，构建文旅融合背景下中国文化遗产保护利用方法论体系，厘清尊重历史和服务现实之间的底层关系，创新推动产业与事业、社会效益与经济效益的高效协同方式，达成文化遗产最终普惠于民众之目标。

在文旅融合背景下开展文化遗产展示利用模式创新的研究，探索文化遗产保护与开放利用模式的创新理论与方法，可以进一步弥补我国相关研究的不足，彻底改变"或偏重保护忽视利用、或偏重利用忽视保护"的局面。对我国以文化遗产为主要载体的旅游景观的开放利用有重要的理论指导意义和实践应用前景，并以此为契机，推动我国文化遗产保护传承与开放利用的系统性研究，助力国家文化自信建设。

8.3.1 文化遗产的传统展示利用模式分析

（1）传统展示利用类型分析

我国文化遗产类型丰富，展示利用模式多样，本文将传统展示利用模式分为遗产本体展示、实物陈列展示、复原场景展示和数字模拟展示四种类型。

①遗产本体展示

遗产本体展示是指以文化遗产的本体作为展示对象，通过科学修缮最大限度地排除文物本体的安全隐患，确保文物的真实性和完整性，不加修饰，以真实的形态展现文化遗产的遗产价值，同时配以标志牌、说明牌和导引牌等辅助设施，协助阐释文化遗产的内涵。在开放的文化遗产中，对遗产本体进行展示是各类文化遗产展示所普遍适用的方式。

②实物陈列展示

针对馆藏文物丰富的文化遗产多采用实物陈列的方式进行展示。在其室内外以可移动文物、附属物及历史遗物等实物的形式进行陈列展示，并配以展板进行阐释，说明相关遗产实物的历史沿革以及与之相关的历史人物和历史事件等内容，进而阐释文化遗产所蕴含的丰富内涵。

③复原场景展示

以文化遗产所营造的空间环境为载体，选定文化遗产的某个历史片段，利用历史文献资料，结合历史人物故事，复原文化遗产的历史场景，以直观的形式再现，进而使广大游客深入体验文化遗产的内涵。这种展示方式常用于古代宫殿、衙署、名人故居以及近现代革命文物建筑的室内展示。

④数字模拟展示

随着数字科技的发展，不同类型文化遗产均开始尝试采用数字方式进行模拟展示，尤其是针对博物馆内部馆藏文物，采用数字模拟的方式进行展示则更为普遍。新冠肺炎疫情期间，多家数字博物馆对外开放，推动了数字模拟展示模式的普及。另外，针对遗址类文化遗产，由于在遗址本体上复原受到限制，采用数字模拟的方式进行展示，其前景则更加广阔。例如，圆明园遗址的数字化复原及三维虚拟重构，能使游客更加全面、精确地了解圆明园于康乾盛世时期辉煌的皇家园林景观，并充分显示出数字展示技术的优势。

（2）传统展示利用问题分析

①展示方法单一

传统的展示利用普遍存在展示方法单一的问题，且采取静态化的展陈方式，缺乏与人交互，缺乏动感。现阶段诸多文化遗产点仍仅采取展板展示等较为陈旧的展示方式。由于对文化遗产内涵阐释不够充分，广大游客难以充分了解文化遗产所承载的深厚的历史信息和文化内涵。

②展示手段僵化

部分文化遗产点展示利用的手段较为僵化，仍是以传统游览观光为主，利用形式较为呆板，体验性不足，缺乏文化特色和文化创意，导致不同文化遗产之间展示手段同质化重复，展示层次较低。

③展示创意不强

文化遗产点普遍缺少展示创意，部分展示创意项目严重脱离原生文化环境，以单纯招揽游客为目的的盲目开发，甚至产生了许多媚俗的表演项目，这是对地方文化的异化，是对文化遗产内涵的严重曲解。

④产业融合不足

文化遗产创意领域尚未形成文化创意产业。该领域普遍存在文创产品创意不足、产业培育不够以及与成熟产业对接不足等诸多问题。与不同产业的深度融合是文化遗产保护与利用良性发展的重要途径，文化遗产行业存在所谓"捧着金饭碗讨饭吃"的现象，这正是与相关产业融合不足的突出体现。

8.3.2 文旅融合背景下的展示利用模式新探索（图8-19）

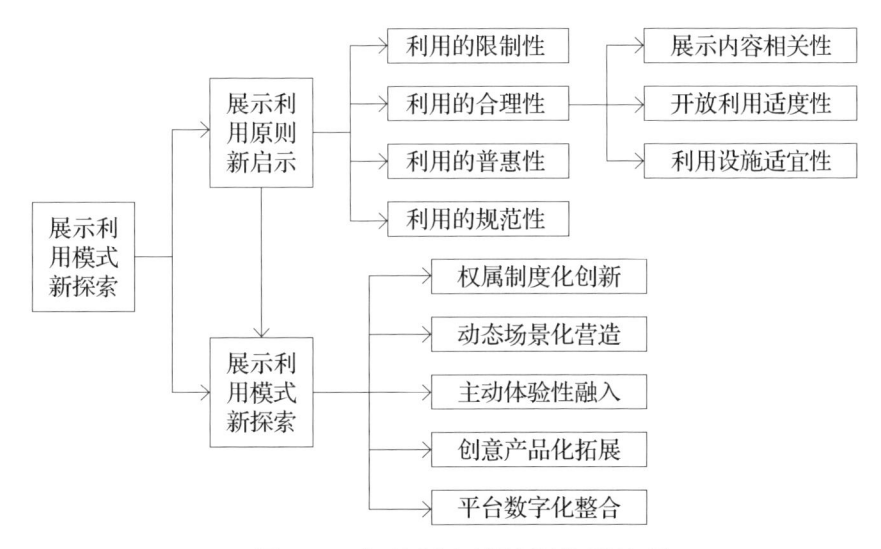

图8-19 大运河活态利用创新体系框架图

（1）展示利用原则新启示

①文化遗产利用的限制性

中国文物保护工作方针明确提出"保护为主、合理利用"。此方针为文化遗产的利用提出了前置的限制条件。实施文化遗产保护工程、确保文物本体及其环境要素的安全是展示利用的前提，这也是我国文化遗产保护与利用的基本要求。

②文化遗产利用的合理性

文化遗产的利用需遵循合理性原则，可从展示内容相关性、开放利用适度性和利用设施适宜性三方面予以考量。

A. 展示内容相关性

文化遗产展示利用的内容原则上应结合该文化遗产的自身特色，并与该文化遗产的内涵相关。展示的主要目的是诠释与挖掘该文化遗产的内涵，与该文化遗产不相关的展示内容不利于诠释该文化遗产的内涵，进而影响展示利用的效果。当然不可一概而论，当文化遗产自身的文物价值及特色不突出时，以其为载体，展示遗产所在地的特色文化、民俗、历史名人、逸事、风物等专题，从广义而言，可以拓展游客对文化遗产的认知，因此，展示此类间接的相关内容也是可行的。

B. 开放利用适度性

文化遗产的开放利用应遵循适度性原则。许多文化遗产景点人满为患，远远超出文化遗产本体与环境的容量，甚至为了短期牟利而以各种名义大肆开发，这种饮鸩止渴的做法背离了文化遗产保护的初衷，其破坏性不容忽视。应当对开放范围、参观容量、遗产承受度等内容进行全面评估与控制，完善开放利用评估与管控体系建设。

C. 利用设施适宜性

不同的文化遗产具有不同的特点，其开放利用设施的选择也不尽相同。有的文化遗产地处偏远、人迹罕至且生态环境脆弱，则不宜大规模修建开放利用设施。有的文化遗产自身极易遭到人为破坏或观赏性较差，仅适合开展科学研究，建设研究性设施，不宜修建设施对公众开放。即使针对适宜开放的文化遗产，其开放利用设施也应根据文化遗产自身的特点有针对性地建造。如遗址类文化遗产可为展示需要建设陈列馆、保护棚等设施，而名人故居、古建筑群等文化遗产则可利用现存文物建筑的室内、室外空间进行展陈，没有另建陈列馆等设施的必要。

③文化遗产利用的普惠性

文化遗产如何走出象牙塔，如何惠及民众，这是新时代赋予文化遗产保护工作的新要求。文旅融合为"让文化遗产活起来"提供了可行性路径，提供了新的切入点。文化遗产应当惠及广大民众，应当进入普通群众的日常生活。普惠性是新时代赋予文化遗产利用工作的重要特性。

④文化遗产利用的规范性

《文物建筑开放导则》《革命旧址保护利用导则（试行）》等导则和规范的发布，对文化遗产保护、开放、利用提出了规范性要求，并明确了基本流程。《文物建筑开放导则》界定了文物建筑开放的条件："文物建筑应采取不同形式对公众开放，现状尚不具备开放条件的文物建筑应创造条件对公众开放，鼓励机关、团体、企事业单位、集体和个人所有的文物建筑对公众开放。开放可采取全面开放或在有限的时段、有限的空间开放。"该导则还明确规定文物建筑开放前应进行可行性评估，"评估开放使用对文物的影响，根据文物保护要求和实际情况，科学制定开放策略和计划，并以恰当的方式向社会公布"。这些条款是对开放区域、开放内容、开放时间、配套服务、保养维护、安全防范等文化遗产开放利用策略的系统性规范。

（2）展示利用模式新探索

①文化遗产权属制度化创新

随着第八批全国重点文物保护单位的公布，文化遗产的类型更加丰富，其权属关系也更加复杂。现有僵化的权属管理机制，限制了社会各界力量的参与，制约了文化遗产的使用与运营方式。探索非公有文化遗产使用权的流转，是解决僵化权属管理制度的关键。应当加强相关法理的基础性研究，探索在社会主义公有制为主体的体制下，如何促使非公有文化遗产的使用权依法流转，创新流转模式、规范流转程序及完善交易平台建设。可在有条件的省市开展文化遗产权属流转管理的试点，充分调动各界社会力量参与文化遗产的使用与运营管理，全面推动文化遗产权属制度化创新。

②文化遗产动态场景化营造

在挖掘、阐释遗产文化价值内涵的基础上，重构文化遗产的文化场景，以动态的模式，改变一成不变的文物陈列、场景再现等静态展示模式。探索"情感互动"的新场景营造模式，达到将文化遗产所蕴含的深厚内涵及价值有效传递给广大受众的目的。依托文化遗产场景，通过与文化遗产内涵密切相关的实景展演、文创及庆典等活动，增强人们对文化遗产的理解和想象。适当融入具有传统韵味的手工技艺、劳作制度及传统习俗等非物质文化遗产,以寓教于乐的互动方式呈现历史场景。以传统景观再现拓展游客的记忆空间,依据文化遗产的历史发展脉络挖掘其精神内涵,精心打造文化遗产的特色化景观空间。

③文化遗产主动体验性融入

从对文化遗产的静态观赏到游客的主动性参与,提高游客与文化遗产间的互动性,增强文化遗产的主动体验性。改进展陈现状,通过展品的多元化、智慧化陈列展演,活化文化遗产的展示途径。与文化遗产相关的附属文物、名人遗物等往往见证了文化遗产的历史发展变化。在保留传统的静态观赏方式的同时,适当增加与游客间的情感互动和文化互动环节,增加讲解、问答、求证、探索等方式,开展丰富多样的文化创意活动,提高对游客的吸引力。采用模拟、展演、游客参与等活态传承的方式,可提升游客对于文化遗产的体验与认同,提升文化遗产的认知度与传播度。

探索遗产保护与现实生活方式相结合的方式,为之注入新的养分,发现并凝练文化遗产的独有特色,通过不断培育、积累、迭代及净化等措施提升文化遗产的品质。采取"科技+文物沉浸式体验"的方式逐步形成文化遗产活化利用体系,让文化遗产真正"活"起来。

④文化遗产创意产品化拓展

以文旅融合为契机,解放思想,开拓思路,积极推动文化遗产创意产品化拓展。例如,针对民居类、近现代建筑等遗产,可通过精品民宿、影视摄影基地、研学基地、特色酒店、旅店等利用方式,拓展文化遗产的利用渠道,促进当地文化与经济发展。通过文物研学旅行、体验旅游和休闲旅游等推介活动,打造文旅融合创意产品。通过促进文创产品的开发与利用,积极对接已成型的文化媒体产业,丰富文化遗产的展示内涵,推动文化遗产创意的产品化拓展。

⑤文化遗产平台数字化整合

我国文化遗产行业的数字化进程尚属于信息化建设的初期,文化遗产的各类保护与利用数据分散、获取方式单一,缺乏全面系统性整合,与我国信息化发展进程严重不匹配。目前,我国以人工智能、大数据和区块链技术为代表的"新基建"即将进入快速建设阶段,这为文化遗产保护与利用的数据收集、智能管理和综合利用提供了难得的契机,也为构建全国统一的文化遗产保护与利用大数据智能平台提供了技术上的可行性。对文化遗产所涉及的本体及环境实施监测、游客精准定位、需求分析、灾情预警、实时管理等各类数据进行全面整合,"以海纳百川的胸怀和智慧,广泛动员社会参与,多措并举搭建平台、释放利好,鼓励地方探索,尊重基层首创,最大程度释放文物活力",从而全面提高文化遗产管理和利用水平。

(3)结论

"让文物活起来"在新时代被赋予了新内涵,根据"保护为主、抢救第一、合理利用、加强管理"的文物保护工作方针,在文物本体及环境得到有效保护的前提下,应当对展示利用模式进行新的探索。不同文化遗产有其各自的特色,应当根据文化遗产自身的特点,选择适宜的利用模式与手段。在文旅融合的背景下,不论是用于专业研究、旅游参观、非遗展演、文创开发,还是与产业对接,均应开拓思想、突破禁锢、勇于创新,深入挖掘文化遗产的内涵,传承文化遗产的精神,全面支撑国家文化自信的建设。

9　大运河涉建项目文物影响评估

随着文化遗产保护事业的发展，相关概念和保护理念也随之发展。原来"文物"的概念逐步发展为"文化遗产"的概念。但在实际保护工作中，对文化遗产涉及的建设项目做评估时，仍沿用文物影响评估的概念，并非文化遗产影响评估。

大运河流经地域广，沿线穿越许多城镇、乡村，大运河沿岸各类涉建项目一直是影响大运河遗产保护的重要因素。有效、合理地控制文化遗产周边的各类建设行为，是保护大运河遗产的重要内容，因此，对其文物影响评估方法的研究也是充实大运河保护理论与方法的重要内容。

首先，需要厘清文物影响评估所涉及的各种概念。涉建项目文物影响评估中文物的概念专指"各类不可移动文物，其类别可分为古建筑、古遗址、古墓葬、石窟寺及石刻、近现代重要史迹和代表性建筑"，其中文物价值专指"文物所具有的重要的、历史的、科学的和艺术的价值。文物价值通常以文物本体及其必要的背景环境为载体来体现。文物保护主要是保护文物的真实性和完整性"。而涉建项目则专指涉及文物但与文物保护无关的各类建设项目。因此，本书中文物影响评估是指在涉建项目施工过程或后续运营中，对可能影响文物本体及环境的各种影响因素进行客观分析、总结和评估的过程。其中所谓影响主要是指对文化遗产的真实性和完整性所产生的不良影响，包括但不限于破坏文物本体、破坏文物景观环境、危害文物自身稳定性、导致文物保存环境恶化等方面。所谓文物影响评估报告专指基于文物价值评估、文物构成分析提炼文物保护需求，在客观分析涉建项目自身及施工、后续运营中可能产生的各类影响的基础上，得出文物影响评估结论，分析利弊，并提出建议减缓措施的技术性文件。下面结合评估文本实例阐述文物影响评估的方法与评估报告体例要求。

9.1 评估前期研究

9.1.1 评估背景及项目分析

（1）项目背景

大运河沿线及周边拟实施的各类工程与设施建设项目侵占大运河遗产的保护范围与建设控制地带的，或侵占世界文化遗产大运河的核心区与缓冲区的，应当进行文物影响评估。

项目背景应明确该涉建项目的发起部门、单位或个人，应明确规划、批复、函件、评估意见、可行性研究报告等相关依据文件及具体批复时间等信息。以石衡沧港城际铁路跨越大运河沧州段为例，其项目背景阐述的内容主要包括发起、审批、筹备单位及评估意见和批复文件等信息。2015年6月，中国铁路总公司及北京市、天津市、河北省联合向国家发改委报送《京津冀地区城际铁路网规划修编方案（2015—2030年）》。2016年3月30日沧州市发改委发布《关于委托开展石衡沧港城际铁路前期咨询的函》。2016年9月17日石衡沧港城际铁路筹备组发布《石衡沧港城际铁路初测和项目申请报告中标通知书》。2016年11月15日中国国际工程咨询公司提出《新建石家庄至衡水至沧州城际铁路预可行性研究专家组评估意见》。2016年11月18日，国家发改委批复《京津冀城际铁路网规划》。

（2）项目概况

项目概况是对涉建项目内容的阐述，该项目是被评估的对象，是引起文物影响评估的原因所在。文物影响评估应当确定项目的位置、性质、规模、技术路线、建设强度、平面及空间布置、建设周期、施工方式以及后续运营方式等内容。所提交的涉建项目资料应当全面、真实、准确。拟建项目内容涉及施工的应当提交施工设计资料，该资料需包括主体工程、辅助工程、配套工程、公用工程和环保工程五个方面的内容。

针对铁路、地铁和公路等交通工程的文物影响评估应侧重了解该工程的走向、实施作业面宽度与深度、功能类型、已施工场地部署等内容，还应当弄清该工程与大运河河道堤岸线性遗产交接的形式及工程施工方法等内容。比如，对隧道、大桥、高填方路段、深挖方路段等相关工程的范围与施工方式均应进行系统调查，同时，对与文物影响评估有关的施工场地、料场、工业场地、弃土弃渣场等辅助工程也应进行详细调查。

文物影响报告还应对施工进度、施工方式、施工材料堆放以及施工措施进行评估，判断其对不同类别文化遗产的影响。施工材料、施工过程、后期运营涉及污染的，应对其污染源、施工流程、传染途径、污染类型、污染排放方式与数量等进行评估。为确保文化遗产本体与环境的安全，严禁各种形式的污染，因此，凡涉及污染物的，必须列入评估因子，加大其评估权重，严格控制污染项目的建设与传播。

（3）必要性与可行性

①项目建设的意义

项目建设的意义是文物影响评估中必备的环节，也是决定该涉建项目能否通过文物影响评估的关键因素。在国民经济发展与大运河遗产保护过程中，两者之间有时相辅相成，有时相互制约，需要在保护与发展之间寻求平衡点。我们反对只顾发展经济的片面做法，同时也反对只言遗产保护的静态思维。项目建设意义的阐述应当系统描述其在国计民生、经济发展中的作用，同时也应全面阐述其与大运河文化遗产之间的关系。下面以石衡沧港城际铁路跨越大运河沧州段为例，阐述项目建设意义的表述方法。

首先,该项目建设对促进区域内产业协同发展,加快推进京津冀一体化发展具有重要意义。京津冀协同发展已成为重大的国家战略,交通对区域一体化发展起着重要的推动作用,该项目建设响应了国家关于"要把交通一体化作为先行领域,加快构建快速、便捷、高效、安全、大容量、低成本的互联互通综合交通网络,充分发挥交通运输对京津冀协同发展的引领和支撑作用,加快推进京津冀一体化"的号召。本项目在衡水北站衔接石济高铁,在沧州西站衔接津沧城际铁路,在交河站衔接沧保城际铁路,在黄骅北站衔接环渤海城际铁路,将石家庄、天津、沧州、衡水、邢台、邯郸、保定等京津冀城市群内重要节点城市很好地衔接起来,大大缩短城市之间的时空距离,提高主要城市、重要新城、大型交通枢纽的通达性和辐射能力,还可带动城市间的人员、资金、信息、技术的流动,促进区域内的整体产业升级及协同发展,为区域经济的持续快速发展和一体化进程的加速,提供强有力的交通支撑。

其次,该项目对于构建京津冀城市群城际铁路网具有重要意义,是京津冀城际铁路网的重要组成部分。该项目在衡水北站衔接石济高铁、衡邢城际铁路,形成沧州至石家庄及邢台、邯郸地区的快速客运通道;在沧州西站衔接津沧城际铁路,形成邢台、邯郸、衡水等地区至天津的便捷客运通道;在交河站衔接沧保城际铁路,形成沧保城际铁路向黄骅地区的重要延伸,沟通保定与黄骅地区;在黄骅北站衔接环渤海城际铁路,形成邯郸、邢台、衡水、沧州等地区至唐山、秦皇岛的快速客运通道。本项目的建设将形成沿线地区至石家庄、天津、保定等重要节点城市之间的大容量快速客运通道,为促进沿线地区社会经济协调发展提供有利条件。

该案例从促进区域路网建设和推动京津冀一体化发展两个方面说明了该项目建设的意义。该表述重点突出,清晰地阐述了项目建设的重大意义,为后续顺利通过评估工作奠定了较好的基础。

②项目建设的必要性

项目建设的必要性论述是决定文物影响评估报告的重要内容,是决定该项能否建设以及如何建设的关键，务必阐述清晰。首先应明确该建设项目的等级，比如该建设项目是否属于国家重大发展战略，是否关系国计民生，以及该项目实施后对社会、经济和文化发展的影响等。下面以石衡沧港城际铁路跨越大运河沧州段为例，阐述涉建项目建设必要性论述的要点。

该项目建设是构建京津冀城市群城际铁路网，促进区域内产业协同发展，加快推进京津冀一体化发展的需要。京津冀协同发展已成为重大的国家战略。该项目建设可衔接省会石家庄、天津、沧州、衡水、邢台、邯郸、保定等京津冀城市群，大大缩短城市之间的时空距离，提高城市间的通达性和辐射能力，带动人员、资金、信息和技术的流动，促进区域内的整体产业升级及协同发展，加速区域经济发展和一体化进程。随着城市间交流与流动等沟通需求的发展，沧州与石家庄之间，邢台、邯郸等冀南地区与京津冀东北部城市群之间的快速客运通道建设已成为当务之急。该项目建设能够满足沿线城镇客流交换需求和带动沿线地区协调发展，也是构建资源节约型和环境友好型社会，实现人与自然和谐相处和可持续发展战略的需要。

③项目建设的可行性

项目建设的可行性论述应包括涉建项目所处的地形地貌及地质地理条件、自然环境条件、项目自身结构及建设难度、涉建项目涉及的科技发展水平与客观技术条件、涉建项目涉及的不可移动文物构成等内容。这些内容同时也是制约该项目建设的外部条件。可行性研究应当论述为满足这些制约条件而做的前期准备，以及计划采取的措施。

9.1.2 遗产类型分类

评估涉建项目对不可移动文物的影响，首先应了解不可移动文物的级别与分类。按照文物法规定，不可移动文物可分为古建筑、古遗址、古墓葬、石窟寺及石刻、近现代重要史迹及代表性建筑等类型。不可移动文物可分为全国重点文物保护单位、省级重点文物保护单位、市县级重点文保单位和"三普"登记文物四个级别。其中，古遗址包括洞穴址、聚落址、城址、窑址、窖藏址、矿冶遗址、古战场、驿站古道遗址、军事设施遗址、桥梁码头遗址、祭祀遗址、水下遗址、水利设施遗址、寺庙遗址、宫殿衙署遗址、其他古遗址16类，古墓葬包括帝王陵寝、名人或贵族墓、普通墓葬、其他古墓葬4类，古建筑包括城垣城楼、宫殿府邸、宅第民居、坛庙祠堂、衙署官邸、学堂书院、驿站会馆、店铺作坊、牌坊影壁、亭台楼阙、寺观塔幢、苑囿园林、桥涵码头、堤坝渠堰、池塘井泉、其他古建筑16类，石窟寺及石刻包括石窟寺、摩崖石刻、碑刻、石雕、岩画、其他石刻6类，近现代重要史迹及代表性建筑包括重要历史事件和重要机构旧址、重要历史事件及人物活动纪念地、名人故居、旧居、传统民居、宗教建筑、名人墓、烈士墓及纪念设施、工业建筑及附属物、金融商贸建筑、中华老字号、水利设施及附属物、文化教育建筑及附属物、医疗卫生建筑、军事建筑及设施、交通道路设施、典型风格建筑或构筑物、其他近现代重要史迹及代表性建筑17类。①

大运河文化遗产是一种特殊类型的文化遗产，涵盖了不可移动文物中古建筑、古遗址、古墓葬、石窟寺及石刻、近现代重要史迹及代表性建筑等全部类型，包括河道、堤岸、滩涂、闸坝、桥梁等各类水工设施，附属管理设施，碑刻等相关文物，以及与大运河祭祀功能相关的宗教遗产等。核心遗产为河道、堤岸、滩涂、闸坝、桥梁等各类水工设施。因此本书重点以此类遗产作为研究对象，评价各类建设行为对此类大运河遗产本体及相关环境的影响。例如，根据《中国大运河（河北段）遗产保护规划文本》（2008），沧州段共确定运河遗产23处，分布在运河流经的7个县市，详见大运河沧州段遗产类型与分布图（图9-1）。

9.1.3 涉建项目分类

涉建项目是指除文化遗产保护项目外，国家、集体、个人及各种社会组织投资实施的各类建设项目，包括基本建设、技术改造、房地产开发，以及水利、卫生、交通、公用事业等其他各类工程和设施建设。按照涉建项目的形态特征，可将其分为点状、线状和片状；根据该工程或设施所处位置与地平面的关系，可将

---

① 参见《第三次全国文物普查不可移动文物登记表》。

其分为地下工程和地面工程。不同类型的涉建项目对文物本体及其赋存环境的影响程度存在巨大差异。

9.1.4 评估对象认定

（1）评估委托

评估委托是指明确评估委托单位和被委托单位、确定委托评估事项等活动，包括评估范围、评估工作内容、评估费用、时间期限、成果形式、违约条款等内容。以石衡沧港城际铁路跨越大运河沧州段为例，其评估委托内容阐述如下：受项目建设单位石港城际铁路有限责任公司的委托，北京建工建筑设计研究院对新建石衡沧港城际铁路建设工程涉及全国重点文物保护单位大运河遗产沧州段进行涉建项目文物影响评估，并出具相关评估报告。

（2）评估范围

评估范围应以评估委托书约定的范围为依据，在评估范围中可对评估的重点工作及适用工程类型予以约定。明确该工程涉及的遗产内容，确定评估重点是该评估的关键。例如，新建石衡沧港城际铁路工程的评估重点是分析拟实施项目对沧州县城北侧南运河具体跨越河道点段的影响。

9.1.5 评估依据

文物影响评估按照其所引用依据文件的类型及法律地位，可分为法律法规、国际宪章、规划资料和技术规范等。

（1）法律法规

已颁布的法律法规是开展文物影响评估的法律性文件，也是等级最高的评估依据，主要包括文物法规、条例以及国务院颁布的各类指导性文件等，如《中华人民共和国文物保护法》（2015年修订）、《中华人民共和国文物保护法实施条例》（2003）、《国务院关于进一步加强文物工作的指导意见》（2016）、《国务院关于加强文化遗产保护的通知》（国发〔2005〕42号）、《世界文化遗产保护管理办法》、《中国世界文化遗产监测巡视管理办法》等。

河系	类型	名称	年代	保护级别
南运河	在用水利工程遗产	南运河河道	隋至清	全国重点文物保护单位
		四女寺减河	明	待定
		捷地减河	明	待定
		马厂减河	清	待定
		华家口夯土险工	清末	待定
		安陵枢纽	1972年	待定
		连镇谢家坝	清末民初	待定
		东南友谊闸	1958年	待定
		戈家坟引水闸	1958、1973年	待定
		肖家楼枢纽	1960、1965年	待定
		捷地分洪设施	明、清	河北省文物保护单位
		北陈屯枢纽	1971年至1973年	待定
		周官屯穿运枢纽	1966年1967年、1984年	待定
	水利工程遗址	安陵桥遗址	民国	待定
		东光码头沉船遗址	宋至清	县级文物保护单位
		兴济减河遗址	明	待定
	古建筑	泊头清真寺	明永乐二年	全国重点文物保护单位
		沧州清真北大寺	明永乐元年	河北省文物保护单位
	近现代建筑	正泰茶庄	1914年	河北省文物保护单位
		青县铁路给水所	清末(1908—1911)	河北省文物保护单位
	古遗址	齐堰窑址	明	待定
		沧州旧城	唐、宋	河北省文物保护单位
		水月寺遗址	明、清	待定
		马厂炮台及军营遗址	清同治十年（1871）	河北省文物保护单位
	工业遗产	泊头火柴厂早期厂房	1912年	待定

图9-1 大运河沧州段遗产类型与分布图

9 大运河涉建项目文物影响评估

（2）国际宪章

国际宪章是指不同历史时期联合国教科文组织及其他国际组织颁布的关于文化遗产保护的各类宪章，以及世界各国间签署或参加的遗产保护公约等遗产保护国际性文件。这些国际宪章是开展文物影响评估的参考性文件，涉建项目涉及世界文化遗产及各级文物保护单位的保护范围和建设控制地带时，可参照公约相关标准进行评估。表9-1对文物影响评估应遵守的国际宪章进行了梳理。

（3）规划资料

世界文化遗产中国大运河申遗文本，国家级、省级、市级大运河遗产保护规划，以及大运河遗产点段专项规划等是文物影响评估的直接依据。文物影响评估中合规性评估内容应当重点依据已经公布的各级保护规划，比如《申报世界遗产文本——中国大运河》《大运河遗产保护与管理总体规划（2011—2030）》《中国大运河（河北沧州段）遗产保护规划（2010—2030）》以及大运河遗产点段的详细专项规划等。

（4）技术规范

文物评估报告对技术标准与规范的要求主要是基于文化遗产本体安全性以及涉建项目自身结构安全性的考量，尤其是当涉建项目距离文化遗产本体较近时，符合相关技术标准与规范是确保文物本体安全的前提。各类技术标准与规范种类繁多，这里仅列出跨越大运河的桥梁建设所需遵守的技术标准与规范作为示范：《建筑结构检测技术标准》（GB/T 50344—2019）、《铁路线路设计规范》（TB 10098—2017）、《建筑地基基础设计规范》（GB 50007—2011）、《砌体结构工程施工质量验收规范》（GB 50203—2011）、《砌体结构设计规范》（GB 50003—2011）、《砌体工程现场检测技术标准》（GBT 50315—2011）、《混凝土结构设计规范》（GB 50010—2010）、《砌体结构加固设计规范》（GB 50702—2011）、《混凝土结构现场检测技术标准》（GB/T 50784—2013）等。

表9-1 文物影响评估应遵守的国际宪章

序号	宪章名称	英文名称	颁布机构	年份
1	关于保护景观和遗址的风貌与特性的建议	Recommendation Concerning the Safeguarding of the beauty and Character of Landscape and Zites	UNESCO	1962
2	国际古迹保护与修复宪章	International Charter for the Conservation and Restoration of Monuments and Sites	ICOM	1964
3	保护考古遗产的欧洲公约	European Charter of the Architectural Heritage	European Council	1975
4	关于历史地区的保护及其当代作用的建议	Recommendation Concerning the Safeguarding and Contemporary Role of Historic Areas	UNESCO	1976
5	佛罗伦萨宪章	The Florence Charter	ICOMOS	1982
6	考古遗产保护与管理宪章	Charter for the Protection and Management of the Archaeological Heritage	ICOMOS	1990
7	奈良真实性文件	The Nara Document on Authenticity	UNESCO	1994
8	西安宣言——保护历史建筑、古遗址和历史地区的环境	Xi'an Declaration on the Conservation of the Setting of Heritage Structures, Sites and Areas	ICOMOS	2005
9	关于保护历史性城市景观的宣言	Charter on the Interpretation and Presentation of Cultural Heritage Sites	UNESCO	2005
10	实施保护世界文化遗产与自然遗产公约的操作指南	Operational Guidelines for the Implementation of the World Heritage Convention	UNESCO	2013
11	文化遗产阐释与展示宪章	Charter on the Interpretation and Presentation of Cultural Heritage Sites	ICOMOS	2008
12	世界文化遗产影响评估指南	Guidance on Heritage Impact Assessment for World Cultural Heritage Properties	ICOMOS	2011
13	中国文物古迹保护准则	Principles for the Conservation of Heritage Sites in China	ICOMOS CHINA	2015

9.2 评估理论方法

9.2.1 评估目标

依据国内现有法律法规等相关文件，参考相关国际宪章、公约、宣言和导则等，对新建、扩建、改建等涉建工程项目进行客观、全面的评价，通过细致的资料分析、现场调研，依据大运河遗产核心区及缓冲区和全国重点文物保护单位保护区划等相关管理规定与要求，评估拟实施项目对遗产本体及环境的直接或潜在影响，特别是对遗产价值的影响，提出相关评估建议，确保遗产价值及其历史信息得以永续传承，为政府相关主管部门、管理使用单位、利益相关者提供决策参考。

9.2.2 评估原则

根据文化遗产的特征，文物影响评估原则可概括为依法评估原则、早期介入原则、真实性和完整性原则、科学评估原则及可持续发展原则等。

（1）依法评估原则

所谓依法评估原则是指文物影响评估应贯彻执行我国文物保护的法律法规、标准、政策，分析建设项目与文物保护政策等有关政策及相关规划的相符性，并关注国家或地方在法律法规、标准、政策、规划及相关主体功能区划等方面的新动向。在大运河遗产涉建项目文物影响评估过程中应以法律为依据，严格按照有关法律法规进行评估。

（2）早期介入原则

所谓早期介入原则是指文物影响评估应尽早介入涉建项目前期工作，重点关注选址、选线、工艺路线、施工方案等对文物的影响，评价其可行性。

（3）真实性和完整性原则

文物影响评估应当坚持文物保护的真实性和完整性原则，在大运河遗产保护范围和建设控制地带内拟实施的涉建项目必须在文物保护的基础上，不得破坏文化遗产的真实性与完整性，并充分考虑文物保护和日常管理需要，注重与文物本体、环境风貌相协调，最大限度地保持所涉及文物本体及其赋存环境的真实与完整。

（4）科学评估原则

所谓科学评估原则是指根据涉建项目的工程内容及其特征，对工程内容、影响时段、影响因子和作用因子进行分析、评价，突出文物影响评估重点。文物影响评估应当坚持全面、客观、科学，必须真实描述文物信息，全面客观地阐释文物核心价值。大运河遗产保护范围和建设控制地带内建设项目的规划、设计与实施应实事求是、科学合理，应客观分析该涉建项目可能对文物造成的正面或负面影响，科学评估各种影响因素及范围，为决策提供科学依据。实际评估中应根据实际情况合理把握。比如，针对文化遗产埋藏丰富区域应采取避让措施，以确保地下文化遗产的安全；必要时也可与当地文物部门密切配合，开展抢救性考古发掘工作，为涉及国计民生的重大项目建设创造条件。

（5）可持续发展原则

文物影响评估应坚持可持续发展原则，大运河遗产保护范围和建设控制地带内的设计与建设既要有利于文物保护，又要有利于区域经济发展，有利于文化建设和生态环境改善；既要保护好文物，又要发挥其文化普及的作用。避免文物环境进一步恶化，调整整个区域的产业结构，从而达到合理利用的目标。

9.2.3 评估内容

评估内容主要包括评估大运河遗产周边涉建项目的合规性，即重点审查该涉建项目相关技术指标是否符合文物保护法律法规与保护规划管理规定的要求。另一方面需对涉建项目的实际影响进行评估，主要分析涉建项目实施过程及后续运营过程对文物本体、景观因素及其赋存环境所产生的实际影响。仍以石衡沧港城际铁路工程跨越大运河为例，应评估该项目的线位布局情况，调查、评估其与大运河（南运河段）的位置关系，评估现存文物的保护与利用状况，对其所涉及的世界文化遗产、全国重点文物保护单位的各类影响因素进行综合分析，包括对文化遗产本体、景观因素、赋存环境的影响，判断影响程度和可接受程度，并分别提出设计期、施工期、运营期等各个阶段的减缓措施建议。

9.2.4 评估方法

(1) 涉建项目与遗产本体的空间关系

涉建项目与不可移动文物保护范围和建设控制地带之间的空间关系，一般可分为远离、临近、穿越、跨越、包含、平交等。就拟建项目与大运河本体之间的位置关系而言，可分为跨越型、下穿型、平交型和远离型四种类型。

①跨越型

由于大运河是线性遗产，呈南北向分布，东西向铁路、公路、管线等建设项目往往无法绕行，多采用从上部跨越的方式，即所谓跨越型涉建项目。跨越型项目会对遗产本体及其景观环境造成破坏，需对其高度、色彩及建筑形式进行有效控制。由于部分大运河段落两堤间距离较大，不可避免在两地间河滩地设置桥桩，需要对设桩部位进行考古勘探，避让重要遗址，还需要避让主河道和两侧河堤。同时，项目工程完工后，需恢复地形地貌的原状。拟实施的石衡沧港城际铁路跨越大运河沧州段就属于此类项目。中国大运河河北沧州段位于河北省沧州市中部，南北贯穿沧州市域，为海河流域漳卫南运河水系的下游河道的一部分，是元代京杭大运河的组成部分。拟选铁路线路跨越大运河沧州段的具体位置在沧州城区北侧，廊沧高速与朔黄铁路之间。沧州市境内南运河起自吴桥县第六屯村南，流经吴桥、东光、南皮、泊头市、沧县、沧州市、青县等七个县市，止于青县李又屯村北，全长215千米。目前，沧州市境内南运河已全面断航，运河的主要功能为泄洪和输水，局部地区有取水灌溉功能。该涉建工程与大运河（河北沧州段）位置关系如图9-2所示。

②下穿型

连接大运河两岸东西向的涵洞、管线、隧道等工程属于下穿型工程项目，这类项目往往对文物景观环境影响较小。地铁、公路等隧道施工以及运营过程中造成的震动是构成影响的主要因素，应对设计方案进行严格论证，施工过程中及后期运营中应做好监测，完善应急预案。排污管线等设施应确保工程质量，防止渗

图9-2 拟建项目与大运河沧州段位置关系图

漏对大运河环境构成污染。

③平交型

大运河所贯穿的五大流域江河几乎均与大运河呈平交关系，仅个别河流采用倒虹吸的方式与大运河呈立交结构。在与大运河平交的河段，自然河流常年季节性冲刷的作用势必对大运河河道、堤岸造成破坏，因此，对大运河堤岸采取加固措施是不可避免的。新修筑的水渠应尽量利用大运河与水渠的原始交汇处，且应避让大运河遗产的重点保护区或遗产核心区。

④远离型

大运河两岸位于保护范围与建设控制地带、世界文化遗产核心区与缓冲区，且远离遗产本体的各类涉建项目，属于远离型项目。这类项目若位于保护范围和世界文化遗产核心区，一般多为文物保护工程、配套服务设施工程、绿化工程等，应直接报送设计方案，经相应级别的文物行政主管部门批准；位于建设控制地带或世界文化遗产缓冲区的涉建项目，主要是对文物的景观环境构成影响，应依据法规和相关规划要求，评估该项目的合规性，包括对其体量、色彩、高度等进行控制；距离文物本体更远的涉建项目，则重点评估该项目是否存在环境污染，以及是否破坏城市天际线、景观视廊等风貌。

（2）遗产价值认定

大运河遗产的整体价值在申报世界文化遗产、评定全国重点文物保护单位级别的过程中已经得到了充分认定，但大运河流经区域广、遗产类型丰富，大运河具体点段、附属文化遗产及相关文化遗产的价值，以及其在大运河遗产中的地位并未得到充分认定，文物影响评估过程中应根据文化遗产的实际情况，对其所涉及的大运河文化遗产价值进行详细认定，该认定结论是能否许可实施该涉建项目的重要依据。另外，文物影响评估中所涉及的文物价值不同于文化遗产评定过程中文物价值的认定，其所涉及的遗产价值内涵应当从广义的视角进行理解，除了历史、艺术、科学、社会和文化五大文物价值外，还应包括文化遗产的真实性、完整性和延续性，周边历史环境要素的价值以及赋存环境的场所价值等。价值认定是对拟评估涉建项目所涉及的各类价值进行梳理与总结，并对体现其价值内涵的因素进行分类与汇总。

①文物价值

文物价值包括历史、艺术、科学、社会和文化五方面的价值。（表9-2）不同价值的认定方式不尽相同，其体现不同价值的表现形式也各不相同。

②真实性、完整性和延续性

A. 真实性

大运河遗产的真实性是指大运河河道、堤岸、闸坝等水工设施，其他附属文物及相关文物的材料、形式、功能、用途等能够真实地体现历史原貌或某一历史时期的状态。

依据联合国教科文组织《会安草案——亚洲最佳保护范例》（2005），大运河文化遗产的真实性是一个多维度的集合，与"位置与环境、形式、材质与设计、用途与功能以及无形的或本质的特性"等要素相关。（表9-3）

表9-2 文物价值内涵表

序号	价值类型	价值内涵体现
1	历史价值	由于某种重要的历史原因而建造，并真实地反映了这种历史实际。在其中发生过重要事件或有重要人物曾经在其中活动，并能真实地显示出这些事件和人物活动的历史环境。体现了某一历史时期的物质生产和生活方式、思想观念、风俗习惯和社会风尚。可以证实、订正、补充文献记载的史实。在现有的历史遗存中，其年代和类型独特珍稀，或在同一类型中具有代表性。能够展现文物古迹自身的发展变化
2	艺术价值	建筑艺术，包括空间构成、造型、装饰和形式美。景观艺术，包括风景名胜中的人文景观、城市景观、园林景观，以及特殊风貌的遗址景观等。附属于文物古迹的造型艺术品，包括雕刻、壁画、塑像，以及固定的装饰和陈设品等。年代、类型、题材、形式、工艺独特的不可移动的造型艺术品。上述各种艺术的创意构思和表现手法
3	科学价值	规划和设计，包括选址布局、生态保护、灾害防御，以及造型、结构设计等。结构、材料和工艺，以及它们所代表的当时的科学技术水平，或科学技术发展过程中的重要环节。本身是某种科学实验及生产，交通等的设施或场所。在其中记录和保存着重要的科学技术资料
4	社会价值	文物古迹作为人类的创造性和科学技术成果本身或创造过程的实物见证的价值。文物古迹在知识的记录和传播、文化精神的传承、社会凝聚力的产生等方面所具有的社会效益和价值。记忆、情感、教育等内容
5	文化价值	文化传统的延续及非物质文化遗产要素等相关内容。文化景观、文化线路、遗产运河等文物古迹还可能涉及相关自然要素的价值。文物古迹因其体现民族文化、地区文化、宗教文化的多样性特征所具有的价值，文物古迹的景观、自然环境等要素因被赋予了文化内涵所具有的价值，与文物古迹相关的非物质文化遗产所具有的价值

注：引自《中国文物保护准则》，笔者制表

表9-3 真实性相关要素汇总表

位置与环境	形式与设计	用途与功能	本质特性
场所	空间规划	用途	艺术表达
环境	设计	使用者	价值
"地方感"	材质	联系	精神
生境	工艺	因时而变的用途	感性影响
地形与景致	建筑技术	空间布局	宗教背景
周边环境	工程	使用影响	历史联系
生活要素	地层学	因地制宜的用途	声音、气味、味道
对场所的依赖度	与其他项目遗产地的联系	历史用途	创造性过程

注：引自联合国教科文组织《会安草案——亚洲最佳保护范例》（2005）

B. 完整性

大运河文化遗产的完整性强调对大运河文化遗产的整体性保护，是对其价值、价值载体及其环境等体现大运河遗产价值的各个要素的完整保护。大运河遗产在历史演化过程中形成的包括各个时代特征、具有价值的物质遗存都应得到尊重。

其涉及与大运河遗产价值有关的所有要素、空间和时间维度上的价值、历史上有价值的变动痕迹、考古遗址记录，以及相关的非物质文化遗产或文化传统等。

C. 延续性

大运河文化遗产的延续性强调使用功能及利用方式的延续，例如，河道、堤坝及水工设施服务于水路运输功能，尽管大运河始建时其目的是漕运，之后逐步转化为商业运输，但其作为水路运输的功能是延续的，因此，延续性是认定大运河遗产价值的重要依据。河道在水流的冲刷下，会产生摆动，经过上千年的冲刷，现在的河道位置与大运河开凿时期的河道之间难免会有一定的位移。若僵硬、静止地看待真实性，则大运河遗产价值定会受到影响；若从延续性的视角，动态地看待大运河遗产的变化，则更能体现大运河遗产的价值。

③历史环境要素价值

大运河遗产历史环境要素是与大运河本体相关的历史赋存环境的一部分，是应当保护的内容，也是文物影响评估中不可破坏的部分。大运河遗产周边环境要素很多，有的与大运河相关、有的不相关，有的是始建时期已存在的要素，有的是后期发展变化产生的要素，因此需要对历史环境要素进行甄别，以决定对该要素的取舍。可从相关性、久远性、代表性、稀缺性、整体性五个方面进行甄选，应从全方位、发展性的视角进行判断与诠释，避免因涉建项目的需要而忽视或牺牲掉稀缺的历史环境要素。

④赋存环境场所价值

大运河遗产赋存环境是指大运河遗产载体、历史环境要素，以及其他与大运河遗产相关的具有景观和文化价值重要性与独特性的环境。赋存环境场所是指由大运河遗产本体和赋存环境共同构成的环境空间。文物影响评估应当认可赋存环境场所对大运河遗产重要性与独特性的贡献。

针对具体场所的评估，首先，需要研究和阐释场所蕴含的价值，包括阐释场所实体物品和虚体空间的价值、意义以及其后续发展的可能性。评估场所价值的主要步骤包括调查场所历史、研究场所现状、分析场所的历史价值与现实意义等。

其次还需了解场所蕴含的无形文化遗产，评估场所蕴含的精神内核。场所精神由有形元素（场址、建筑物、景观、路径、对象）与无形元素（记忆、口头叙述、书面文件、仪式、庆典、传统知识、价值、气味）构成。[①]这些元素赋予了场所之魂，文物影响评估中不可忽视这些元素构成。人类的各种生产、生活、习俗、传统，以及由此创造的非物质文化遗产，体现在社会、精神、历史、艺术、审美、自然、科学等各个文化层面的价值均是不可忽视的评估内容。

大运河的价值在于，它是世界上开凿最早、规模最大的运河，也是持续使用时间最久、空间跨度最大的运河，作为世界上"具有重大科技价值的运河"被列入《国际运河古迹名录》，是世界运河工程史上的里程碑。大运河从7世纪形成第一次大沟通直至19世纪中期不断发展和完善。针对大运河开展的工程难以计数，几乎聚集了人工水道和水工程的规划、设计、建造技术在农业文明时期的全部发展成就。作为公元7世纪至19世纪中国重要的运输干线，大运河显示了水路运输在国家和区域发展、环境变迁与文化交流方面强大、深远的影响力。

2006年京杭大运河被列为第六批全国重点文物保护单位，2013年公布第七批全国重点文物保护单位时，将浙东运河、隋唐大运河与京杭大运河合并，名称改为"大运河"。2014年6月22日，大运河被列为世界文化遗产。

（3）评估方法与流程

①评估方法

评估的主要方法包括实地调查、资料收集、检测分析、专家论证、研究评估等。

A.实地调查

深入涉建项目的实地展开调查，是做好文物影响评估的重要前提。大运河文

---

① 参见国际古迹遗址理事会《魁北克宣言》。

化遗产环境复杂，不去现场而纸上谈兵，可能引起重大误判，由此造成文化遗产本体及其赋存环境的破坏将是不可逆转的。

实地调查可采取记录、测量、制图、照相、录像、3D技术、GIS遥感技术等多种方式。其目的是要准确了解涉建项目的现状、建造条件、影响程度等实际情况。调查涉建工程项目所涉及单位、居民情况，对相关单位及人员（利益相关者）进行访谈。

实地调查的文化遗产可分为地面文化遗产和地下文化遗产两部分。针对地面文化遗产应当调研其历史风貌，包括形式、体量、高度、色彩、风格等内容。对体量、高度等因素可采取目测、现场实测和收集资料等方法。针对色彩、风格等因素则可采取照相、录像、GIS遥感技术、物探等方式。

地下文化遗产又可分为已知地下文化遗产和未知地下文化遗产。针对已知地下文化遗产，采取勘探的方法，弄清涉建项目可能影响范围内文化遗产的分布；也可采用考古发掘的方式，对重要地下文化遗产进行发掘。针对未知地下文化遗产，应优先调查各级文物行政主管部门的档案、现有史记、文献资料，弄清地下遗产潜在分布资料，并征求文物行政主管部门及专家学者的意见。可采取调查法、考古踏勘、考古勘探及现代测绘勘探等方式进行调查。聘请有经验的考古人员对文化遗产保护范围和建设控制地带内的地形、地物进行观察和判断，分析可能埋藏的范围。对潜在文化遗产埋藏区域进行考古勘探，对重要地段进行考古发掘。也可采用现代技术进行勘探，提倡采用超声波法、电磁感应法、冲击波法、声发射法、雷达法、微波法和红外检测等无损检测方法。

B. 资料收集

搜集、整理大运河文化遗产相关基础资料，包括大运河文化遗产本体相关资料，涉建项目批复文件、相关规划设计图纸要求及其他相关文件。明确保护范围和建设控制地带范围，了解涉建项目所在地的水文地质、地形地貌以及考古发掘情况等。

资料调查收集涉及已知的文化遗产和未知的文化遗产。针对已知的文化遗产点段，围绕涉建项目开展调研，走访相关区域内文物行政主管部门、相关单位及个人，收集文化遗产构成、已发布的文件及各类现有资料等。

C. 检测分析

对涉建工程项目所涉及的文物保护单位进行结构安全检测，现场检测文物建筑基础、结构体系、构件残损、材料性能及强度，评估文物建筑现状的安全性能。针对地铁、铁路等有周期性振动的涉建工程项目，通过相似自然河段进行现场实验测试，研究项目建设的传播规律，在此基础上借助有限元计算分析等数据模拟分析的方法，对因该涉建项目导致的文物振动影响进行分析，对不同工况下地表及文物本体振动响应进行预评估，进而提出设计方案调整建议。也可根据国内外相关规范、标准，并参考其他城市已经实施的类似工程所致地面沉降、文物本体振动控制指标，制定出基于大运河遗产安全稳定性的沉降及振动控制指标值。

D. 专家论证

选择文物保护专家、涉建项目相关领域专家、规划设计总工程师、遗产管理单位负责人等人员组成专家组，将实地调查成果、收集梳理的资料以及检测分析结论提交专家组，由专家组对涉建项目进行论证，并对该涉建项目提出具体意见。

E. 研究评估

研究涉建工程项目所涉及大运河遗产点段或其他相关遗产的信息，评估其分布范围、保护区划等关键因素与该涉建项目范围、深度的关系，明确该涉建项目对文化遗产造成的实际影响。

②评估流程

评估流程包括接受委托、开展前期工作、分析评估、咨询完善、提交报告与存档等过程。（图9-3）

A. 接受委托

各级文物行政主管部门负责文物影响评估的评审工作，一般需要提供涉建项目的设计方案、相关规划文本中控制性条款说明和文物影响评估报告。对文物影响评估工作限定资质要求，一般从事遗产保护的规划、设计、施工、监理及其他企事业法人单位均可编制文物影响评估报告，上述单位可作为文物影响评估的被委托方；而文化遗产保护管理机构、拟建项目业主单位均可以作为委托方。双方

◇ 大运河遗产保护理论与方法

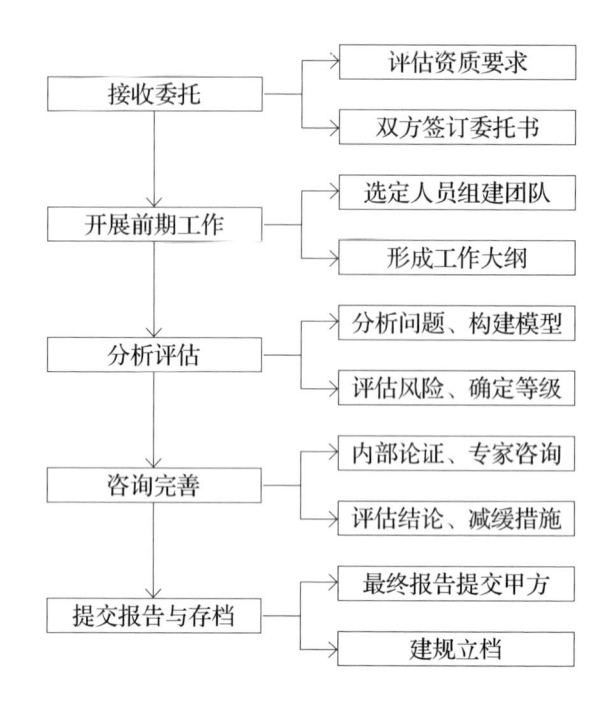

```
接收委托 ──→ 评估资质要求
        └─→ 双方签订委托书

开展前期工作 ──→ 选定人员组建团队
          └─→ 形成工作大纲

分析评估 ──→ 分析问题、构建模型
        └─→ 评估风险、确定等级

咨询完善 ──→ 内部论证、专家咨询
        └─→ 评估结论、减缓措施

提交报告与存档 ──→ 最终报告提交甲方
            └─→ 建规立档
```

图9-3 评估工作流程图

签订的委托书是开展文物影响评估的前提条件。

B. 开展前期工作

签订委托书后，被委托单位应尽快开展前期工作，根据涉建项目的实际情况，选定咨询人选，组建咨询团队，进行初步研讨，明确工作思路，形成初步工作大纲。

C. 分析评估

分析评估是文物影响评估的核心阶段，包括选定工作范围、明确研究区域、收集整理数据、调查评估对象、分析大运河遗产本体及关联遗产价值、挖掘赋存环境场所精神内涵、分析变化与风险因素、构建影响评估模型、进行对比分析、实施分级评估和提出评估建议等。评估中既要考虑影响大运河文化遗产及其赋存环境的直接因素，又要考虑可能影响大运河文化遗产及其赋存环境的间接因素。应当侧重分析评估涉建项目的风险，明确其风险等级，针对不同等级的风险结论，提出缓解、避免、减少、修复、补偿等不同的评估建议。

D. 咨询完善

咨询完善是指形成文物影响评估报告后,与文化遗产管理部门、专家学者沟通的过程,包括形成文物影响评估报告草案、内部论证、专家咨询、修改完善评估结果和减缓措施等内容。

E. 提交报告与存档

提交报告与存档是涉建项目文物影响评估工作的最后环节,包括形成最终文物影响评估报告、提交委托单位、依照规定存档等内容。最终正式报告应当完善并签字盖章,达到申报要求。

9.3 评估实施过程

9.3.1 遗产本体保存状况

(1) 遗产本体构成

了解遗产本体保存状况,首先需弄清楚遗产本体的基本构成。我国拥有5000多年的文明史,地面、地下有丰富的文物资源。根据现有的大运河文化遗产管理体制,对于地下遗址,很少采取主动性发掘,大多是由于涉建项目而启动的被动性考古勘探和发掘。考古勘探发掘时,根据地下文物的价值,决定涉建项目的取舍:如有重大考古发现,文物价值极高且必须在原址进行保护的,应停止涉建项目,或采取避让、改道等措施;若发现一般遗存,可在考古发掘后,将出土文物迁移至博物馆,对原址进行回填;针对大运河河道这类线性遗产,修建铁路、公路时,无法绕行,则需要选择相对价值较低的河段,并经考古发掘后,方可允许其跨越或从下部穿越。因此,涉建项目涉及范围内文化遗产调查、勘探、考古等工作极为重要。

文物影响评估应当了解涉建项目所处的文化遗产保护范围或建设控制地带的边界,文化遗产及其所赋存环境要素的发展变化过程,以及在该区域内发生的重大历史事件和出现的重要历史人物信息等。该文化遗产被公布为文物的,还应明确文物保护单位的类别、级别及分布范围。

（2）遗产保存现状

了解文化遗产的保存现状是开展文物影响评估的基准点。部分文化遗产本身的保存情况不容乐观，可能存在一定程度的残损，应当对残损部位、残损程度等进行简单的勘察和记录，弄清造成残损的原因，分清是自身结构性破坏还是外界影响性破坏。针对自身结构性破坏，需要文物部门制定修缮保护方案、完善保护措施；而针对外界影响性破坏，则应弄清造成破坏的直接和间接原因，进而设法从破坏的源头进行危害排除；同时应当对文化遗产本体的抗风险能力进行评估，针对不同类型的破坏因素，明确该文化遗产本体抗风险破坏等级。不同的建设活动对文化遗产本体的破坏程度不尽相同，应当逐项进行论证，全面梳理分析影响文化遗产的敏感因素，评估中应抓住主要因素，找出重点问题，提纲挈领，突出重点。

在文物影响评估实践中，除了已经发现的文化遗产，还有可能存在尚未登记的地面文化遗产和地下埋藏，因此，在开展文物影响评估过程中，应对涉建项目建设影响的区域进行全面文化遗产调查工作，全面考古勘探，重点区域应当进行考古发掘，若有考古发现，应当对其定级，确定该考古发现的价值，作为后续开展保护工作或允许实施涉建项目的依据。针对考古新发现，应当确定其埋藏深度、位置、范围、年代信息及主要出土文物等内容。

如石家庄至沧州高铁涉建项目涉及大运河沧州段遗产区域，该区域内包含了已发现的大运河河道与堤岸等遗产，而高铁沿线仍存在未知地下埋藏的可能性，需要对该区域进行考古调查、勘探、发掘等工作，为该涉建高铁工程设计提供科学依据。该段考古调查采用徒步拉网式踏查的方式，通过观察地表和断崖上暴露的遗存、咨询当地百姓等手段，来判定所涉及区域运河段的遗存情况以及文物点的保存状况。考古勘探是在考古调查的基础上，对所涉及区域大运河河段地下遗存可能分布区进行考古勘探，旨在摸清大运河遗产点的范围、堆积状况和重要遗迹的分布等情况。该项目勘探面积为9万平方米，勘探工作经费预算应考虑大运河遗产深度和水位所带来的实际工作难度，并对相关区域进行重点勘探。考古发掘则是在调查、勘探的基础上，为进一步了解大运河遗产点的具体文化内涵、保存状况和科研价值等所开展的工作，可以为涉建高铁工程建设方案提供科学依据。参照南水北调工程文物保护规划中考古发掘的比例，应尽量增加该涉建工程范围内的发掘面积，实际工作中确定该高铁建设项目考古发掘面积为3000平方米。

9.3.2 赋存环境及场所现状

大运河文化遗产赋存环境和场所的保存现状也是文物影响评估不可忽视的部分。文化遗产的周边环境有不可改变的部分，也有可改变的部分，需要基于价值判断进行仔细甄别。已经编制文化遗产保护规划的区域，应充分了解该区域的保护区划范围和管理规定，严格遵守该规定要求。尚未编制文化遗产保护规划的区域，可依据文物法等通用管理要求，并结合文化遗产自身的特点进行评估。大运河文化遗产赋存环境要素以及其体现的场所精神是其周边环境中需要保护的内容。此外还应考虑周边环境中可能对文化遗产产生影响的其他各种因素，既要考虑自然环境因素，也要考虑社会文化元素。景观环境中具有审美价值的部分也是应当保护的内容。应当综合分析赋存环境与场所空间的现状，其中建（构）筑物的体量、高度、风格等信息均需要全面进行记录、分析、研究。下面从自然环境、社会环境和景观环境三方面予以阐述。

（1）自然环境

自然环境可从地理位置、地质构造、地形地貌、气候气象、水土环境、动植物、生态环境等方面展开研究。下面以石衡沧港城际铁路跨越大运河沧州段为例，阐述其自然环境评估的内容。

①地形地貌

阐述涉建项目周边的整体地形地貌，分析其构造特征。如石衡沧港城际铁路整体呈东西走向，自河北省石家庄市，经衡水、沧州、黄骅，终点至黄骅港。石家庄至衡水段利用石济高铁线路，衡水至黄骅港段为新建铁路。新建铁路跨越既有的铁路有京沪高铁、朔黄铁路、港口铁路等，主干公路有石黄高速公路、京沪高速公路等。其沿线地貌为冀鲁平原，属华北平原的一部分，按成因分为山前冲洪积平原(石家庄至藁城)、冲积平原(藁城至沧州)和滨海平原(沧州至黄骅)。地形平坦、开阔,稍有起伏,石家庄地面海拔90—70米,衡水地面海拔25—15米,沧州地面海拔15—8米,黄骅地面海拔5—2米,总体地势西高东低。

②气象特征

阐述涉建项目所处区域的气象特征。如石衡沧港城际铁路涉建项目沿线经过区域为暖温带亚湿润气候区,四季变化明显:春季干旱多风,冷暖多变;夏季气温高、湿度大、雨水集中;秋季天高气爽;冬季寒冷干燥、少雨雪。降雨量多集中在6—8月,约占全年的70%,大风多集中在3—4月。按照对铁路工程影响气候分区为温暖地区。

③地层岩性

阐述涉建项目所处区域的地层岩性,此部分并非文物影响评估的必需内容,应根据建设项目类型而定,如涉及地下工程、开挖项目等,应当对开挖区域的地层岩性进行分析。如石衡沧港城际铁路项目沿线地层属华北地层系,分布新生界第四系松散堆积层,厚度可达数百米。地层为第四系全新统人工堆积层(Q4ml)人工填筑土、冲洪积层(Q4al+pl)、冲积层(Q4al)、冲海积层(Q4al+m)黏性土、粉土、砂类土、淤泥质土,第四系上更新统冲积层(Q3al)、冲洪积层(Q3al+pl)新黄土、黏性土、粉土、砂类土和碎石类土,具体按照地貌分区简介如下。

A. 冲洪积平原(石家庄至前磨头)

第四系全新统冲洪积层(Q4al+pl),第四系上更新统冲洪积层(Q3al+pl),局部分布人工堆积层(Q4ml)。填筑土:黄褐色、灰黄色,中密—密实,稍湿,成分以粉土、碎石为主,主要分布于既有公路、铁路路基,层厚0—7米。杂、素填土:杂色,松散,主要成分为粉质黏土、建筑垃圾和生活垃圾,层厚0—3米,主要分布于市区及村镇附近。冲洪积层(Q4al+pl)沿线分布广泛,岩性以新黄土、黏土、粉质黏土、粉土、粉砂、细砂、中砂、粗砂为主,层厚20—40米。新黄土:褐黄色、浅黄色,坚硬至硬塑,分布于石家庄枢纽附近,局部具湿陷性。

砂类土以中密为主，部分为稍密或密实。上更新统（Q3al+pl）主要岩性为黏土、粉质黏土、粉土、砂类土、碎石类土，厚度大于50米，下伏于全新统冲洪积层（Q4al+pl）之下，砂类土多为密实。

B.冲积平原（前磨头至沧州）

第四系全新统冲积层（Q4al），第四系上更新统冲积层（Q3al），局部分布人工堆积层（Q4ml）。第四系全新统冲积层（Q4al）分布广泛，岩性为黏土、粉质黏土、粉土和砂类土，衡水一带浅层有淤泥质土和淤泥。淤泥质黏土、淤泥质粉质黏土：灰褐色、灰黑色，软塑—流塑。第四系上更新统冲积层（Q3al）黏土、粉质黏土：棕黄色、黄褐色、褐黄色，软塑—硬塑。粉砂、细砂：黄褐色、灰褐色，中密—密实，饱和，呈透镜状分布。

C.滨海平原（沧州至港区）

第四系全新统冲积层（Q4al）、海积层（Q4m），第四系上更新统冲洪积层（Q3al），局部分布人工堆积层（Q4ml）。第四系全新统冲积层（Q4al）主要岩性为粉质黏土、粉土、砂类土。第四系全新统海积层（Q4m）主要有淤泥质黏土、粉质黏土：灰褐色、灰黑色，流塑，局部夹腐植物及碎贝壳。黏土、粉质黏土：褐灰色、灰色，软塑，局部流塑。第四系上更新统冲积层（Q3al）黏土、粉质黏土夹粉土：褐黄色、黄褐色，软塑—硬塑，呈透镜体状分布。粉砂、细砂：黄褐色，中密—密实，饱和，多呈层状分布。

④地质构造

阐述涉建项目所处区域的地质构造。如石衡沧港城际铁路项目涉及区域构造、断层构造等地质构造内容。

A.区域构造

大地构造上，高铁线路位于中朝准地台华北断坳，详细情况如下：石家庄至衡水属于冀中坳陷，衡水至沧州属于沧州隆起，沧州至黄骅港属于黄骅坳陷。华北断坳位于山西隆起带以东，燕山褶皱带以南，与二者皆为断裂接触，主要由黄河、淮河、海河等河流洪积—冲积而成，本区持续沉陷接受着新生代的陆相、内陆湖沼相及部分地区的海相堆积。

B. 断裂构造

高铁沿线断裂构造均为隐伏断裂，深大断裂主要有：无极—衡水大断裂、沧州—大名深断裂、海兴—宁津大断裂。

无极—衡水大断裂：断裂西起曲阳以西，向东南经无极、衡水，延至德州以南，总体走向NW50°，倾向NE，倾角在39°—55°，属正断层。断裂在衡水一带反映明显，断距900—3600米，向西至无极一带，断距减小至700米左右。

沧州—大名深断裂：又称沧东断裂，断裂北起丰润、唐山之间，向南经天津、沧州、德州、大名延入河南，走向NE30°左右，倾向SE，倾角较陡。断裂由一系列阶梯状西侧上升、东侧下降的正断层组成。该断裂在沧州市西北与线路相交。为晚更新世活动断裂。

海兴—宁津大断裂：位于沧东断裂以东约60千米，两者平行分布，走向NNE，倾向NW，属正断层。该断裂在黄骅市东侧与线路相交。

通过收集区域地质资料，沿线经过区域没有发现全新世活动断裂，基底隐伏断裂被巨厚的松散层覆盖，地震不会产生地表错断。沿线地震动峰值加速度为0.05—0.15g，铁路工程应做好抗震设计。

⑤区域地震活动

华北平原位于环太平洋地震带西部的中段，是我国构造地震的多发地区之一。据有关资料统计，自公元294年以来，河北地区共发生M≥5.0级的地震72次。其中M≥6.0级的地震集中成带现象十分明显，均分布于NWW向张家口—蓬莱地震构造带和NNE向河北平原地震构造带。河北平原构造带，北起滦县，向西南经唐山、宁河、大城、河间、深州、辛集、任县、邢台、邯郸至磁县，长约600千米，在宁河地区与张家口—蓬莱地震构造带共轭交切。

（2）社会环境

所谓社会环境一般是指"我们所处社会的政治环境、经济环境、法制环境、科技环境、文化环境等宏观因素的综合"。但涉及文物影响评估的社会环境需要狭义地理解，重点研究在文物影响评估所涉及的区域或地块内的人口结构、工业生产、土地利用、交通运输等物理空间及文化环境。其中人口结构是指该区域内的人口分布特征、人口数量及人口密度等，这类人口有可能与该文化遗产直接或间接产生某种联系。所谓工业生产信息，是指要收集在该区域或地块内，或在紧邻的周边地区存在的工业生产信息，包括企业厂矿的分布特征、产业结构、能源供给与消耗方式等信息。所谓土地利用信息，是指在该区域或地块内土地类型、耕种情况、土地利用程度等内容。所谓交通运输信息，是指在该区域或地块内的自有车辆、过境车辆，不同交通形式的运力状况及其对文化遗产的危害程度等。

（3）景观环境

大运河遗产景观环境是指由大运河遗产、历史环境要素、赋存环境景观等不同环境要素构成空间关系的综合。这里既有自然景观资源，也有人文景观资源，同时具有观赏价值、人文价值和生态价值。

在文物影响评估所涉及的区域或地块内的景观环境包括建(构)筑物的位置、高度、形态、风格、色彩等信息，以及由此构成的具有美学欣赏价值的场所空间。应记录这些空间的保存现状，分析其破坏因素以及危害承受度。仍以大运河沧州段为例，沧州段大运河沿岸生态环境包括了林地、耕地、湿地等类型，基本延续了大运河开挖以来的生物种类，对于运河的生态系统维护起到了重要作用。沿岸的景观环境整体保存较好，部分地段监管不力，局部有随意改变土地性质，将农业用地改为工业和城镇建设用地的现象，生态环境有遭受破坏的危险。部分城镇经过对大运河沿线的整治，其景观环境有了较大改善，但由于城市的现代化进程和一些商业利益的驱使，大运河景观的人造痕迹过重。同时，部分城镇段大运河沿岸建造了大量高层住宅小区、商业楼等，形成了一些与大运河风貌极不和谐的景观。

9.3.3 明确影响因素

影响大运河遗产本体及其赋存环境的因素，主要分为自然因素和人为因素两大类。自然因素一般包括洪水、地震、日照、雨水、风化、腐蚀、地震等；人为因素一般包括建设单位不当施工、违规建设，管理单位管理不善，人为开挖取土、违规排放以及规划设计不合理等。应当根据该大运河遗产的特殊情况，确定影响

因素的选取和权重的设置，进而确定文物敏感因子。（表9-4）

表9-4 文物敏感因子参照表

文物类型	直接涉及文物本体，易对文物本体产生直接性影响	涉及文物保护区划，易对体现文物核心价值的文物景观环境产生影响	涉及文物保护区划，易对文物保存环境产生影响，进而影响文物安全
古建筑	淹没、迁移、拆除	视野、轮廓、天际线、景观视线、公共空间[1]、场所精神[2]	大气污染、噪声、震动[3]、微生物
古遗址、古墓葬	占压、淹没、迁移、灭失	布局、山水格局、景观视线、公共空间、场所精神	大气污染、水污染、噪声、震动、微生物、水土流失
石窟寺及石刻	淹没、迁移、拆除	视野、轮廓、天际线、景观视线、公共空间、场所精神	大气污染、水污染、噪声、震动、微生物
近现代重要史迹及代表性建筑	淹没、迁移、拆除	视野、轮廓、天际线、景观视线、公共空间、场所精神、地方情感	大气污染、水污染、噪声、震动、微生物

9.3.4 定性与定量评估

涉建项目对大运河遗产的影响评估应当采用定性与定量相结合的方法。对文化遗产产生关键性影响的因素，往往采用定性的方法能够直接判断得出，以高铁跨越沧州段大运河遗产为例，在大运河遗产本体河道和堤岸的影响因子中，施工阶段开挖、运营阶段振动以及长期性景观影响，对文物本体及其赋存环境影响较大。为避免由于振动造成堤岸的沉降，需要对振动的影响机理进行研究。振动可通过空气传播或固体传播。空气传播即所谓的噪声，噪声对大运河本体河道和堤岸影响甚微，可以忽略；而固体传播是列车与桥梁的震动，通过钢筋混凝土柱将振动传递给地面、河滩，再传递给河道、堤岸等文化遗产本体，由于河道、堤岸

---

[1] 参见国际古迹遗址理事会《西安宣言》。
[2] 参见国际古迹遗址理事会《魁北克宣言》。
[3] 参见国际古迹遗址理事会《西安宣言》。

是素土、夯土等松散结构，长期持续性震动可能导致脱落或坍塌，对文化遗产本体构成较大影响。这是基于定性的判断。具体会造成多大的破坏、如何减小震动，减小到何种程度方能使河道和堤岸本体处于安全状态，需要采用定量分析方法，建立数学模型，综合进行分析。在《古建筑防工业振动技术规范》（GB/T50452—2008）中，界定了噪声引起振动的预测方法以及计算模型，可用于参考；也可以借鉴《环境影响评价技术导则——大气环境》（HJ2.2—2008）对涉建项目区域内大气环境质量进行预测，分析污染物的含量及其对文化遗产的破坏速率；还可借鉴《高层建筑施工中沉降观测技术》对涉建项目施工引起的文物本体沉降进行分析。

另外，从定性的角度分析，针对大运河河道、闸坝、堤岸等文化遗产本体，构成较大影响的重要因素是水体。其中酸性或碱性侵蚀、水中有机物腐蚀、水体污染、洪水冲刷等均是构成本体破坏的重要因子。但具体破坏程度，则可采用定量的方法获得，比如测量水体酸碱度、进行抗腐蚀实验、分析污染物成分、分析洪涝灾害周期等。水体污染对文化遗产的影响可参照《环境影响评价技术导则——地面水环境》（HJ/T2.3—93）规范进行分析。总之，定性与定量指标的选取与权重的确定对评估涉建项目对大运河文化遗产及其赋存环境的影响程度极为重要。

9.3.5 影响分析与预测

涉建项目对文化遗产的影响就其时效性而言，包括一次性影响和持续性影响。例如，高铁建设中开挖柱基、建设桥梁等建设活动均属于一次性影响；而建成后列车运行所产生的震动，以及桥梁对大运河景观环境的影响将是长期的持续性影响。针对不同性质的影响，其减缓措施也不尽相同。

文物影响预测是指应当对可能影响文化遗产的因素进行预测，包括其现实状态、影响程度、变化趋势以及由此产生的后果等。因此，需要对施工前、施工中以及施工后运营过程中可能对文化遗产造成破坏的因素及程度进行全面评估。例如，在前期设计阶段，设计项目的位置、体量、风格等因素可能对文化遗产的赋存环境产生不良影响。可采用现代三维扫描与建模技术，将文化遗产本体及其赋存环境进行虚拟建模，并将涉建项目放置在该虚拟环境中，进行多方位的视廊分析，选取最优方案，将该涉建项目对文化遗产本体及其赋存环境的影响降到最低程度。在项目施工阶段，应对施工开挖、建设等全过程进行管控，控制施工震动，限制粉尘及其他污染物排放，对可能产生破坏性的因素以及不可预见性因素提前做好预案，避免危害发生时措手不及。在项目运营阶段，应合理梳理持续性影响因素，对其可能产生的后果做好预判，并制定预防性措施及应急预案。涉建项目文物影响分析与预测是做好文物影响评估的重要环节，依据预测结果，判断文物影响的承受度与接受度，进而决定文物影响评估的结论。

9.3.6 技术评估措施

（1）合规性评估

所谓合规性评估是指审查分析涉建项目是否符合现行法律法规、行政规章、规划规范等。应当查找与该涉建项目相关的所有文化遗产保护法规及各类规定要求，需全面审查该涉建项目的定位、位置、规模、高度、形式以及所形成的空间等建设内容是否符合上述相关规定，必要时应逐条予以核对、分析，进而得出其合规性结论。

①区划范围

进行合规性评估首先需要厘清文化遗产的区划范围：已公布为各级文物保护单位的，应明确其保护区划范围；已公布为世界文化遗产的，应明确其核心区和缓冲区范围。大运河遗产既是世界文化遗产，也是全国重点文物保护单位，应当分别明确其管控范围。

A.世界文化遗产的核心区及缓冲区

仍以石衡沧港城际铁路项目为例，根据中国大运河申报世界文化遗产文本，大运河沧州段属于世界文化遗产中南运河沧州—衡水—德州段，其核心区及缓冲区的具体范围如表9-5、表9-6所示。

表9-5　南运河沧州—衡水—德州段核心区及缓冲区边界范围

遗产名称	核心区边界	缓冲区边界
南运河沧州—衡水—德州段	北起连镇谢家坝，南至四女寺枢纽三角洲道路。沿线两侧均以南运河岸线外扩5米为界，遇堤时，则以外堤脚线为界	东、西均以遗产区向外扩30米、80米为界。其中在吴桥县、德州市城镇段为遗产区外扩30米，其余河段为遗产区外扩80米

表9-6　南运河沧州—衡水—德州段核心区及缓冲区边界坐标

遗产名称	组成部分编号（地图编号）	地区	四角坐标（左上为A点，顺时针标注）	中心点坐标	申报部分面积（公顷）	缓冲区面积（公顷）
南运河沧州—衡水—德州段	NY-01	河北省、山东省	A:116°28′8″E,37°47′47″N B:116°28′12″E,37°47′47″N C:116°14′29″E,37°22′8″N D:116°14′18″E,37°22′16″N	116°19′32″E,37°36′16″N	3382	1143

经判断，拟选线路跨越大运河处不位于大运河世界文化遗产的核心区及缓冲区范围内，符合选址避让核心区的原则。

B. 全国重点文物保护单位的保护区划

拟实施工程选线方案跨越的大运河属于南运河沧州—衡水—德州段中的沧州段，具体跨越位置在沧州城区北侧，廊沧高速与朔黄铁路之间。该段运河属于南运河河道。根据《中国大运河河北段遗产保护规划》中河道的保存现状及相关价值，将水利水运工程遗产的保护范围划分为两个等级，分别为重点保护区和一般保护区（图9-4）。跨越位置所在大运河的河段属于一般保护区，其具体保护范围为：南运河与捷地减河交汇处至青县李又屯村（河北与天津交界处）两堤之间外堤脚向外25米的区域。其建设控制地带范围为：以河道保护范围边线为基线，原则划定城镇段向左右两侧外扩30米，村落段向左右两侧外扩80米，郊野段向左右两侧外扩300米。

◇ 大运河遗产保护理论与方法

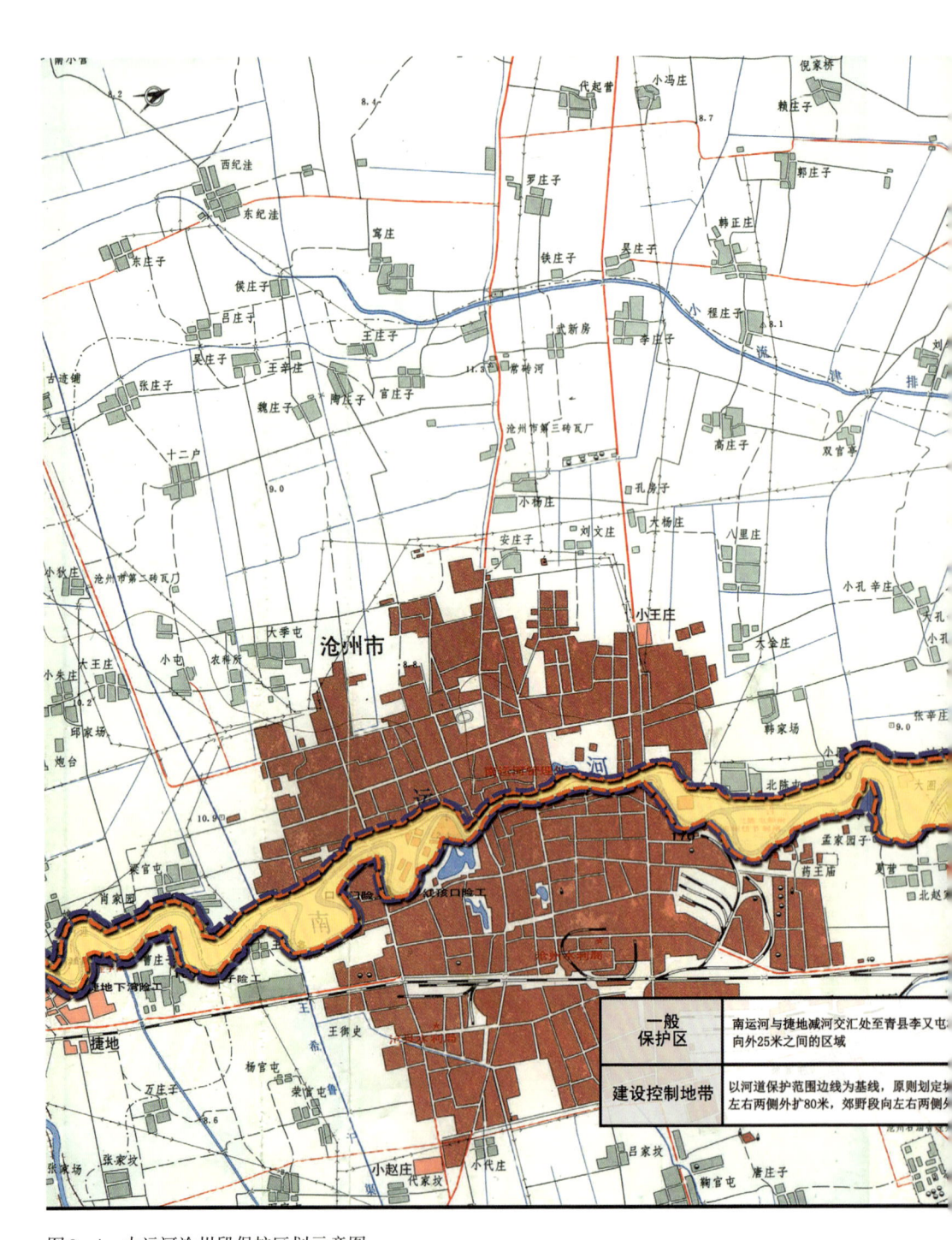

图9-4 大运河沧州段保护区划示意图

260

9　大运河涉建项目文物影响评估

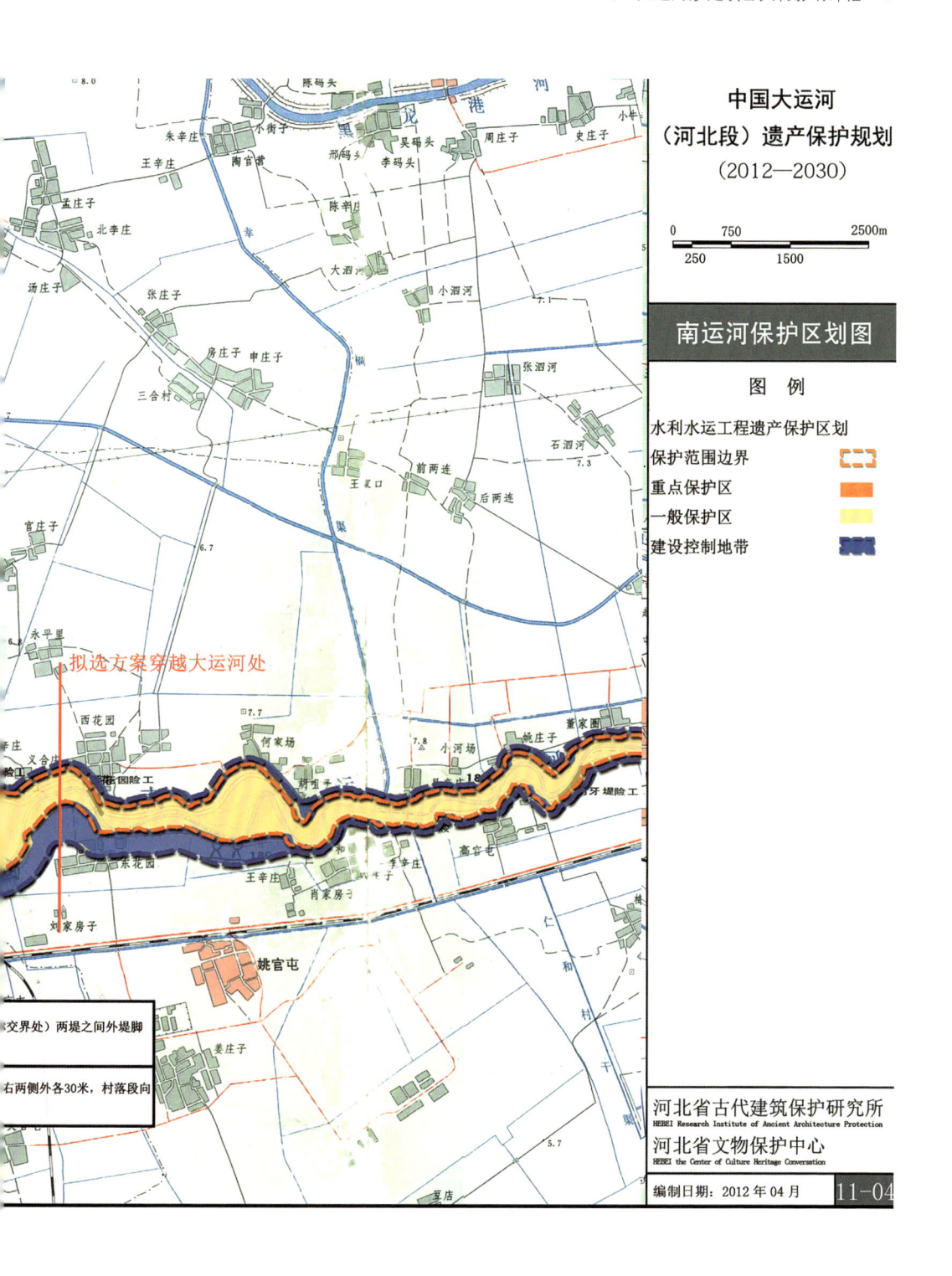

②管理规定

法律法规、政府规章、保护规划等各类规范文件均是进行合规性审查的依据。大运河世界文化遗产的核心区和缓冲区，以及全国重点文物保护单位保护区划范围管理规定，是判断大运河遗产文物影响评估的直接依据。以下以大运河沧州段相关管理规定为例。

A. 大运河沧州段河道管理规定

在用类水利水运工程遗产由现有主管部门按照水利、河道管理法律法规维护、保养和正常运营，管理中应增强遗产保护意识，维护和保养工程在确保安全的同时尽量保护遗产的真实性和完整性，尽量保留遗产在外形和设计、材料和实体、用途和功能、位置和方位等各方面留存至今的历史信息。保护遗产环境及其历史风貌，不得建设影响大运河遗产本体及遗产环境和历史风貌的各类建（构）筑物；不得进行可能影响大运河遗产本体及其环境安全性、完整性的活动；不得建设侵占河堤及两侧护堤地的建（构）筑物；不得设置拦河渔具；不得种植影响行洪的植物（堤防防护林除外），如芦苇、杞柳、荻柴及高秆农作物；不得倾倒和弃置矿渣、石渣、煤灰、泥土、垃圾等各类堆积物；在堤防和护堤地，禁止建房、放牧、开渠、打井、挖窖、葬坟、晒粮、存放物料、开采地下资源，以及开展集市贸易活动；任何单位、个人不得以任何形式向大运河排放不达标污水；严格控制运河污染源，禁止堆放、倾倒、掩埋、排放污染物，禁止在河道内清洗装贮过油类或者有毒污染物的车辆、容器；护堤护岸林木由河道、林业等部门统一管理，不得随意采伐；禁止砍伐古树名木。遗产保护工程、考古发掘项目必须遵守《中华人民共和国文物保护法》等有关法规的规定，并按法定程序办理报批手续。严格保护遗址类与废弃类水利水运工程遗产，不得自行填堵、占用和拆毁；保护遗址类和废弃类水利水运工程遗产在位置、用途、功能、形制等方面保存的历史信息；矿产资源开采、村镇建设，以及公路铁路专用线、高压走廊等涉建工程建设选址，应尽量避让大运河文化遗产。在重点保护区内进行的水利、航运、防洪、交通、遗产保护和展示及景观绿化工程应报经相关主管部门批准，批准前应征得国家文物行政主管部门同意（紧急防洪抢险等工程除外）；不得进行除上述工程之外的其他建设工程或者爆破、钻探、挖掘等作业。重点保护区内不得进行采砂、取土等活动；一般保护区内建设工程及河道采砂、取土等活动必须报经河道主管机关批准，批准后报各市级文物行政主管部门备案。

B. 大运河沧州段建设控制地带管理规定

保持地形地貌的真实性和完整性，任何建设工程均不得破坏环境景观和历史风貌。在建设控制地带内的建设活动应符合《中华人民共和国水法》《中华人民共和国防洪法》《中华人民共和国河道管理条例》等的要求，不得进行打井、钻探、爆破、挖筑鱼塘、采石、取土等危害堤防安全、破坏水利工程设施、影响行洪的建设活动。不得建设大体量、大密度及与遗产环境不协调的建筑；控制建筑的色彩、尺度、风格、高度，使之与当地建筑风格相协调，村落建筑限高7米（二层以下），乡镇建筑限高13米（四层以下），城区建筑限高22米（七层以下）。建筑工程设计方案需报相关主管部门批准才可实施，并在批准后报相应级别文物行政主管部门备案。农民自用住宅的新建、改建可在满足相应建筑体量、外观、高度、密度等要求的前提下，报所在县人民政府建设主管部门审批。遗址类遗产建设控制地带内应尽量避免各类地下建设工程，凡涉及地面以下的建设工程，建设单位或个人均应报相应级别的文物行政主管部门组织进行考古调查和勘探，根据考古调查和勘探结论，做出行政许可，发现重要遗址的应及时调整保护区划。

③合规性分析

A. 选线合规性

前述石衡沧港城际铁路位于河北省中部，线路西起石家庄市，经衡水市、沧州市，东至渤海新区，线路运营长度为328.2千米，利用在建石济高铁长度约105.45千米，新建长度为222.73千米。（图9-5）该项目选线符合法律法规规定，满足各类规划要求。

B. 跨越大运河的不可避免性

由于本工程为东西走向，大运河沧州段为南北走向，因此，该线路不可避免跨越大运河沧州段。（图9-6、图9-7）

◇ 大运河遗产保护理论与方法

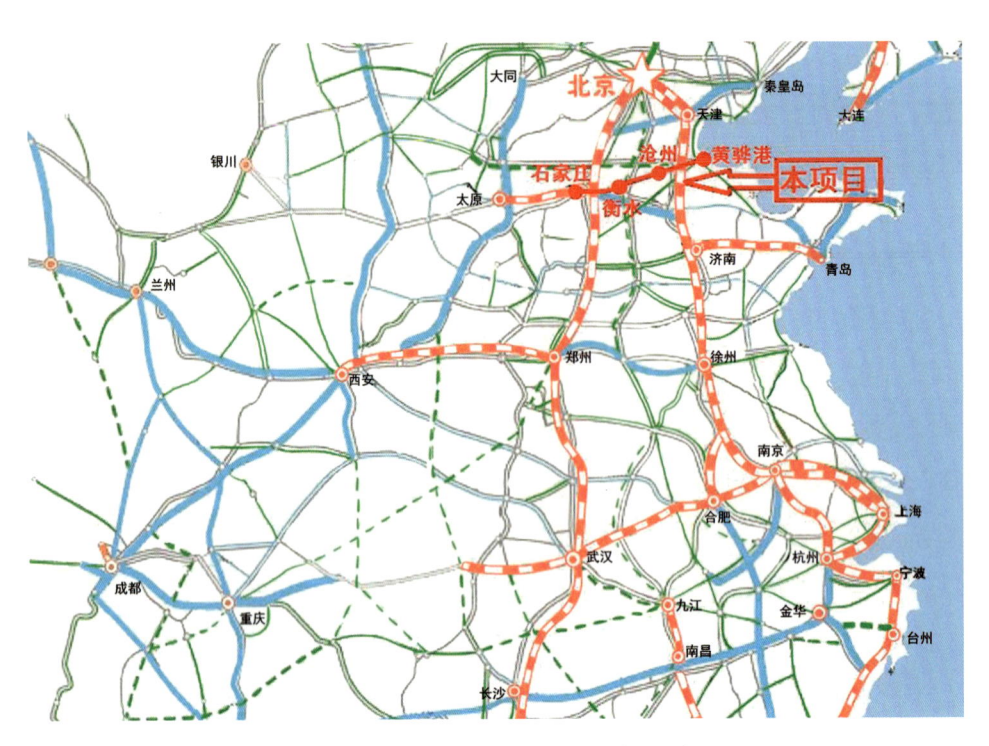

图9-5 高铁项目与文化遗产位置关系示意图

C. 避让重要区段

选线拟于DK149+712—DK149+792、DK150+168—DK150+278以桥梁形式（姚官屯跨京沪铁路特大桥）分别跨越大运河（河北沧州段）之南运河建设控制地带约100米，共计200米；于DK149+792—DK150+168跨越其保护范围（一般保护区）约410米，避让了重点保护区，且不涉及捷地减河、四女寺减河、马厂减河和兴济减河遗址等其他重要区段。本工程穿越保护区段桥梁永久占地约1.13公顷，为农田和荒草地。（图9-8）

从保存现状来看，该工程跨越的大运河沧州段遗产保存状况较好。从遗产分布图分析，该涉建工程（图9-9）仅涉及南运河保护范围及建设控制地带，不涉及减河、古墓葬、水利枢纽等其他任何类型。涉建工程的选线已经避让了大运河沧州段的世界遗产核心区及缓冲区，同时避开大运河遗产的重点保护区，跨越点的选择对运河的影响已经降到最小程度。

9　大运河涉建项目文物影响评估

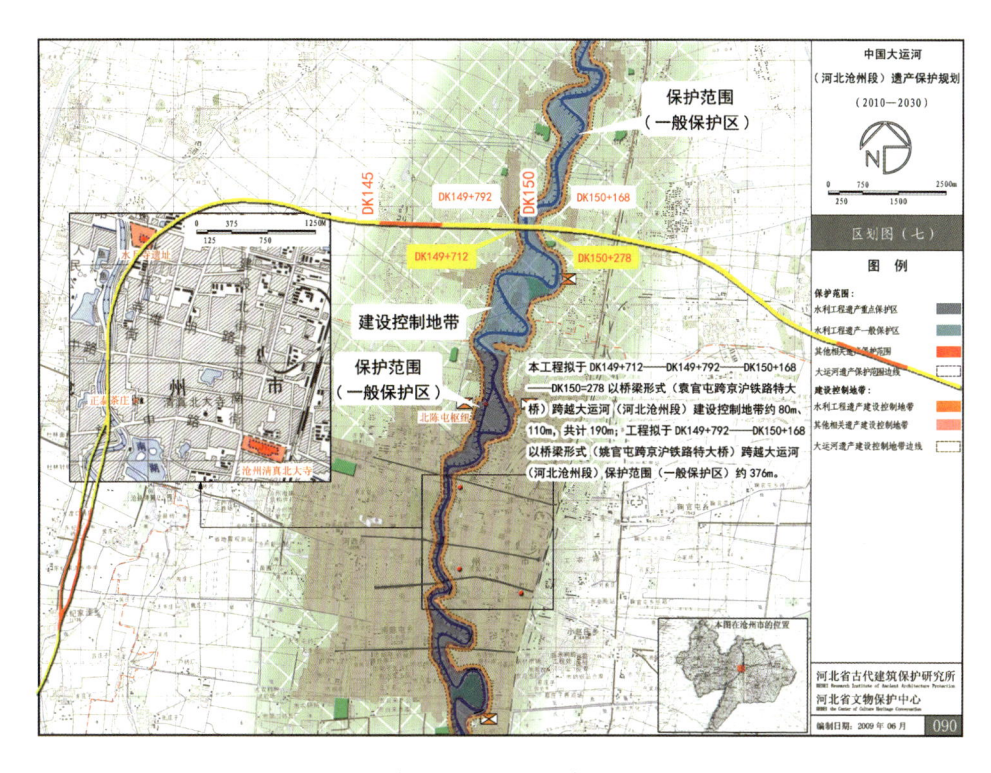

图9-6　大运河河北沧州段保护区划图

图9-7　项目选线与大运河沧州段的位置关系图

265

◇ 大运河遗产保护理论与方法

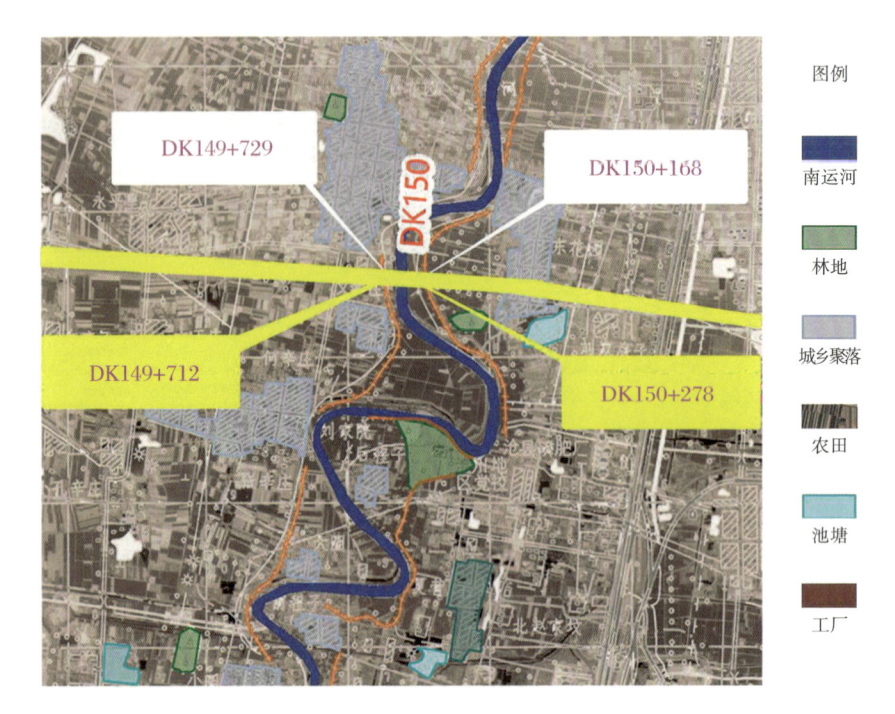

图9-8 跨越处遗产分布图

图9-9 沧州大运河遗产现状照片（周远摄）

266

（2）危害性评估

涉建项目对文化遗产本体及其赋存环境的影响包括有危害性和无危害性两种，本书重点研究危害性评估，此处危害性应当从广义上理解，损害性、破坏性、不良性等各类影响均属于危害性。（表9-7）危害性按照其破坏力程度可分为轻度、中度、重度三级，根据该危害性能否消除可以分为可降解、可消隐、可减缓类危害与不可降解、不可消隐、不可减缓类危害两类。危害性评估目的就是判断该涉建项目产生的危害属于何种类型，判断其危害程度以及是否可以采用技术措施予以消除，以免造成文化遗产本体及其赋存环境迁移、拆除、损毁或灭失等彻底性破坏，

表9-7 文化遗产面临的主要危害

遗产类型	危害种类	表现特征
文化景观	侵占	不恰当的构成元素和规模；不兼容的土地用途，如当代商业或居住群落、大型农业活动等
	丧失功能	
	分割	维护不足使得重要特征受到侵蚀，如堤岸、梯状墙
考古遗址	对考古遗迹的破坏和侵扰	对考古遗迹造成直接侵扰的侵害性活动，如建设、利用性发掘、传统农业活动、现代工具和化学药品的使用等；穿过具有考古价值的地区的地上及地下工程，如道路、管道、下水道、河道工程
	保护不足	不加限制地出入，缺乏监测机制，使得抢劫遗产地成为可能；人为的恶意破坏
	退化	由气候和污染引起的腐蚀和分解
水下遗产	对考古遗迹的破坏和侵扰	对考古遗迹造成直接侵扰的侵害性活动，如建设、利用性发掘、传统农业活动、现代工具和化学药品的使用等；穿过具有考古价值的地区的地上及地下工程，如道路、管道、下水道、河道工程
	保护不足	不加限制地出入，缺乏监测机制，使得抢劫遗产地成为可能；人为的恶意破坏
	退化	由气候和污染引起的腐蚀和分解
	破坏	有可能直接影响水底及其上的遗迹和（或）保存环境的开发计划和工程项目
	将材料从其考古环境中分离	休闲潜水人员和商业性海上打捞公司的掠夺，遗产出现在非法市场上

(续表)

遗产类型	危害种类	表现特征
历史城区和遗产村落	分裂	丧失历史结构和空间,为不恰当的建筑风格所取代
	规模不恰当	在历史街区内部或其周围建设规模不恰当的建筑
	疏忽	结构分解和崩溃,装饰性元素被侵蚀,受到虫害的破坏,植被肆意生长,以及不加控制的水上活动
	背景分离	不恰当/不真实的活动和历史环境利用
纪念物、建筑物与构造物	疏忽	建筑结构出现问题或崩溃,装饰性元素被侵蚀,受到虫害的破坏,植被肆意生长,以及不加控制的水上活动
	环境退化	污染、酸雨或石癌带来的化学侵蚀
	误导性的保护	丧失原始构造,代之以"新版过去";试图让遗产地"面目如新"
	脱离背景/扩侵	在指定缓冲区内进行非法建筑和土地征用

注:引自联合国教科文组织《会安草案——亚洲最佳保护范例》(2005)(笔者整理)

其危害性极为严重,无法予以消除,针对这类涉建项目应当予以禁止;反之,则可以视其危害程度,结合文化遗产本体及其赋存环境的承受程度,予以综合评判。

(3)景观敏感性评估

所谓景观敏感性是指涉建项目的位置、体量、形式、彩色等对大运河遗产景观影响的程度。涉建项目的位置与文化遗产的距离越近,或者涉建项目的体量越大,其对景观影响就越大,其景观敏感度就越大。一般而言,涉建项目的形式与文化遗产的形式反差越大或者色差越大,其对文化遗产的景观环境影响就越大,其景观影响度也越大。评价涉建项目对文化遗产景观环境的影响,还应充分了解文化遗产场所所承载的文化价值内涵。对景观环境影响评估时,不可忽视其对场所精神破坏的可能性。

(4)方案比选措施

在综合考虑上述各种因素的前提下,可制定多个设计方案,通过比选的方法进行择优。例如,在石衡沧港城际铁路跨越大运河沧州段项目设计中,制定了三个比选方案,通过对比分析,从中选择同时满足文物安全、防洪要求,以及能够与周边环境相协调的最优方案。

①多方案简述

方案一：64米连续梁跨越方案。采用40m+64m+40m连续梁的主跨跨越南运河主河道，同时与既有朔黄铁路对孔。连续梁主墩在主河道以外，对河流干扰较小。采用32米标准梁跨越河堤路。（图9-10、图9-11）但是此方案的缺点是：文物本体中桥墩布置过多，对文物周边环境影响较大，且两侧河堤均有桥墩侵入，不能有效保护南运河河堤本体。

方案二：128米连续梁居中跨越方案。为尽可能减小新建铁路对南运河的影响，采用72m+128m+72m连续梁居中跨越南运河主河道。（图9-12、图9-13）该方案减少了南运河上的桥墩，降低了新建铁路对南运河的影响。但是此方案的缺点是：左侧河堤有桥墩侵入，不能有效保护南运河河堤。

方案三：调整后的128米连续梁跨越方案。依旧采用128米连续梁跨越，通过适当调整，达到跨越南运河的同时不侵占河堤的目的。（图9-14、图9-15）该方案综合考虑了跨越南运河的跨度及河堤、河道保护的需求，既能满足南运河上尽量较少桥墩布置的要求，也避开了河堤和河道本体，尽可能减小了对文化遗产本体的影响。

②比选分析

方案一：64米连续梁跨越方案与既有朔黄铁路桥梁对孔，桥墩需设在河道及河堤上，且在建控范围内设置多个桥墩，不但侵占运河本体，且对文物周边环境影响较大，不满足文物保护的要求，因此不推荐该方案。

方案二：128米连续梁居中跨越方案避让了运河的河道部分，但连续梁配墩不可避免地占压西侧河堤，影响文物安全，不满足文物保护要求，同时不满足防洪评价要求，因此不推荐该方案。

方案三：调整后的128米连续梁跨越方案综合考虑了南运河河堤、河道的文物保护要求，尽可能少在南运河上布置桥墩，以减少影响，有效地避让运河的文物本体河道和河堤，对文物本体的安全性及环境的协调性影响降到最低，同时还综合了文物保护、河道通航、防洪评价以及与既有桥梁的关系等因素，因此推荐该方案。

270

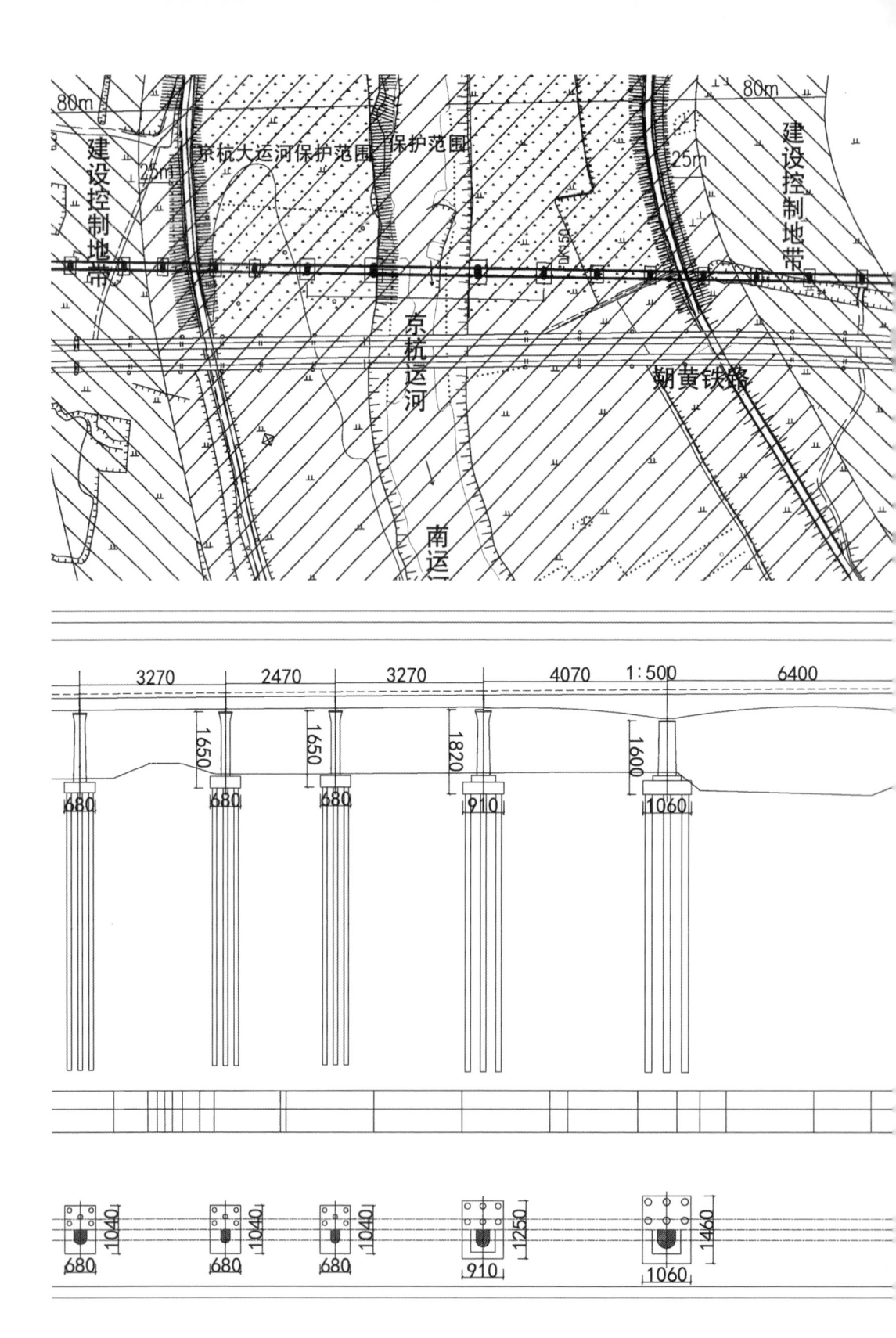

图 9-10（左）
64 米连续梁跨越方案平面图

图 9-11（下）
64 米连续梁跨越方案大跨节点图

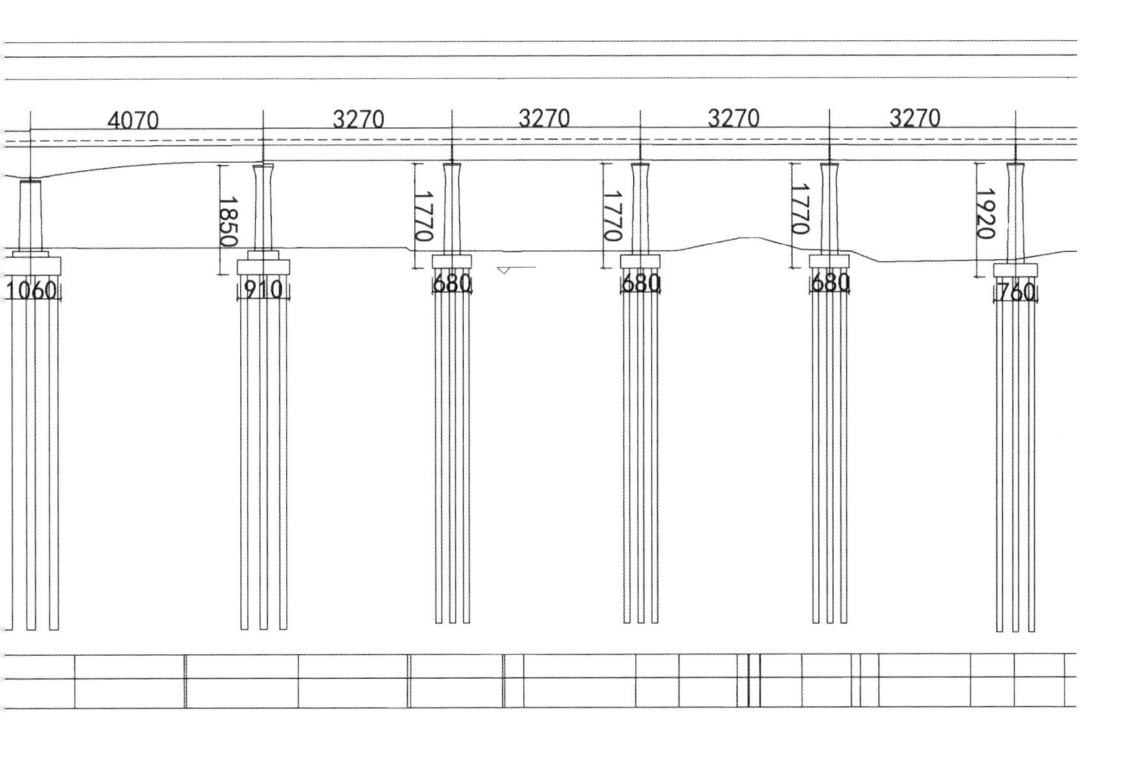

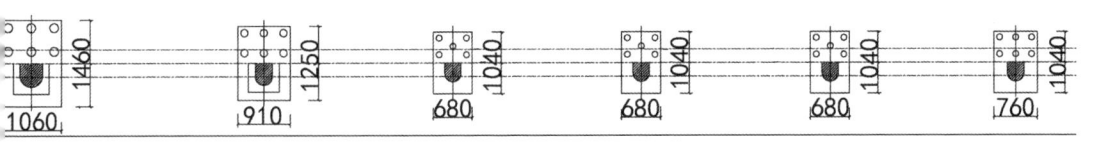

272

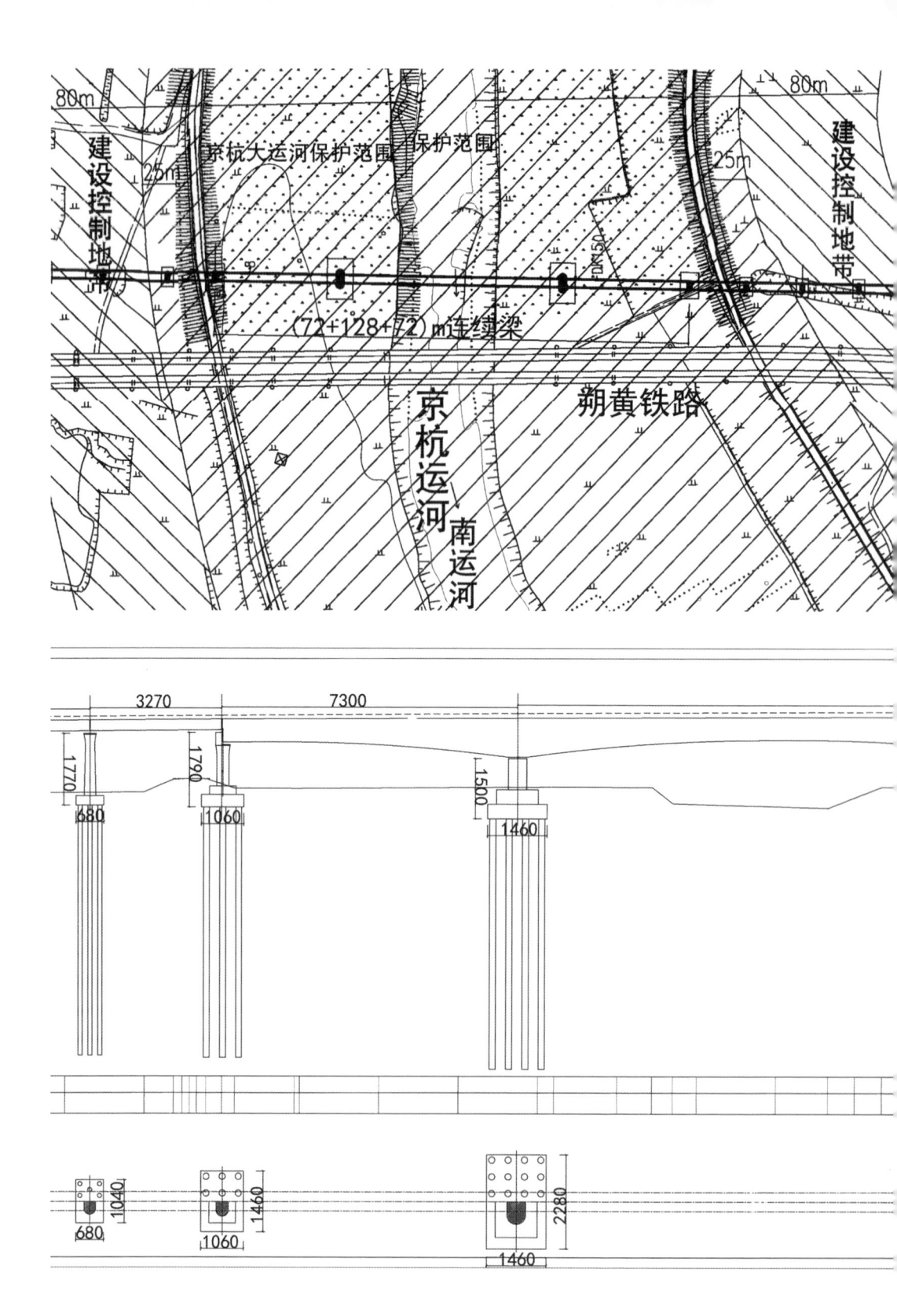

9 大运河涉建项目文物影响评估

图9-12（左）
128米连续梁居中跨越方案平面

图9-13（下）
128米连续梁居中跨越方案大跨节点图

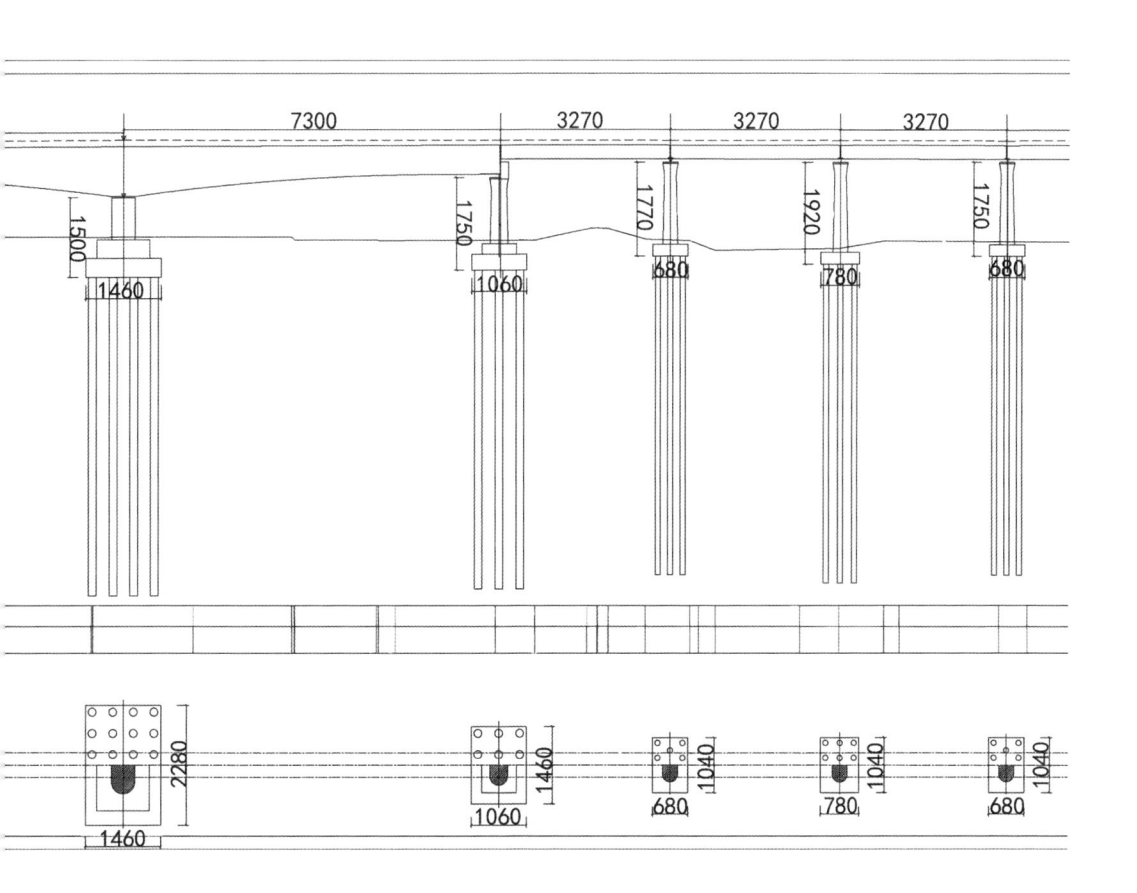

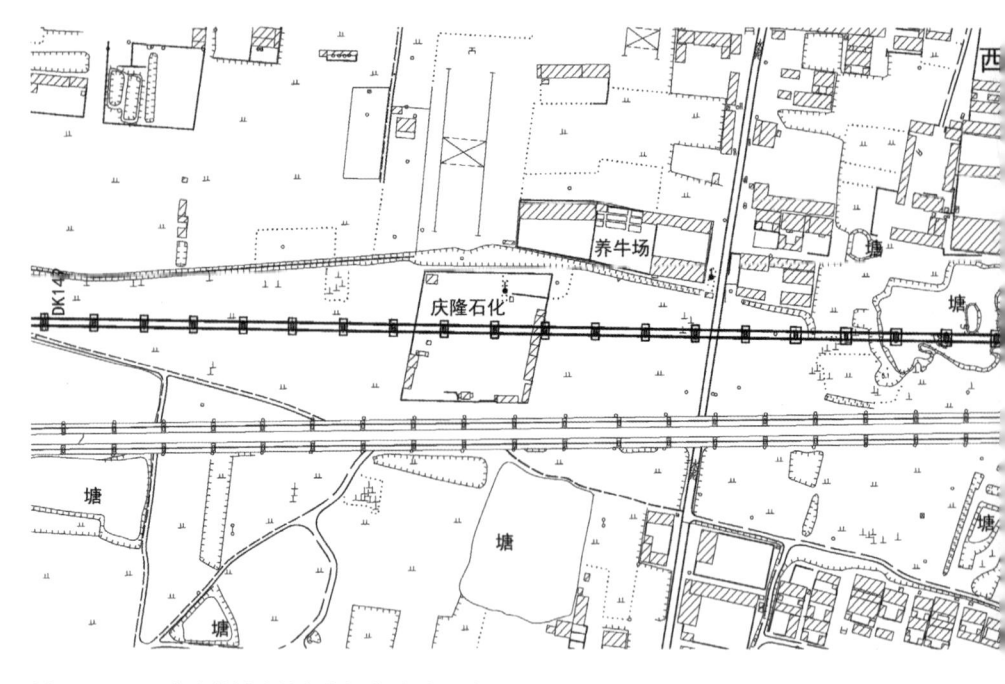

图9-14 128米连续梁跨越方案调整后平面图

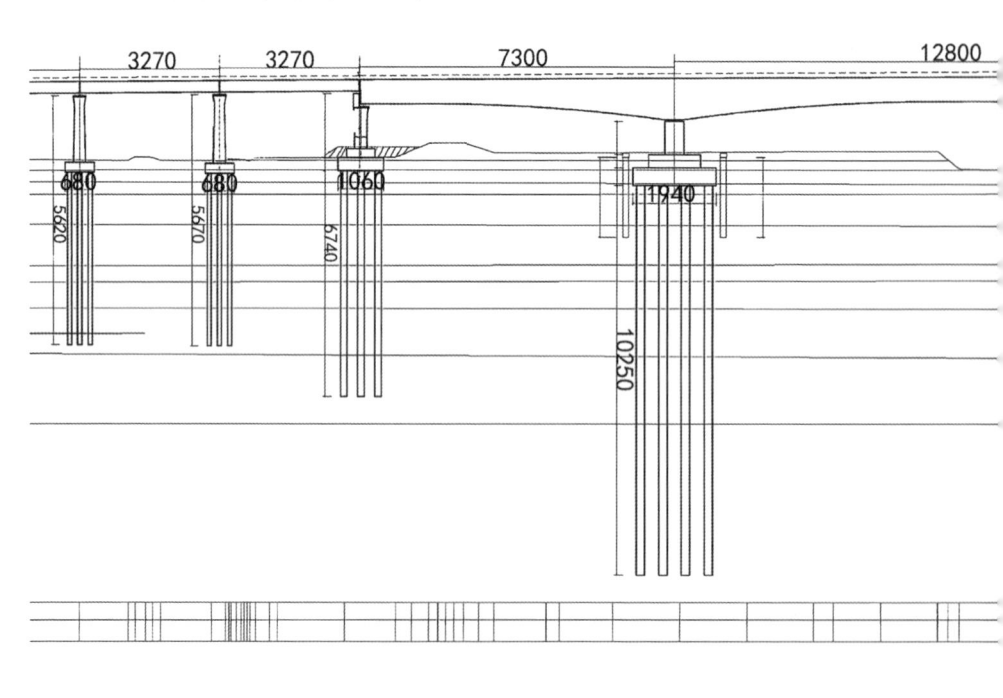

图9-15 128米连续梁跨越方案调整后大跨节点图

275

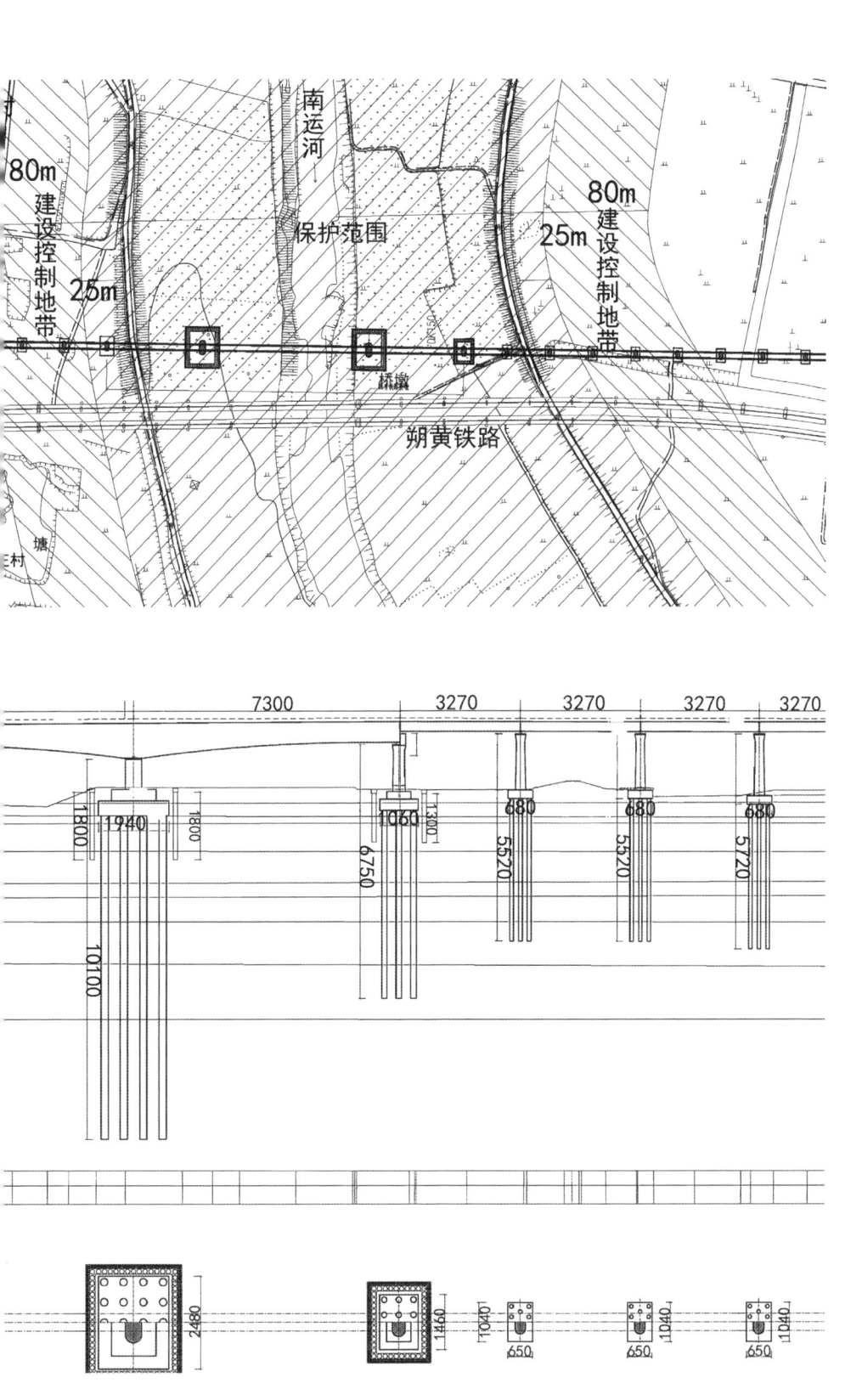

该方案采用72 m+128 m+72 m连续梁跨越南运河主河道，满足通航要求。根据平面布置图，共有11个桥墩在跨越区段内（保护范围约有6个，两侧建设控制地带内共有5个）。

拟选线路跨越大运河处位于全国重点文物保护单位大运河河道一般保护区，其项目设计方案基本符合全国重点文物保护单位的管理要求。施工中标准梁跨简支箱梁采用梁场预制、架桥机架设施工，伸缩梁采用支架现浇施工，大跨连续梁采用悬臂浇注法施工，最大限度地减小了施工过程对遗产本体的影响。

（5）预防性保护措施

评估的目的是消除破坏因素和安全隐患，而预防性保护措施的制定是排除隐患的直接手段。预防性保护措施的核心在于预防，需要对可能产生的危害等级、危害程度以及由此产生的后果进行预判。预防性措施应当始于项目前期可行性研究阶段，应当针对项目设计、施工过程以及后期管理等不同阶段制定详细的保护措施。在工程可行性研究阶段，其选线、选址应当避让重要遗产区；在设计阶段，其设计方案在满足功能需求的前提下，应尽量与文化遗产本体及其赋存环境相协调，同时应考虑审美的需求；在施工阶段，其施工过程应当符合环保要求，避免空气污染、水污染、土质污染以及工业废弃物的污染，禁止废弃物、垃圾的倾倒，同时应当保护植被，禁止砍伐森林，禁止破坏构成文化遗产景观风貌的树木等。城市扩建与更新、灌溉设施建设、文物不当修缮以及道路修建、管网铺设、电路铺架、农业耕作、土地修整、植树造林、河道疏浚、港口建设等各类工程的实施过程与后续管理均可能对文化遗产本体及其赋存环境构成破坏，因此，为有效实施上述预防性措施，应对可能造成遗产本体及其赋存环境破坏的项目、行为和活动等进行监测，完善相关监管制度。

根据国际古迹遗址理事会《西安宣言》（2005），应当对大运河遗产周边的重要天际线、景观视线以及大运河重要点段的景观视廊进行保护。因此在设计阶段就应当全面分析涉建项目与大运河文化遗产之间、与赋存环境场所之间的景观空间关系，以及对人们观感的影响，做到提前预判、提前制定保护性措施。

由于大运河两堤间距离较远，部分河段长达千米，跨越的高铁桥梁需要在两堤间设立桥墩和柱子，因而，桥墩分布的合理性及施工过程中的预防性保护措施，对确保大运河本体安全尤为重要。

①桥墩分布的合理性

既然涉及项目跨越大运河不可避免，那就应重点针对大运河本体的安全性及其与环境的协调性进行分析，力求将其对文化遗产的影响降到最低限度。

对拟选方案应分别进行结构测算，保证其可行性及安全性，并补充拟选桥墩基础范围的考古发掘报告，保障文物的安全性。同时，应对铁路施工、运营的各个阶段制定完善的监测方案，重点监测其沉降、倾斜、震动变化等情况，并及时反馈信息，并应制定文物保护应急预案。

②施工过程防护措施

大运河堤岸两侧桥墩基础施工时，距离两侧河堤较远，对遗产本体河堤进行了避让，并根据文物防护要求对堤防进行补偿性防护。

钻孔桩基础施工时，应采取可靠措施，防止因施工产生的泥浆流入南运河，并外运至指定位置，承台基坑回填后的挖基余土也应外运至适当地点，尽量减少破坏植被，禁止向河道倾倒沙石泥土和废弃物。

河道内部设置四座桥墩，其基础开挖施工时，临近主河道两侧主墩基础坑四周采用钻孔防护桩进行防护，基坑均采用垂直开挖，尽量减小施工作业面积，减小对河道本体的影响。

临近大堤的两座桥墩基础施工开挖时，基础基坑四周均采用钢板桩进行防护，基坑采用垂直开挖，施工期间尽量减小对大堤的影响。（图9-16）

9.4 评估结论与整改

9.4.1 评估结论等级

涉建项目的文物影响评估结论可分为：严重、一般、无影响。严重，是指涉建项目对文化遗产本体及其赋存环境造成重大不良影响，且无法通过任何措施予以减缓；一般，是指涉建项目对文化遗产本体及其赋存环境造成的影响不大，且

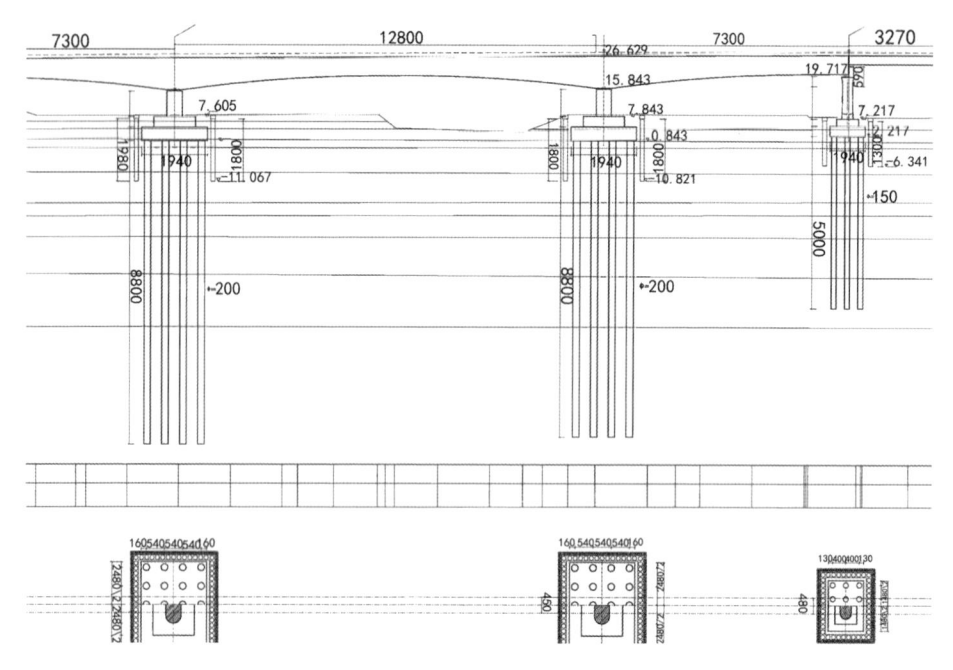

图9-16 跨越大运河防护桩节点图

可以通过一定措施予以减缓；无影响，是指涉建项目不涉及已知的文化遗产本体（含分布范围）及其保护范围和建设控制地带，同时该建设区域亦未发现任何新增文化遗产。

9.4.2 整改建议

根据涉建项目对文化遗产本体及其赋存环境的影响程度，可对涉建项目的前期、施工及后续运营等不同阶段提出整改建议，包括具体措施、对策，以及技术可行性与经济合理性论证等内容。

（1）项目前期建议

项目前期建议一般包括避让、减缓、调整、降层、改建、遮挡、消隐等内容。

遇到重要文化遗产时，应当调整项目选址或选线位置，避让文化遗产；涉建项目体量过大时，可采取调整、降层、改建等措施；涉建项目无法避让时，可采用遮挡、消隐等措施。应由文物管理单位、设计单位、施工单位的相关人员与行业专家共同研究、讨论方案的必要性与可行性。

项目施工前,基于该大运河遗产点段的保存现状,对大运河两岸河堤护坡进行处理,并提出具体保护措施、监测方案及应急预案等。为保证大运河的安全,在项目施工之前采取必要的支护措施。

坚持考古先行原则,与施工单位协商,合理安排项目建设进度,配置充足人力与物力资源进行调查与勘探工作,确保在项目建设前完成对文化遗产的抢险和保护,最大限度地抢救和保护大运河文化遗产,同时充分查阅当地相关考古、地质资料,有目的、有计划地开展调查、勘探工作。

在项目施工前,通过考古调查及勘探等工作,探清该项目地下遗存情况。考古调查、勘探和发掘中如有重大发现,由文物主管行政部门根据文物保护的要求与建设单位共同商定保护措施,及时调整选线方案及设计方案,并由项目所在地文物行政主管部门及时上报国家文物局处理。对地下埋藏文化遗产进行考古调查、勘探和发掘时,应聘请具有多年考古发掘实践经验、较强学术课题研究能力,且具有团体领队资格的独立法人单位实施。

（2）项目施工建议

在项目施工阶段,应对涉建项目的施工过程、技术工艺、安全防范、污染物处理等存在潜在危害的各个方面提出整改或减缓建议。在实际施工过程中,要求施工单位及时与文物行政主管部门建立畅通的信息通道。文物行政主管部门应全力配合,加强巡视及监测,及时反馈信息,以指导施工。下面仍以石衡沧港城际铁路跨越大运河沧州段为例。

①实施过程监督建议

由于大运河遗产保护范围和建设控制地带内地下文化遗产的埋藏具有不可预见性,项目所在地文化遗产管理部门应对工程实施过程进行跟踪,监督施工中的文化遗产安全状况。施工过程中一旦发现文物遗迹,应当及时与文物行政主管部门取得联系,保证文物安全,及时进行考古调查、勘探和挖掘工作,并及时制定针对性保护措施。

②工程控制措施建议

对涉及文物的高铁建设采用对景观环境影响最小、沉降控制最有效、最安全可靠的方法施工，有效减小施工对附近文化遗产的影响，降低风险。桥梁施工采用挂篮悬浇施工，施工过程中挂篮下部采用防护网，防止施工异物掉到南运河中。施工过程中，由于小里程和大里程桥墩距离两侧河堤较近，所以桥墩承台施工采用钢板桩防护，以减少对河堤迎水坡的干扰。

③污染源处理措施建议

针对施工过程中污水、粉尘、钻孔泥浆、施工垃圾等主要污染源，应分类采取处理与缓解措施。

A. 污水处理措施

在施工中产生的废水不得直接排入大运河。建筑材料、油料、有毒化学品、施工废渣应远离大运河，并配备足够的防水布遮盖，以防止雨水冲刷而污染水体。水泥、石灰等部分施工用料的堆放应远离南运河，可存放在暴雨径流冲刷影响小的场所，并在材料场四周挖明沟、沉淀池，建挡墙等，防止受暴雨冲刷污染水体。砼拌和站的废水，需集中到沉淀池中，经净化处理后方可排放。生产用油料必须严格保管，防止泄漏，污染河水。施工机械运转中产生的油污水、清洗骨料及其他生产污水、厕所污水及其他生活污水等，均不得向大运河排放。

B. 粉尘处理措施

严禁在施工现场焚烧油毡、橡胶、塑料等各种工业垃圾。对能造成起灰的渣土车适当加固或遮盖，防止灰尘在空气中飞扬；渣土车必须密封，装运时不能太满，防止运输过程中有掉块或洒落；粉尘材料采用袋装或其他密封方法运输，不能散装散卸；工程施工用粉末材料需存入室内，当受到条件限制露天堆放时，采取防止粉尘飞扬的措施；把场内道路维护好，防止起灰尘和积落尘在空气中飞扬，经常在施工道路上洒水；对易产生扬尘的砂石料，进行遮盖或适当洒水，淘汰落后工艺，减少粉尘排放；生产、生活区道路要定期洒水降尘，桥梁工程等集中作业场地，未铺装的施工便道在无雨、大风条件下极易起尘，因此在早、中、晚来回洒水，缩短扬尘污染的时段和减小污染范围，最大限度地减少起尘量；对施工便道进行定期养护、清扫,保证其良好的路况;土方、水泥等散装物料运输和临时存放,应采取防风遮挡措施,以减少起尘量。

C.钻孔泥浆处理措施

桩基钻孔过程中将钻渣、泥沙及废水注入专用泥浆池中,废渣运弃到指定的地点;防止水泥浆溢出而污染大运河遗产环境;禁止钻渣、泥沙和水泥等物料就地无序排放;钻孔桩施工所产生的土方和废弃泥浆用罐车运走,送至弃渣场集中埋置。

D.施工垃圾处理措施

不允许施工垃圾和碎料堆积,成为环境或安全的危害物;有害垃圾应由当地垃圾处理部门运走并及时处理。建立严格的固体、废弃物管理制度,废弃物设专用场地堆放,集中管理;将施工过程中的废弃物、边角料、包装袋等及时收集、清理,运至垃圾场掩埋;对维修或保养机械过程中产生的废机油、废手套、废棉纱等废弃物,指定专人负责回收,并设立收集废弃物的专门容器;水泥、膨润土等掺和料,应安全堆放,妥善遮盖,不得掉入大运河中。

④施工应急处理建议

施工过程中应建立应急处置程序,包括迅速报告、快速出警、现场控制、现场调查、现场报告、污染处置等内容。

(3)后续运营减缓建议

注意建设项目后期运营过程中的文化遗产安全,制定必要的减缓措施。下面仍以石衡沧港城际铁路跨越大运河沧州段为例。

①减小振动

加强轮轨和车辆的维护、保养,定期旋轮和打磨钢轨,对小半径曲线段涂油防护,以保证其良好的运行状态,减少附加振动。在铁路经过文化遗产区段时严格控制铁路列车运行速度,建议最大运行速度不超过80千米每小时,文化遗产区域范围内应直线行驶,提高轨道平顺度要求,并加强养护,在运营时避免在该区段采用紧急制动措施。

②重点监测

对涉建项目所涉及的大运河遗产点段进行沉降、倾斜发展等情况的重点监测，制定预警值、报警值和控制值，确保文化遗产的安全。在高铁运营期间对其设备（列车、轨道和道床等）和文化遗产的振动进行常态化监测，重点监测列车运行振动引起文化遗产振动的变化情况，合理控制标准值、预警值和报警值，可由铁路部门制定振动监测方案，并与文物保护部门进行沟通，建立联动机制，发现问题，及时反馈，及时解决。

③加强保养

加强对跨越段大运河遗产的日常保养，对于出现损伤的地段，针对不同的病害，查明原因，采取相应的防护加固、现状修整等保护措施，对局部损伤严重的地段采取重点修复、消除安全隐患的措施。

加强跨越段运河的日常维护与管理：对土芯夯土层进行加固，有计划地进行绿化，保护大运河河道、堤岸等本体不受到蚕食；适量栽种树木，防止水土流失；竖立保护标志，起到警示作用。

9.4.3 评估结论

应根据以上评估和预测结果，分析涉建项目对文物保护单位的影响，从文物保护的角度，得出涉建项目的可行性结论，为涉建项目文物影响评估及项目建设提出科学参考依据。

评估结论一般包括以下内容。简要描述涉建项目概况，简要描述涉建项目文物概况，概括总结预测和评估结论等。明确说明涉建项目在设计期、施工期和运营期各阶段对涉及文化遗产的影响，以及对各种影响的评估结果。对文物保护对策和措施提出改进意见。简单评述所提出的文物影响保护对策和措施，并说明在涉建项目实施的各个阶段，对策和措施实施的有效性。简要描述公众对涉建项目可行性的意见，包括当地居民、相关机构和专家等的意见。提出涉建项目的可行性结论，从产业政策的符合性、选址选线的合理性和文物保护的协调性等方面明确给出文物影响评估是否可行的结论。例如，针对石衡沧港城际铁路跨越大运河沧州段涉建项目，其评估结论为：在基于对文化遗产保护及其赋存环境保护的前提下，全面研究该项目的基本状况、文化遗产价值内涵、选线与建设的影响程度、保护的减缓措施等内容，可以断定在与大运河河道及堤岸本体相交处采用桥梁跨越方案是可行的。

9.5 监管体系建设

监管体系建立的目的是确保文物影响评估的成果得以落实。就监管责任主体而言，可将监管体系分为对项目管理单位的监管、对项目施工单位的监督和对文物影响评估单位的监督等。

9.5.1 对项目管理单位的监管

文物行政主管部门应当对区域内项目管理单位实施监管，其自身是项目管理单位的，应当主动申报上级文物行政主管部门，对其文物影响评估工作的全过程进行监管，确保文化遗产得到有效保护。涉建项目所在区域涉及的文物影响评估报告应按照该文物的等级进行申报，例如，全国重点文物保护单位的文物影响评估报告应上报国家文物局审批。

9.5.2 对项目施工单位的监督

涉建项目所在区域的文物行政主管部门负责对本辖区内项目建设行为的监管，上级文物保护行政主管部门有权对该涉建项目进行监督。省级文物保护行政主管部门负责对本省文物影响评估项目施工单位进行监督。监督该项目施工方式、范围及进度的合规性，文物影响评估中保护对策和措施的合理性，以及产生污染物的达标度等内容。

9.5.3 对文物影响评估单位的监督

文化遗产所在地文物保护行政主管部门、上级文物保护行政主管部门以及项目建设单位均有权对编制文物影响评估报告的单位进行监督。监督该文物影响评估报告编制的全过程，确保文物影响评估工作客观、科学、公正。对项目评估单位的监督一般包括报告内容的翔实度、数据的准确度、评估方法的合理性、评估标准的客观性，以及评估结论的正确性等内容。

参考文献

[1] 王健:《复杂多元的大运河文化空间定位》,《中国文化报》2012年4月26日。

[2] 周国艳、潘子一、时雯:《大运河保护和传承利用的相关研究回顾与现实困境》,《中国名城》2020年第3期。

[3] 田德新、王凌宇:《中国大运河适应性管理研究》,《长江技术经济》2020年第1期。

[4] Bedjaoui B. Mohammed, "The Convention for the Safeguarding of the Intangible Cultural Heritage: The Legal Framework and International Recognized Principles", *Museum International*, Vol. 56, No. 1-2, 2004.

[5] 田德新:《世界遗产运河文化保护传承利用的立法经验与借鉴》,《中国名城》2019年第7期。

[6] 奚雪松、陈琳:《美国伊利运河国家遗产廊道的保护与可持续利用方法及其启示》,《国际城市规划》2013年第4期。

[7] 张廷皓:《中国大运河文化线路的工程性》,《中国文物报》2009年5月29日。

[8] 陈国民:《对大运河文化遗产两种分类方法的看法》,《中国名城》2010年第1期。

[9] 王健:《大运河文化遗产的分层保护与发展》,《淮阴工学院学报》2008年第2期。

[10] 田林:《建筑遗产保护研究》,中国建筑工业出版社2020年版。

[11] [芬兰] 尤嘎·尤基莱托:《建筑保护史》,郭旃译,中华书局2011年版。

[12] [法] 雨果:《巴黎圣母院》,李玉民译,西安交通大学出版社2015年版。

[13] [英] 约翰·罗斯金:《建筑的七盏明灯》,张璘译,山东画报出版社2006年版。

[14] 王谦、田林:《美国国家公园制度对我国大运河国家文化公园建设的启示》,载《回顾70年建筑创作及建筑遗产保护论文集》,金城出版社2020年版。

[15] Sellars R.W., *Preserving Nature in the National Parks*, New Haven & London: Yale

University Press, 1997.

[16] Nagle J.C., "How national park law really works", *University of Colorado Law Review*, Vol.86, No.3, 2015.

[17] Mackintosh B., *The National Parks: Shaping the System*, United States: National Park Service, Division of Publications, 1985.

[18] 吴健等:《美国国家公园特许经营制度对我国的启示》,《环境保护》2018年第24期。

[19] 唐芳林等:《中国国家公园研究进展》,《北京林业大学学报(社会科学版)》2018年第3期。

[20] 侯富儒:《打造最美国家文化公园群 推进世界名城建设》,《杭州(我们)》2017年第4期。

[21] 博雅方略研究院:《建设国家文化公园 彰显中华文化自信》,《中国旅游报》2020年1月3日。

[22] 吴若山:《建设好国家文化公园》,《人民日报》2019年12月16日。

[23] 胡一峰:《充分发掘三大国家文化公园建设的艺术价值和精神内涵》,《中国艺术报》2019年12月9日。

[24] 王健等:《大运河国家文化公园建设的理论与实践》,《江南大学学报(人文社会科学版)》2019年第5期。

[25] 朱民阳:《借鉴国际经验 建好大运河国家文化公园》,《群众》2019年第24期。

[26] 龚良:《大运河:从文化景观遗产到国家文化公园》,《群众》2019年第24期。

[27] 刘玉珠:《让文物活起来大有可为》,《人民日报》2019年12月28日。

[28] 滕磊:《文物影响评估体系研究——以古遗址展示利用为视角》,科学出版社2019年版。

[29] 中国文物信息咨询中心等编著:《文物影响评估》,科学出版社2016年版。

致　谢

本人自1990年开始一直从事文化遗产保护工作，在文博行业一线从事勘察、设计、施工、监理及相关研究工作已达21年，积累了较为丰富的实践经验。

书中部分规划资料来自本人在河北省古代建筑保护研究所工作期间主持的河北省大运河保护规划项目，其间受到了张立方局长、谢飞副局长、刘智敏总工程师、郭瑞海所长、孙晶昌主任等领导的关怀，以及大运河项目组成员张洪英、张勇、赵玲、白晓燕、赵喆、周远、张乐、吴喆等同志的帮助，在此一并表示感谢。

书中主要资料来自北京建工建筑设计研究院田林教授工作室的产学研实践项目，工作室周远、董俊娟、陆红伟等同事协助本人做了大量勘察、规划、设计等工作。书中吸收和引用了大量实践项目，其中大量规划、勘察、设计以及绘图等工作并非一己之力，是多位同事共同努力的结果。同时，在收集资料和现场调研的过程中，我们得到了地方文物行政主管部门同志的帮助，在此表示感谢。

侯晓萱博士负责了第二章部分内容的撰写和整理工作，并协助做了大量文献梳理与编写工作；王谦博士参与了第八章的撰写；第九章石衡沧港城际铁路跨越大运河沧州段的案例来自本人工作室与北京建工建筑设计研究院吴学增副院长团队合作的评估项目；李佩璇硕士协助绘制部分图纸；黄炎协助收集整理了大量文献资料。对于以上同志，在此表示衷心感谢。

由于水平所限，书中难免有疏漏和不当之处，还请专业人士和热心读者批评指正，共同推动大运河遗产保护事业的发展。

田林

  1968年5月出生，汉族，中共党员，毕业于天津大学建筑学院，获建筑历史与理论专业博士学位，中国艺术研究院建筑与公共艺术研究所所长、教授、博导，国家文物局专家库专家，中国古迹遗址保护协会（ICOMOS CHINA）理事，中国紫禁城学会常务理事，中国勘察设计协会传统建筑分会副会长，中国文物保护基金会传统村落专家组专家，国家文化公园专家咨询委员会专家。

  从事中国建筑遗产保护事业31年，先后担任河北省古代建筑保护研究所副所长、河北木石古代建筑设计有限公司法人及总经理、北京建筑大学历史建筑保护系主任、北京建筑大学建筑与城市规划学院党委书记（并主持行政工作）、建筑遗产保护专业学科带头人、中国艺术研究院建筑与公共艺术研究所所长等职务，主持了百余项建筑遗产保护规划、设计、施工、监理项目。曾出版学术专著《建筑遗产保护研究》，并在《文物》《建筑学报》《天津大学学报》《古建园林技术》《人民论坛》等各类专业刊物上发表论文60余篇。